변혁적 중도의 때가 왔다

변혁적 중도의 문가 왔다

백낙청 지음

나라다운
나라를
어떻게 만들까

창비

책머리에

작년(2024) 말 윤석열의 불법적 비상계엄 선포가 실패하고 그에 대한 탄핵소추안이 국회를 통과했을 때 나는 한껏 부푼 마음으로 "'변혁적 중도'의 때가 왔다"고 선언했다. 하지만 이재명정부의 출범까지는 무려 6개월이 넘게 걸렸고 그사이 국민들의 마음고생, 몸고생이 이루 말할 수 없었다. 개인적으로 나 또한 노년에 허풍쟁이로 낙인찍힐 위험을 자초했을 수 있는 정황이었다. 그러나 윤석열정권이라는 우리 헌정사의 '변칙적 사태'가 종국을 앞둔 상황이라는 믿음은 흔들리지 않았다.

내가 어떤 특별한 예지력이 있어서 그런 것은 물론 아니다. 다만 반세기가 훨씬 넘도록 우리 현대사의 흐름을 지켜보았고 더러 그 안에서 부침하기도 하는 동안 내 마음속에 우리 국민과 민족의 행로에 관한 일정한 서사(이른바 '스토리')가 형성된 바 있는데, 윤석열정권의 임기완주를 그 서사의 일부로 넣어줄 길이 애당초 안 보였던 것이다. (아이러니컬하게도, 윤석열과 그 일당 역시 정상적인 완주 씨나리오가 도저히 실감이 안 나서 헌정파괴 반란을 일으키기에 이른 정황이 지금 밝혀지고 있다.)

사람은 '이야기 들려주는 동물'(story-telling animal)이라는 말도 있듯이 복잡다단한 현실을 제대로 파악하기 위해 평면적인 그림뿐 아니라 시간상의 전개를 서사화하는 작업도 필요로 한다. 이는 거의 본능적인 욕구인 것 같다. 윤석열의 어이없는 작태가 정신을 차리기 힘들 만큼 연속 발생하는 상황을 장악하기 위해서라도 나는 이 어이없고 전례 없는 시기를 4·19 이후 내가 겪어온 민주항쟁의 역사 속에 자리매기는 작업을 나름으로 수행했다. 또한 그런 '스토리텔링'의 현실인지 능력을 높이기 위해서라도 그 서사가 항쟁의 역사뿐 아니라 건설의 역사도 포괄할 필요성을 느꼈다. 동시에, 내가 직접 겪지 못한 더 먼 과거의 역사와 연결하면서 세계 전체의 역사, 적어도 우리가 지금 그 일부로 살고 있는 자본주의(내지 '물질개벽') 시대의 서사로 확장하는 시도를 이어갔다.

4·19가 이승만 독재에 대한 저항일 뿐 아니라 이승만정권의 무능과 무책임에 대한 국민적 심판이었다는 점은, 박정희의 개발독재가 먼저 있었기에 한국의 민주화가 가능해졌다는 주류 담론에서 흔히 간과하는 사실이다. 또한 한국 민주주의와 '변혁적 중도주의'가 동학을 창시한 수운 최제우와 그의 '다시개벽' 사상을 계승한 강증산, 박중빈 등 종교지도자들, 3·1운동 이후 도산 안창호, 몽양 여운형 같은 독립운동가들의 사상과 실천에 이미 그 뿌리가 있었다는 사실도 점차 분명해지고 있다. 다른 한편, 한국과 한반도에 대한 서사의 세계사적 맥락에 관해서는 '근대적응과 근대극복의 이중과제'라는 틀로 이해하려고 시도해왔는데, 이 책 자체로 충분한 설명을 제공하지는 못하지만 '변혁적 중도'의 스토리텔링에는 그 서사도 포함되어 있음을 밝혀둔다.

아무튼 윤석열의 조기퇴진은 '변혁적 중도'의 필요조건이지 '때'의 도래를 담보하는 충분조건은 아니다. 다만 나는 2016~17년 촛불대항쟁의 현장에서 시민들이 비록 '변혁적 중도'라는 용어를 사용하지는 않았지만 낡고 익숙한 구호나 이념을 넘어서는 새로운 사상과 노선에 대한 갈증을 드러냈다고 믿는다. 이번에 촛불과 응원봉을 들고 촛불혁명의 힘찬 재출범을 주도한 군중에게서는 그 점이 더욱 두드러진 것 같다.

이들과 합세하여 내가 실제로 해낼 수 있는 일은 아쉽게도 한정되어 있다. 그래도 '변혁적 중도의 때가 왔다'고 큰소리를 친 만큼 후속 노력에 나름으로 동참할 책임이 있음은 분명하다. 그 책임의 이행을 위해 생각한 것이 본서의 발간이다. 일종의 '변혁적 중도주의 독본'을 독자들에게 제공함으로써 시대가 요구하는 공부와 사업에 이바지했으면 하는 것이다.

2013년체제에 관한 글은 기존에 펴냈던 책에서 주로 재수록했으며, 글들을 묶으면서 최근의 상황을 반영한 제2장을 새로 집필했다. 그밖에 윤석열 파면 이후에 진행된 두개의 대담을 정리해 제4부로 실었고, 중간의 2~3부는 '변혁적 중도주의' 개념을 처음 제출한 제3장과 변혁적 중도와 개벽사상을 연결한 4장에서부터 최근의 칼럼들까지 '때'가 오기까지의 경위를 짚어주는 길고 짧은 발언들을 모았다.

돌이켜보면 '2013년체제' 구상을 밝힌 5장부터는 기존의 87년체제를 뛰어넘을 새로운 체제에 대한 기대와 절박감이 두드러졌던 것 같다. 이후 세월호참사 직후에 쓰인 6장 「큰 적공, 큰 전환을 위하여: 2013년체제론 이후」와 촛불혁명 시작 이후의 일련의 글들이 어떤 식으로든 그런 절박감을 담고 있다. 하지만 지난 10여년간 현실의 진행은 2017년 박근혜 퇴진 이후의 두어해를 빼고는 실패와 좌절의 시간이 성취의 기쁨보다 많았다. 어쩔 수 없이 국민들 사이에도 냉소의 분위기가 번졌으며 윤석열의 몰상식하고 무식하며 몰염치한 작태를 지켜보면서 아예 절망하고 (실은 지속이 불가능한) 현실에의 안주를 택하는 이도 적지 않았다.

그럼에도 냉소와 절망과 손쉬운 안주를 끝내 뿌리치고 새로운 시대를 열어젖힌 것이 세계가 감탄한 한국의 민주시민들이다. 다행히, 어쩌면 당연히, 그런 국민을 믿고 끈질기게 싸워온 정치가도 배출되었다. 덕분에 '변혁적 중도의 때'를 염원해온 나의 지론을 '2025년체제'라는 새 표현마저 들먹이며 한껏 내세울 수 있게 된 것이 얼마나 감사한 일인지 모르겠다.

본서의 내용은 긴 세월에 걸쳐 작성된 만큼 음양으로 도움을 주신 분들을 하나하나 열거하는 일은 불가능하다. 가장 크게 도움받은 집단이라면 아무래도 창비의 역대 동지·동학들을 꼽아야겠고, 최근에는 백낙청TV의 기획팀과 '공부길' 방문객들 그리고 '초대석'의 출연 손님들로부터 각별한 배움을 얻고 있음을 밝힌다. 창비 인문교양출판부의 정소영 부장과 실무진이 편집과정을 챙겨주었고, 책임편집자 이선엽 팀장의 노고가 컸다. 신채용 형이 외부 편집자로서 교정에 도움을 주었으며, 신나라 디자이너가 멋진 표지를 도안해주었다. 조판부의 신혜원님, 마케팅부의 강서영, 한수정 님께도 감사의 뜻을 전한다.

염종선 사장에게는 앞서 두권의 저작집을 낼 때 시집이 잘 읽지 않은 책을 내주는 데 대한 감사와 위로의 말을 전하곤 했는데, 이번에는 좀 말투를 달리해보려 한다. 종이책 출판이 점점 힘들어지는 환경이지만 '변혁적 중도의 때'가 온 이상 본서의 출판으로 이윤도 좀 남겨보라는 '아니면 말고' 식의 덕담을 보태려는 것이다.

두루 감사하는 마음이다.

2025년 7월
백낙청 두손 모아

| 차례 |

책머리에   004

I. 변혁적 중도의 때가 왔다

   1. 변혁적 중도의 때가 왔다   013
   2. '국민주권정부'와 중도정치   030

II. 변혁적 중도주의의 역사적 전개

   3. 변혁적 중도주의와 한국 민주주의   047
   4. 변혁적 중도주의와 소태산의 개벽사상   059
   5. '2013년체제'를 준비하자   075
   6. 큰 적공, 큰 전환을 위하여: 2013년체제론 이후   107

III. 촛불혁명과 진화하는 K민주주의

- 7. 촛불혁명과 개벽세상의 주인노릇을 위해 — 159
- 8. 성공하는 2기 촛불정부를 만들려면 — 172
- 9. 2023년에 할 일들: 살던 대로 살지 맙시다 — 177
- 10. 2024년 새해를 맞으며 — 194
- 11. 한반도정세의 새 국면과 분단체제 — 212
- 12. 시민의회 전국포럼 출범을 축하하며 — 234

IV. 2025년체제 구상을 위한 대담

- 13. 2013년체제 구상에서 촛불혁명으로 — 241
  백낙청·정현곤 대담
- 14. 2025년체제, 어떻게 만들 것인가 — 276
  백낙청·이남주 대담

수록문 출처 — 307
찾아보기 — 310

I. 변혁적 중도의 때가 왔다

1. 변혁적 중도의 때가 왔다

2. '국민주권정부'와 중도정치

1. 변혁적 중도의 때가 왔다

　연말마다 '백낙청TV'와 '창비주간논평'에 동시 발표해온 나의 '신년칼럼'은 이번따라 극히 유동적인 상황에서 작성되었다. 작년 12월 3일에 윤석열의 계엄선포가 있었는데 집필을 완성했을 때는 국회의 즉각적인 계엄해제 결의와 14일의 탄핵소추안 통과로 사태의 큰 가닥이 잡혔지만 아직도 대통령이 체포영장 집행에 저항하여 관저에서 농성하고 있던 시점이었다. 그가 드디어 체포된 것은 새해 1월 15일이었다. 덧글을 보충한 이 글을 쓰는 지금은 현직 대통령의 구속기소라는 초유의 사태가 벌어진 뒤지만 헌법재판소의 탄핵심판과 내란 수괴의 형사재판이 남아 있다.
　그렇지만 칼럼의 내용을 크게 바꿀 필요를 느끼지는 않는다. 다만 약간의 설명을 각주로 달았고, 칼럼에서 미처 다루지 못한 문제나 생각지 못했던 일을 '중도와 개벽세상'이라는 제목의 덧글로 추가한다.

1. 신년칼럼(2024. 12. 30): '변혁적 중도'의 때가 왔다

백낙청TV 시청자 여러분, 창비주간논평 독자 여러분, 나라의 주인인 시민 여러분, 새해 인사를 드립니다. 희망을 가득 안고 다가오는 2025년에 복 많이 받고 많이 지으시기 바랍니다.

변칙적 사태의 엽기적 종말

윤석열정권이라는 변칙적 사태가 엽기적인 종말을 고하고 있습니다. 물론 아직 완전히 끝나지는 않았습니다. 내란의 우두머리가 탄핵으로 직무정지는 되었으나 여전히 대통령 자리에 있습니다. 어떻게든 버티면서 빠져나갈 꼼수를 궁리하고 있지요. 하지만 저는 대세가 바뀌리라는 염려는 하지 않습니다.

우리는 윤석열의 돌발적 망동에 반대해 궐기한 것만이 아니고, 촛불혁명의 힘찬 재출범을 목격하고 있기 때문입니다. 애당초 윤석열의 집권은 촛불혁명 이전 87년체제가 정상적으로 작동하는 가운데 이루어진 정권교체와는 질적으로 다른 사건이었지요. 87년체제가 실질적으로 수명을 다했지만 촛불시민들의 요구에 부응할 새로운 체제가 난산을 겪는 와중에 벌어진 일시적 일탈이었던 것입니다. 이런 일탈을 국민들이 5년 내내 감수했다면, 촛불혁명은 실패로 끝나고 87년체제보다 더 나쁜 체제를 향한 저들의 숙원이 달성되었겠지요.

하지만 우리 국민이 어떤 국민입니까. 깨어 있는 시민들이 다시 들고일어선 이상 저들의 도전은 누구 말처럼 '중과부적(衆寡不敵)'[1]입니다. 게다가 오늘의 시위군중은 숫자만 많은 군중이 아닙니다. 그들이 이재명이든

---

[1] 내란의 제2인자로 꼽히는 김용현 당시 국방장관이 비상계엄 실패 직후 했다는 말.

그 누구든 특정인의 지휘를 따르는 건 아니지만, 정치권이 바닥의 외침과 에너지를 차단하던 2016~17년 대항쟁기와 달리 시민들의 외침이 국정운영에 반영될 길이 활짝 열린 상태입니다.

'촛불'의 진화와 전진

'변칙적 사태'를 겪는 동안에도 촛불혁명은 진행 중이었고 진화하기조차 했음이 바야흐로 입증되고 있습니다. 12·3 이래의 폭발적 시민행동은 2016~17년 대항쟁의 연장선에 있으면서도 단순한 '리바이벌'은 결코 아닙니다. 규모와 열기는 그때와 방불하지만 주력부대가 오히려 102030세대로 바뀌었고, K팝 응원봉의 대거 등장이 보여주듯이 시위방식에도 의미심장한 변화가 일어났습니다. 항의집회를 곧 축제의 현장으로 만드는 것이 2000년대 이래 우리가 발전시켜온 시위문화인데, 이번에는 K팝과 「임을 위한 행진곡」이 함께 울려퍼졌습니다. 농민들의 트랙터 상경투쟁을 가로막는 경찰의 차벽을 시민들이 달려가 무너뜨린 '남태령 대첩'에서는 「농민가」와 아이돌의 노래가 번갈아 불렸습니다. 노벨상 수상작가 한강의 소설 『소년이 온다』(창비 2014)를 들고 나온 시민들도 있었습니다. 많은 이들이 걱정해온 세대간·계층간 단절이 상당부분 치유됨과 동시에 K팝과 K문학, K민주주의의 자연스러운 결합이 이루어진 것입니다.

윤석열의 기괴함은 제가 여러차례 강조해온 분단체제의 괴물성을 너무나 역력하게 집약하고 있습니다. 하지만 괴물스러움이 윤석열 부부 또는 그 일당만의 것은 아닙니다. 분단체제 속에 오래 살아온 우리 각자의 마음속에 크고 작은 괴물 하나씩이 도사리고 있었기에 그런 폭주가 가능했던 것이지요. 정도의 차이가 있을 뿐 저들의 탐욕과 독단성, 자기중심적 망상이 우리 시대 많은 사람들 마음속에 자리잡고 있지 않았다면 애당초 윤석열이 당선되지 않았을 테고 저들 일당의 완전 퇴치가 이토록 힘들지 않을 것입니다. 따라서 내란 도당에 대한 처벌도 우리 자신을 바꾸는 과정을 겸해야겠습니다. '우리 모두가 죄인인데 누가 감히 먼저 돌을 던지랴'는 가당찮은 둘러대기가 아니라, 사람을 미워함이 없이 그의 불의한 행위를 철저히 다스리는 기술 — 이라기보다 심법(心法) — 을 훈련해야 하는 것입니다.

원불교의 창시자 소태산(少太山) 박중빈(朴重彬) 선생의 언행록인 「대종경(大宗經)」에 이런 말씀이 있습니다. "선한 사람은 선으로 세상을 가르치고, 악한 사람은 악으로 세상을 깨우쳐서, 세상을 가르치고 깨우치는 데에는 그 공이 서로 같으나, 선한 사람은 자신이 복을 얻으면서 세상 일을 하게 되고, 악한 사람은 자신이 죄를 지으면서 세상 일을 하게 되므로, 악한 사람을 미워하지 말고 불쌍히 여겨야 하나니라."(요훈품 34장) 그렇습니다. 미워함과 성냄에서 벗어난 마음으로 사람이 아닌 그의 행위를 엄정히 처벌하는 것이야말로 새시대의 공부법입니다. 그것은 또한 상처받은 내 마음을 치유하는 가장 효과적인 길이기도 하지요. 공부가 부실했던 집권자들이 마음공부와 무관한 정치검사들에게 '적폐청산'을 맡긴 것이 문재인정부 실패의 시작이자 오늘의 환란을 초래한 원인이었습니다.

변혁과 중도를 다시 말할 때

그런데 개인의 심법 훈련을 넘어 우리는 촛불혁명의 놀라운 전진에 부응할 정치를 고민할 일에 직면했습니다. 개인들의 각성을 묶어 새세상을 만들어갈 이념과 사상을 공유할 필요가 절실해진 것입니다. 돌이켜보건대 우리 시민들의 영웅적 투쟁과 엄연한 역사적 성취에도 불구하고 6월항쟁 이후 퇴행과 좌절을 거듭 맛보던 끝에 드디어 윤석열 집권이라는 재앙까지 겪은 것이 우리 현대사입니다. 저는 이런 역사에 우리 사회의 사상적 빈곤이 적지 않게 기여했다고 판단합니다.

6월항쟁 직후에 제가 주문한 것도 바로 새로워진 시대에 부응할 새로운 노선의 정립이었습니다. 「통일운동과 문학」이라는 글의 제4절 '유월 이후를 보는 시각'(『창작과비평』 1989년 봄호)에서는 항쟁을 이끌어온 세개의 주요노선, 곧 당시 표현으로 '부르주아민주주의'(BD) '민족해방'(NL) '민중민주주의'(PD) 들이 그 어느 것도 새시대의 국정운영을 감당할 만한 것이 못 된다는 인식을 피력했습니다. 쉽게 말해, 군사독재 이전의 문민통치를 회복하는 것에 만족하는 자유민주주의론, 통일열망은 뜨겁지만 분단현실의 실상을 통찰하지 못하는 비현실적 통일론, 그리고 남한사회만의 민중혁명을 꿈꾸는 또 하나의 단순논리가 민주화를 일단 성취한 시대에는 하나같이 안 맞고 각자가 환골탈태하면서 3자의 창조적 결합을 추구해야 한다는 것이었지요. 당시는 저 자신 '변혁적 중도주의'라는 개념에 착안하기 전이었습니다. 그걸 정면으로 내건 것은 한참 뒤의 일이지요(졸저 『한반도식 통일, 현재진행형』, 창비 2006, 제4장 '덧글' 「변혁적 중도주의와 한국 민주주의」; 본서 제3장). 이후 『어디가 중도며 어째서 변혁인가』(창비 2009)라는 저서를 냈고 최근에는 이 책을 갖고 백낙청TV에서 토론을 진행하기도 했습니다. 요컨대 '창조적인 3결합'이 이루어진 변역적 중도주의가 아니고서는 시대적 과제를 담당할 수 없다는 주장입니다.[2] 그후 우리의 담론지형이 많이 변하고 다양해졌지만 변혁적 중도에 미달하는 담론들이 여전히 주름잡고 있는 게 현실입니다.

　변혁적 중도주의는 나름으로 엄격한 개념입니다. 그럴듯한 두 낱말을 그냥 연결시킨 거라면 일종의 자가당착일 수 있지요. 그러나 '변혁'은 한반도체제의 변혁이고 '중도'는 이를 달성하기 위해 국내의 온갖 단순논리를 넘어서는 중도세력을 확장하자는 것이기에, 변혁과 중도가 상충할 이

---

[2] "결합다운 결합이 되려면 오히려 3자의 결합이라야 가능하다는 점이 변혁적 중도주의의 독특한 주장이다."(위의 '덧글' 68면; 본서 56면)

유가 없는 것입니다. 다만 대중적인 정치구호가 되기에는 생소한 표현임을 자인하면서 그 대중적 전파나 활용에 특별한 노력을 기울이지 않았습니다.

하지만 이제는 작심하고 그 문제를 제기할 때가 온 것 같습니다. 6월항쟁을 이끈 운동권 인사들이 정치에 입문하면서 87년체제를 더 나은 체제로 신속히 바꿔놓지 못한 것도 변혁적 중도 공부에 무심했던 탓 아닐까요? 예외가 있었다면 오히려 구세대 정치인인 김대중 대통령이었지 싶습니다. 그는 자유민주주의에 사민주의를 일정하게 가미하는 동시에 남북의 화해·협력을 통해 일찍이 우리가 못 가본 새 길을 열기도 했습니다. 그러나 변혁적 중도를 정면으로 제기하고 이행하기에는 당시의 정치지형이 워낙 불리했고 스스로 색깔론 공세에 줄곧 시달리는 처지였습니다.

새로워진 대중의 욕구

2016~17년의 촛불대항쟁 때도 변혁적 중도가 별로 논의되지 못했습니다. 하지만 현장에서 드러난 대중의 욕구는 분명히 종전과 달랐지요. 1980년대 이래의 낡은 언어는 촛불군중의 냉대에 마주치기 일쑤였고, 시위현장에서 대중이 내놓은 갖가지 창의적이고 곧잘 익살이 넘치는 구호들은 새로운 감수성이 대두를 알리고 있었습니다. 그렇지만 이후 촛불정부를 자임한 대통령이나 주변 인사들은 여전히 변혁적 중도론에 무심했습니다. 저는 문재인정권의 실패가 그 주체세력의 사상적 빈곤과 무관하지 않다고 생각합니다.

윤석열의 내란을 진압하고 나선 2024년의 시위에서는 대중의 변화된 정서와 욕구가 더욱 두드러집니다. 스스로 역사의 주인이며 항쟁의 주력부대임을 자처하는 젊은이들의 '나라다운 나라'를 향한 열망을 이제 종래의 어떤 고정된 이념으로도 충족할 수 없음이 분명합니다. 어떤 걸출한 정치지도자나 저보다 성능이 좋은 스피커를 가진 논객이 나서서, '그대들이 열어가고 있는 길이 바로 변혁적 중도다, 우리 함께 걸어서 그 길을 넓히자'라고 조리있게 설명해준다면 '아 그렇지, 맞아! 그럽시다!'라고 호응할 대중이 도래해 있다고 저는 믿습니다.

종래와 다른 언어는 어느 특정 지도자나 개인이 아니라 학자, 예술가, 언론인, 활동가 들이 일반시민들과 함께 연마할 과제입니다. 이는 각 개인과 집단의 진지한 자기성찰을 요합니다. 저 자신 오랫동안 시민운동에 몸담거나 응원해온 사람으로서 시민사회단체의 활동가들도 반성할 것이 많다는 말씀을 드리고 싶습니다. 각기 맡은 분야에서 이 사회의 온갖 비리와 싸우는 과정에 활동가 나름의 타성에 젖어든 면이 있는 것 같아요. 이재명 대표가 바꾸어놓은 민주당을 또 하나의 '보수정당'에 불과한 것으로 치부함으로써 자신의 '진보성'을 과시한다거나, 시민단체 회원들보다 민주당의 권리당원이 훨씬 많아진 상황에서도 여전히 시민사회단체 활동만을 시민운동이라고 고집하는 경향이 있습니다. 촛불혁명이 그간의 온갖 분파주의를 넘어 '변혁적 중도'로 힘을 모으는 판국임에도 자신들만의 의제와 기준에 집착하여 기운을 빼는 사례도 없지 않습니다.

촛불혁명에 불리한 주변상황과 세계정세

우리는 촛불혁명이 세계에서 드물게 만나보는 민주혁명이요 평화혁명이라고 자랑합니다. 과연 자랑할 만하지요. 그러나 바꿔 말하면, 이 혁명은 오늘의 세계에서 다분히 고립된 현상이라는 이야기가 됩니다. 적대적인 세력과 불리한 여건으로 둘러싸였다는 뜻이지요.

남북관계는 최악의 상태입니다. 변혁적 중도의 '변혁'은 한반도 분단체제의 해소이기에 이 핵심적 과업에 진전이 없으면 국내 개혁도 큰 진도를 내기 어렵습니다. 물론 남북관계 개선과 국내의 개혁작업이 맞물려 있다고 해서 양자가 항상 발맞추어 진행해야 하는 것은 아닙니다. 어느 부분에서든 가능하고 시급한 문제부터 먼저 풀어나가면서 한반도의 점진적·단계적·창의적 재통합을 추진할 일입니다. 그러나 어쨌든 지금처럼 남북대결과 긴장이 극에 달하고 북측 당국이 대한민국을 주적(主敵)으로 간주하는 상황이 지속된다면 분단기득권 세력에 반격의 빌미를 줄 수 있습니다. 12·3내란의 주동자들이 어떻게든 남북 간 충돌, 심지어 전쟁을 일으켜보려고 얼마나 치떨리게 노력했습니까.

조선민주주의인민공화국은 당과 인민의 빈틈없는 일치를 신봉하는 체제이기 때문에 그들이 말하는 '대한민국 것들'을 자신들을 그토록 적대시해온 윤석열정권과 동일시하는지 모르겠습니다. 그러나 남쪽 시민들의 분발로 윤석열이 퇴출당하는 역사가 이루어지면 한국민에 대한 적개심이 한결 누그러질 수 있습니다. 그렇다고 평양 당국이 남북관계를 '국가 대 국가' 관계로 전환하겠다는 방침이 쉽게 바뀌지는 않겠지요. 그러나 제가 한평아카데미 강의와 후속 기고문에서 주장했듯이 이는 국가연합을 우선과제로 설정해온 우리 남쪽의 입장에서 오히려 환영할 대목입니다(백낙청TV '초청강연 002' 「분단체제극복과 한반도식 나라만들기」, 2024. 5; 졸고 「한반도정세의 새 국면과 분단체제」, 『창작과비평』 2024년 가을호; 본서 제11장). 남북연합이라는 것은 어디까지나 국가 대 국가의 연합이기 때문이지요. 그렇더라도 평양 당국이 우리의 변혁적 중도 노선에 합류하기를 기대하는 건 무리일 겁니다. 다만 분단체제극복이라는 우리의 노력은 훨씬 안전한 상황에서 한층 유연하고 풍성한 방식으로 전개될 가능성이 열릴 것입니다.

세계정세로 말하면 그간 미국을 비롯해서 민주주의 선진국으로 알려진 대다수 국가들에서는 민주적 제도들이 거의 회복불능 상태로 훼손되었고 대중의 정치참여는 '우파 포퓰리즘'의 형태를 띠기 일쑤입니다. 사회주의를 표방하는 중국 같은 나라도 세계 민중에게 사상적인 지표가 되기 힘든 형국입니다. 경제적 환경 또한 2017년 촛불대항쟁기와 비교하여 몹시 열악합니다. 윤석열정부가 망가뜨린 경제와 민생을 되살리는 것이 누가 집권하든 급선무인데 세계적으로 경기가 8년 전보다 훨씬 저조할뿐더러 미·중 갈등의 격화로 한국의 입지는 날로 좁아지고 있습니다. 촛불혁명의 고립이 실감되는 게 사실입니다.

그러나 고립에는 선구자의 고립이라는 것도 있습니다. 정부 당국이나 기득권층이 아닌 대중에 대한 촛불혁명의 전염력은 이미 만만찮아서 그 선구적 위상을 인정하는 이들이 많습니다. 그 전염력은 최근의 시위군중이 K팝 응원봉을 들고 나옴으로써 극도에 달했다고 봐야지요. 전세계 한류 팬들의 동류의식을 촉발함과 동시에, '잘 놀며 잘 싸우는 게 진짜 잘 사는 길이구나' 하는 각성마저 안겨주고 있습니다.

우리가 명심할 일이 또 하나 있습니다. 한국의 촛불시위는 21세기 들어 갑자기 생겨난 것이 아닙니다. 동학의 혁명적 가르침도 본질은 평화주의였고 동학도들이 벌인 교조신원(敎祖伸冤)운동[3]은 평화적인 대중항쟁의 선구적 사례였습니다. 3·1혁명 역시 비폭력이 원칙이었음은 알려진 사실입니다. 물론 민중이 아무리 평화혁명을 하려 해도 갑오년의 동학농민전쟁이 그랬고 3·1도 일부 그랬듯이 정권의 야만적 탄압에 뒤따르는 무력충돌이 있게 마련입니다. 그러나 동학혁명과 3·1운동에서 흘린 피와 이후의 독립운동, 민중운동 들의 값진 희생이 쌓여, 적어도 87년 이후의 한국

---

[3] 1864년에 처형된 교조 수운(水雲) 최제우(崔濟愚)의 억울함을 풀어주고 동학에 대한 탄압을 중지해달라는 청원운동으로서 1892년 11월 전라도 삼례역에서의 모임은 3천명의 규모에 달했다고 하며, 이어서 1893년 2월 경복궁 광화문 앞까지 진출한 교도들이 사흘 밤낮을 엎드려 신원을 호소했다. 고종의 선처 약속으로 해산했는데 정부가 약속을 어기고 탄압을 강화함에 따라 그해 3월 충청도 보은에서 2만명이라는, 당시로서는 어마어마한 규모의 군중이 모인 것으로 전해진다. 1894년의 동학농민전쟁은 이러한 평화적 운동에 대한 탄압의 결과였던 것이다.

에서는 평화적 항쟁을 정부가 함부로 짓밟기 힘들어졌고 오늘날 우리의 촛불혁명이 전세계 민중의 가슴을 울리고 있는 것입니다.

그러니 여러분, 희망 가득한 2025년은 결코 빈말이 아닙니다. 모두들 건강하시고 열려오는 새세상의 온전한 주인이 되십시다.

2. 중도와 개벽세상(2025. 2)

원래 '변혁적 중도주의'는 분단체제극복을 위한 남한 내의 실천노선으로서, 불교나 원불교가 말하는 '중도(中道)' 또는 유교의 '중용(中庸)'과는 거리를 두었다. 그러다가 2012년에 발표한 「2013년체제와 변혁적 중도주의」에 이르러, 분단체제의 변혁을 위한 마음공부의 중요성을 실감할수록 정치적 실천이 종교적 의미의 중도에 다시 가까워진다는 인식에 도달했다(졸저 『근대의 이중과제와 한반도식 나라만들기』, 창비 2021, 제8장 193면 참조). 이어서 2014년의 글 「큰 적공, 큰 전환을 위하여」에서는 그 연결성을 한층 강조한 바 있다.

끝으로 변혁적 중도주의라는 남한 단위의 실천노선이 불교적 '중도' — 또는 유교의 '중용' — 같은 한결 고차원의 개념과 연결되어 있음을 상기하고자 한다. 이로써 본고가 동원한 여러 개념 사이에 일종의 순환구조가 성립한다. 곧, 근대 세계체제의 변혁을 위한 적응과 극복의 이중과제를 한반도 차원에서 실현하는 일이 분단체제극복 작업이고, 한국사회에서의 실천노선이 변혁적 중도주의이며, 이를 위해서는 집단적 실천과 더불어 각 개인의 마음공부·중도공부가 필수적인데,[4] 중도 자체는 근대의 이중과제보다도 한결 높은 차원의 범인류적 표준이기도

하여 다른 여러 차원의 작업을 관통하고 있는 것이다. (같은 책 제9장 259면)

글에서 지적했듯이 이는 무슨 '체계적 완결성'을 과시하려는 게 아니고, 우리가 당면한 과제가 여러 차원, 여러 시간대와 공간규모에 걸친 복합적 사안임을 인식하고 과제의 복합성에 걸맞은 실천을 하자는 것이었다. 변혁적 중도의 때가 드디어 도래한 마당에 그때 그곳에 알맞은 ─ 그야말로 '시중(時中)'의 ─ 중도가 더욱 절실해졌음은 물론이다. 더구나 변혁적 중도의 '변혁'이 한반도 분단체제를 일차적 표적으로 삼고 있지만 분단체제는 곧 세계체제의 일부라는 점을 감안할 때 우리의 실천은 전지구적 시중을 고민하지 않을 수 없다.

시국에 부응하는 노력의 일부로 '변혁적 중도주의'라는 용어에서 '주의'를 떼어냄으로써 대중이 조금이라도 더 친근하게 받아들일 길을 열고자 했다. 하지만 용어가 어찌 되든 개념에 따른 적절한 정세분석과 실행방안이 없으면 개념은 개념일 뿐이다. 이에 칼럼 이후의 정세와 당시의 진단에 대한 부연, 그리고 새로운 상황과 과제에 대한 생각을 덧붙일까 한다.

윤석열의 내란으로 한국정치의 '변칙적 사태'가 '엽기적 종말'을 고하게 되었다는 판단은 남은 변수가 아무리 많다 해도 수정할 필요를 느끼지 않는다. 다만 내란 수괴의 엽기적 행각이 추종세력 응원 속에 지속되는 것을 보며 내란의 성격을 다시 생각하게 된다. 곧, 12·3 계엄선포 이전에도 내란 준비가 광범위하게 진행되고 있었음이 하루가 다르게 더 밝혀져 왔지만, 그것과 별도로 변칙적 사태가 본질상 내란의 필연성을 상당부분 내장한 것이 아니었느냐는 점이다.

---

4 물론 마음공부는 각자가 하지만 집단적 실천 공부가 그 중요한 일부임을 잊어서는 안 된다.

이명박·박근혜 정권이 보여주었듯이 87년체제로 정권을 한번 상실해본 기득권세력은 다시는 그런 일이 없도록 87년 이전의 장기집권 체제를 만들고자 끈질기게 시도했다. 이남주(李南周)를 비롯한 창비의 동학들은 이를 '점진 쿠데타' 내지 '신종 쿠데타'로 규정했다(이남주 「역사쿠데타가 아니라 신종 쿠데타 국면이다」, 『창작과비평』 2015년 겨울호 '책머리에' 2~5면; 한기욱 「새 50년을 열며」, 『창작과비평』 2016년 봄호 '책머리에'). 그러나 박근혜정권은 점진 쿠데타만으로도 집권연장이 가능하다고 믿었기에 본격 쿠데타를 시도하지는 않았고, 임기가 끝나기 전에 촛불시민들이 봉기하여 정권교체를 해버렸다. 반면에 박근혜 탄핵의 학습효과마저 겪은 기득권세력은 윤석열이 들어서자마자 온갖 헌정파괴 행위를 강행하는 '연성 쿠데타'(이남주 「내란은 처벌되고 우리 민주주의는 비약적 진전을 이룰 것이다」, 창비주간논평 2024. 12. 10)에 착수했고 국민저항으로 그 기획이 여의치 않자 더욱 무모한 본격 쿠데타 곧 내란을 저지르게 된 것이다.

아무튼 그동안 촛불혁명이 계속되면서 진화하기조차 한 것과 마찬가지로 잠재적 내란세력 또한 나름으로 진화해왔음이 윤석열 탄핵소추 이후 일련의 사태에서 실감된다. 윤석열 개인의 망상에 찬 행각과 별도로, 대다수 국힘(국민의힘)당 의원들의 공공연한 내란옹호, 한덕수·최상목 등 고위 공직자들의 내란진압 방해공작, 그리고 대다수 언론과 학계 인사들의 변함없는 개혁혐오 언동들이 그 예다. 이른바 아스팔트 극우 역시 예전처럼 일당 받는 노인부대 중심에서 어엿한 상류층 인사들과 젊은 세대가 동참하는 수준으로 진화했다. 분단체제의 변혁을 꺼리는 세력은 여·야 또는 보수·진보의 경계를 넘어 포진해 있으며 때로 노골적 언행으로, 혹은 음성적 방식으로 새세상의 도래를 막아서고 있는 형국이다.

이 거대한 카르텔을 누르고 촛불혁명(또는 '빛의 혁명')을 재출범시킨 것이 102030 젊은이들이 앞장선 시민직접행동이었다. 동시에 그와는 다른 형태로 개입하고 힘을 더한 시민들도 많다는 점을 놓쳐서는 안 된다. 계엄 당시 상당수 군인과 경찰의 소극적 움직임이라든가 일부 지휘관급의 정의로운 행태에서도 우리 사회의 민주시민의식이 꽤 깊이 뿌리내렸음이 확인되었다. 그간 정치권의 변화도 빼놓을 수 없다. 촛불시민의 정당 가입 등 종전과는 다른 시민행동으로 이재명 대표의 당 안팎 리더십이 확고해졌고 많은 의원들이 함께 싸우고 있다. 가령 '남태령 대첩'의 경우에도, 전통적 저항세력인 농민운동가들과 K팝 응원봉을 흔드는 젊은 세대의 결합이 가장 두드러진 현상이지만, 야당 의원들이 현장에 출동하여 경찰과 협상한 끝에 일부 트랙터들이 서울 시내로 진입하게 절충해준 개입도 있었다.

  이같은 정치권의 변화, 특히 다수 국민의 절대적 지지를 받는 정치지도자의 존재가 2016~17년 대항쟁 때와 다른 점 중 하나다. 또 그 점이 탄핵으로 망해본 국힘당 및 그 지지세력의 학습효과를 강화하기도 한다. 사실 수구세력 중 '이재명만 아니라면' 진작에 윤석열을 손절했을 이들이 적지 않은 걸로 안다. 아니, 수구세력으로 분류하기 쉽지 않은 사람들도 그런 입장인 경우를 자주 본다. 국민들 내다수의 마음속에 윤석열이냐 이재명이냐라는 선택지가 주어졌기 때문에 탄핵정국이 여기까지 온 것이 엄연한 사실이다. 그렇다면 왜 유독 이재명은 안 되며 그러니 어쩌자는가 하는 물음을 적어도 같은 당 인사들이라면 툭 깨놓고 솔직히 설명할 필요가 있다. 윤석열의 연성 쿠데타가 낳은 '사법리스크'를 대통령이 구속기소되고 파면이 눈앞인 지점에 여전히 들먹인다거나 대선 이전의 개헌에 매달리는 것은 수구세력의 논리와 대동소이하지 않은가.

  내 개인적인 생각으로는, 이재명을 그토록 기피하는 핵심 원인이 유독 그가 한번도 기득권 카르텔에 속해본 적이 없으며 온갖 압박 가운데도 굴복하거나 타협하지 않았다는 점일 듯하다. 게다가 이재명이 유능한 실용주의자이기조차 하다면 여당뿐 아니라 온갖 기득권세력에는 설상가상이 아니겠는가! 실제로 '이재명 하나로는 안 된다'는 걱정은 대선보다도 대선 이후, 취임 이후에 적용하는 것이 옳다. 윤석열이 망가뜨린 나라를 추스르는 일도 만만찮으려니와 국내외로 산적한 현안들을 이재명이 아닌 그 누군들 홀로 감당할 수 있을까? 선거승리를 도와줄 캠프 요원과 달리, 승리 이후 적소에 기용할 실력있는 인사들이 그의 주변에 얼마나 모여 있는가는 내가 모르는 영역이고, 이 자리가 이런저런 주문을 하기에 적당한 지면도 아니다.

아무튼 이념보다 실용을 중시하는 자세는 '변혁적 중도'의 본질과도 통한다. 다만 누구를 위한 실용인가에 따라 그 의미가 크게 달라진다. 민생 위주라는 것도 민중은 먹을 것만 던져주면 조용해지는 개돼지라는 것이 기득권세력의 이념인 반면, 변혁적 중도의 실용주의는 '한반도적 시각을 지닌 실용주의'이며 분단체제극복이라는 역사적 과제를 떠맡은 시민들을 당장 먹고살 걱정으로부터 최대한으로 풀어줘야 한다는 주장이다. 육신의 의식주 문제를 제쳐두고는 도대체 마음공부가 불가능하지만, 동시에 "위대함의 상시적 비전을 떠나서는 도덕 교육이 불가능하다"(Moral education is impossible without a habitual vision of greatness)라는 화이트헤드의 말대로(Alfred North Whitehead, "The Place of Classics in Education") 어떤 원대한 목표와 서원은 마음공부의 또다른 필수조건이다.

분단체제가 나쁜 점이 저열한 담론이 공론장을 지배하게 된다는 것이다. 윤석열정권의 폭주와 망동을 이겨내는 과정에서도, 예컨대 헌정질서와 법치주의에 대한 공격이 너무 터무니없다보니 마치 입헌정치와 법치주의가 곧 민주주의라는 생각에 빠지기 쉽다. 헌정과 법치가 민주사회의 필요조건이긴 하지만 논의가 거기서 멈춘다면 민주주의를 지키자고 광장에 나온 시민들의 열망을 (요즘 말로) '저렴'하게 만드는 꼴이다. 이는 깨어 있는 민중이 스스로 다스리며 우애가 넘치는 세상을 만들기 위해서는 간단없는 마음공부와 고도의 정치적 실천이 병행되어야 하고 한반도 주민의 경우라면 분단체제를 완화·해소하고 그보다 나은 체제를 이 지역에 건설해야 한다는, 지극히 현실적이고 실용적인 과제를 담론장에서 지우는 기득권 정치인·지식인의 논리인 것이다.

변혁적 중도가 국내에서 미완의 과제일 뿐 아니라 국제정세에 비춰도 다분히 고립된 노선임을 신년칼럼에서도 지적했다. 민주주의와 무연한 트럼프 미국 대통령의 취임으로 불리한 환경이 더욱 강화된 느낌도 있다. 그러나 한국이라는 특정 상황에 그의 정책이 미칠 영향은 한층 섬세한 분석을 요한다. '빛의 혁명'의 고립에 관해서도, 그것이 현존 세계체제를 바꾸지는 못할지언정 더 나빠지는 것을 방지한 면도 주목할 필요가 있다. 남기정(南基正) 교수가 「계엄을 막지 못했다면 닥쳤을 잔혹한 세계사」(창비주간논평 2024. 12. 24)에서 상세히 분석했듯이, "2024년 12월 3일, 국회 앞에서, 국회 안에서 한국 국민과 국회의원이 막아낸 것은 계엄만이 아니었다. '북풍'과 '서풍'을 막고, 일본의 개헌의 흐름을 막고, 한일 동맹화의 흐름을 막은 것이었다."[5]

트럼프가 세계적 우경화 물결을 탔고 그의 재집권이 기후위기라는 인류적 과제나 미국 내 민주제도를 위해서는 재앙적 사건이라 하더라도, 당장 한반도에 미치는 영향만을 본다면 나쁘기만 한 것은 아니다. 적어도 남북의 군사충돌을 만들어내려던 윤석열의 '북풍' 시도에 일정한 제약이 가해졌으며 남기정 교수의 분석대로 우끄라이나전쟁에 기댄 '서풍' 공작도 한결 힘들어진 형국이다. 트럼프가 김정은 위원장과의 친분을 자랑하면서 호언하는 대북관계 개선은 물론 지켜볼 문제다. 2019년 하노이회담

---

[5] 이어지는 마지막 두 문장은 이렇다. "그러나 그 흐름은 집요하다. 계엄을 세계사적 사건으로 주목해야 하는 이유다."

결렬 이후 북의 비핵화를 전제한 관계개선은 무망해졌지만, 최근 트럼프가 조선을 '핵보유국'(nuclear power)으로 인정한 데서 출발하여 진지한 핵동결·핵감축 협상을 진행한다면 본인이나 김정은의 의도와 무관하게 분단체제 완화에 기여할 가능성이 있다.

하기는 바이든정부의 '가치외교' '가치동맹'이야말로 일종의 '우파 인터내셔널'에 더 적합한 이념이었다. 미국의 민주적 제도들이 세계 민주시민의 공동유산인 면이 없지 않다 해도, 미국 내에서조차 그것은 극도로 제한적이고 차별적으로 시행되었을뿐더러 외국에 대한 제국주의적 간섭과 지배의 도구로 복무해오기 일쑤였다. 미국의 민주시민들 스스로 이번 계기에 정착식민주의(settler colonialism)로 시작한 미국의 역사를 되돌아보고 한국의 선도적 시민혁명에서 배움을 얻어야 할 때가 아닌가 한다.

취임하자마자 빠리기후협정에서 다시 탈퇴하고 무한대의 석유 채취를 공언하는 행태는 한층 심각하다. 그러나 그간의 국제적 협약이나 각종 처방이 기후위기 해결에 턱없이 모자란다는 관점에서 보자면, 트럼프 같은 초대형 기후악당의 등장이야말로 과연 어떤 세상을 만들어야 인류의 문제를 원만히 해결할 수 있을지 뿌리부터 다시 생각해볼 기회이기도 하다.

한반도는 조선조 말기의 대혼란과 동학혁명의 패배, 국권상실 등의 고난을 통과하면서 드디어 '물질이 개벽되니 정신을 개벽하자'는 간명하면서도 의미심장한 명제를 산출했다. 이는 단순한 표어의 발명이 아니라 새 불교를 표방하는 자생 종교에 동학 이래의 후천개벽사상이 합류하는 세계사적 사건이었다.

소태산은 식민지시대에 활동한 분인지라 '분단체제의 변혁'은 그의 과제가 아니었다. 그러나 졸고 「변혁적 중도주의와 소태산의 개벽사상」(2008, 『어디가 중도며 어째서 변혁인가』 제15장; 본서 제4장)에서 밝혔듯이 그는 변혁적 중도론의 실질적 선구자 중 한 사람이라 할 만하며, 이후 나는 식민지체제의 변혁을 위한 중도세력의 형성을 꿈꾼 의암 손병희, 도산 안창호, 몽양 여운형 등을 포괄하는 논의를 진행하기도 했다(『근대의 이중과제와 한반도식 나라만들기』 제2장; 백낙청TV '공부길 149' 강경석편 1회, 2025. 1. 7).

우리 시대의 촛불혁명(내지 빛의 혁명)이 동학 이래의 나라다운 나라 만들기와 평화혁명의 전통을 이어가는 것이라면, 시대가 요구하는 변혁적 중도 공부가 곧 개벽세상 만들기와 둘이 아님이 뚜렷해진다. 「기후위기와 근대의 이중과제」라는 졸문을 인용하자면, 이는 "맑스 등이 수행한 자본주의 비판을 외면한 채 후천개벽을 실현하는 일은 불가능"하다는 말인 동시에, "아무리 엄격하고 정밀한 자본주의 분석도 그 자체로 충분하지는 못하고 맑스가 강조한 혁명적 실천의지가 이에 더해지더라도 '개벽'에 값하는 개인들의 마음공부를 내포하지 않고서는 문명의 대전환을 이뤄내기 어려움을 뜻한다."(같은 책 제13장 361면) 트럼프 시대의 미국이 세계의 패권국가라기보다 최강의 약탈자·갈취자로 변신한 것은 미국식 민주주의의 말기현상이라 볼 수 있다. 월러스틴(I. Wallerstein)이 근대 세계체제의 '지구문화'(geo-culture)로 규정한 (레닌주의라는 변종까지 포함하는) 자유주의가 파산상태에 이르른 오늘의 세상에서 한반도에서 시원한 후천개벽의 전통과 그 현대적 발현이 갖는 중요성이 새삼 절실하다. '변혁적 중도'의 때가 왔다는 선언이 한국에 국한되지 않는 세계사적 의미를 지닌다고 볼 수 있을 것이다.

2. '국민주권정부'와 중도정치

12·3내란의 완전 진압은 가능한가

비상계엄을 선포하여 국회의 탄핵소추를 자초한 윤석열의 행태를 나는 '변칙적 사태의 엽기적 종말'이라고 했다(본서 제1장 14면). 윤석열 개인에 초점을 맞출 경우 틀린 진단은 아니다. 그의 행각은 이후에도 매번 사람들의 예상을 뛰어넘는 '엽기성'을 보여주었다. 하지만 윤석열과 그 일당의 개인적 행위에 초점을 둔 이런 진단은 내란세력 전체의 분석에서는 다소 안일했다는 자기반성이 필요한 것이기도 했다(「백낙청 공부길 175 정현곤 1편」 백낙청TV 2025. 4. 25).

내란세력의 준동은 헌법재판소에 의한 대통령 파면(2025. 4. 4)으로도 끝나지 않았다. 심지어 대법원까지 동원되는 등 정권교체를 막아보려는 노력이 전방위로 전개되었다. 선거국면에서는 그런 시도가 일정한 법률적·사회적 정당성마저 보장받게 마련이다. 선거가 혁명에 독이 되기 십상이라는 점은 그래서 일종의 상식인데, 세계사에 유례가 드문 평화혁명을 수행 중인 한국 민중으로서는 선거국면이라는 위험하지만 불가피한 과정을 감수할 수밖에 없었다.

　이재명 대통령의 당선으로 그 어려운 시험도 무난히 통과했다. 그러나 이로써 내란세력의 뿌리가 완전히 뽑혔다고 본다면 또 한번 안일에 빠지는 꼴이 될 것이다. 그래도 나는 윤석열 파면과 이재명 당선이라는 두개의 넉다운 펀치에 이어 넉아웃 승리를 가져올 제3탄이 예비되어 있다고 믿는다. 바로 이재명 정부가 그간의 비방자·반대자들을 무색게 할 정도로 잘해내는 것이다.

　이때 중요한 것은 우리 사회에 어떤 변화를 이룩하려 할 때 그게 뜻대로 안 되곤 하는 사정을 정확히 인식하는 일이다. 어느 한가지 요인만은 아니겠지만 거의 모든 경우에 적용되는데도 너무나 많은 사람들이 잊고 사는 것이 **분단체제**의 존재다. 한반도의 분단이 80년이 되었고 특히 동족상잔의 전쟁이 정전협정으로 끝난 이후 전쟁도 평화도 아닌 상태가 70년 넘게 지속되면서 분단이 일종의 **체제**로 굳어져, 우리 사회 곳곳의 남북분단과 언뜻 무관해 보이는 문제들에까지 엉켜들어 있는 것이 우리의 현실인 것이다.

　분단체제의 기득권세력은 '법치'를 가상한 수단으로 기득권을 유지하기 힘들어졌을 때 헌법과 법치주의를 짓밟는 행위는 물론 친위쿠데타도 감행할 용의가 있다. 그런 점에서 공공연한 군부독재가 1987년 6월항쟁 이후로 종식된 뒤에도 한국은 내란 가능성을 항시적으로 내장한 사회였다고 봐야 한다. 윤석열 내란이 끝날 듯 끝날 듯하면서도 새로운 복병이 계속 등장하여 국민의 애를 태워온 것도 바로 내란의 뿌리가 분단체제에 깊숙이 내재하기 때문이다.

　더구나 분단체제는 남북한만으로 완결된 체제가 아니라 세계체제가 한반도를 중심으로 작동하는 일종의 하위체제다. 특히 처음부터 국토의 분단을 주도했고 이후에도 한반도 정세에 압도적 영향력을 행사해온 미국이 중요 행위자로 관여해온 현실이다. 세계체제가 그때그때의 현황에 따라 남북한에 — 각기 다른 형태로 — 작용하고 있는 것이다. 그러므로 세계체제와 그 변화하는 국면에 대한 정확한 인식 또한 '일이 뜻대로 안 되곤 하는 사정'을 파악하는 데 필수적이다.

이재명의 중도노선과 국민통합

이재명 대통령은 한때 국민의힘(이하 국힘당)의 수구성을 부각시키기 위해 '중도보수'를 표방하기도 했지만 곧바로 민주당은 본디 '중도정당'이고 따라서 보수든 진보든 그때그때 현실의 필요에 부응하여 실용주의적으로 채택하는 정당이라고 규정했다. 실제로 대통령후보 이재명은 내란을 심판하고 민생을 되살린다는 목표를 중심으로 폭넓은 중도세력 연대의 형성에 성공하기도 했다. 물론 그는 '변혁적 중도'를 언급한 적이 없고 이에 대해 어떤 인식을 가졌는지 밝힌 바도 없다. 이재명의 중도정치를 지지하는 많은 논객도 대개는 '실용적 중도' '유능한 중도' 같은 표현으로 만족하는 것 같다. 그러나 '실용'이나 '유능'은 어느 정권이든 국정을 담당하려면 갖춰야 할 기본이다. 실용적이고 유능해지기 위해서라도 분단체제가 부과하는 제약을 인지하고 범한반도적인 이 체제를 변혁할 필요가 있다는 점이 생략돼서는 원만한 중도가 되기 어렵다.[1]

나 자신 변혁적 중도론을 처음 제출할 때부터 그것이 현실정치의 표어로 적합하지 않다는 토를 달았다. '변혁적 중도의 때가 왔다'(창비주간논평 2024. 12. 30)고 선언한 뒤에도 그 점은 마찬가지다. 다만 이재명 대통령이

---

[1] 물론 분단체제가 '통일'이라는 방식으로 일거에 변혁되어야 한다는 말은 아니다. 내가 거듭 주장해온 것도 한반도의 '점진적·단계적·창의적 재통합'인데, 이를 급격한 변화와 구별하기 위해 '개혁적 중도'라는 표현을 쓰는 이도 있다. 그러나 개혁작업이 남과 북에서 동시에 진행될 수 없는 것이 한반도이며 이같은 현실의 한반도를 남북이 비교적 발맞춰 나가는 개혁이 가능한 공간으로 변혁해야 한다는 것이 '변혁적' 중도론인 것이다.

후보 시절 이따금씩 입에 올린 '개벽 같은 세상'이나 '모두가 함께 잘 사는 대동세상'이 한반도 분단체제의 변혁 없이는 불가능하다는 주장만은 굽힐 생각이 없다. 대통령 자신도 취임 직후에 대북 확성기 방송 중지 등 선제적 화해조치에 나서고 한반도의 평화가 국내정치 성과에도 필수적임을 역설하는 것으로 보아 변혁적 중도노선에서 크게 벗어나 있지는 않은 듯하다.

분단체제극복보다 당장에 시급한 국정과제로 이재명 대통령이 제시한 것이 국민통합·사회통합이다. 나 자신 2012년 총선과 대선의 해에 선거 승리를 통해 건설할 '2013년체제'가 사회통합의 숙제를 안고 있음을 명시했고, 그 기획이 실패로 끝난 후에도 「사회통합, 불가능한 것은 아니다」(창비주간논평 2013. 12. 27; 졸저 『근대의 이중과제와 한반도식 나라만들기』, 창비 2021, 제4부 7)에서 사회통합의 중요성을 강조한 바 있다. 그 글에서 다소 길게 인용해본다.

한편으로는 남북대결과 국내의 이념대결을 일용할 양식으로 삼는 세력과 싸워서 이길 실력이 필수적인데, 다른 한편으로도 써 ↑ 기민 하고 선거에서 이길 생각만 하는 집단이 아니라 통합을 능히 이룩할 세력임을 미리 보여줄 수 있어야 하는 것이다.

그러자면 비교적 폭넓은 사회통합이 이 땅에서도 가능하다는 확신이 서야 한다. 이는 분단시대의 한국이 북한과의 대결상태를 유지하거나 반대로 북한의 존재를 망각한 채로 남한만이 잘살 수 있다는 헛된 꿈을 청산할 것을 요구하는 것이기도 하다. 남북의 점진적·단계적 재통합으로 분단체제 전체가 변혁되는 과정과 결합된 한국의 민주개혁과 민중생활 향상이 목표가 되어야 하며, 이를 위해 광범위한 세력의 연대를 형성할 수 있어야 한다. 그것은 물론 국민 100%의 동의와 동참을 얻어내는 연대가 아니다. 그러나 부패한 극우세력과 진보를 자칭하며 각종 단순논리를 펼치는 이들을 배제한다는 의미로 '중도주의적' 연대이며, 그러한 중도주의에 공감하는 국민들이 하나의 정당이나 조직으로 일심동체(一心同體)를 이루기보다 다체동심(多體同心)에 해당하는 느슨한 연대일 것이다. 나는 그러한 연대의 이념을 '변혁적 중도주의'라 일컬은 바 있는데, 이것이 현실정치의 구호가 되기는 힘들다는 점은 분명하다. (같은 책 406면)

부분적인 표현의 문제는 있지만 논지 자체는 지금도 유효하지 않은가 한다. 그런데 그때 막연한 희망으로 제시되었던 '통합'이 이제 당면과제로 다가왔다. "남북대결과 국내의 이념대결을 일용할 양식으로 삼는 세력"과의 대회전에서 우리 시민들의 분투가 드디어 이재명 정부를 탄생시켰기 때문이다.

우리 사회의 분열이 극심한 데에 전국민이 똑같이 책임이 있다는 듯이 말하는 것은 기득권세력의 기만적 언사이다. 저들이야말로 입으로는 통합을 외치고 협치를 외치지만 통합이 안 되고 협치가 안 되어야만 분단체제 속의 기득권을 지켜낼 수 있는 객관적인 자기 처지를 정확히 인식하고 나름으로 영리하게 대처해온 장본인들이다. 그들에 맞서 진정한 사회통합의 가능성을 여는 작업은 이번 윤석열 파면과 이재명 선출 과정에서 폭넓게 모여든 중도세력의 몫이었다.

선거패배로 기득권세력의 기만적 중도론이 결코 사라지지는 않을 것이다. 내란을 비롯한 온갖 죄상을 밝히고 책임을 묻는 일이 벌어질 때 저들은 즉각 '국민통합을 해치는 정쟁'이라며 규탄하고 나올 게 뻔하다. 실제로 그 작전은 이미 개시되었다. 저들이 애용하는 또 한가지 기만적 언사는 '민생'이다. 이 또한 여야 할 것 없이 내세우는 목표지만, 실제로는 망가진 민생을 구제하려는 방안이 나올 때마다 '재정 안정성'을 해친다느니 무분별한 '퍼주기'는 안 된다느니 하며 기를 쓰고 반대해온 것이 그들이다. 이것이 득표에도 도움이 안 되는 자해행위처럼 보일지 모르나, 계급적 관점에서는 민생이 개선되고 굶주림과 빚독촉에 시달리는 인구가 줄어드는 것이 그들에게 결코 달갑지 않은 사태인 것이다.

이런 방해와 기만적인 협치론을 뚫고 나가는 데 결정적인 공헌을 한 것이 역설적이게도 내란수괴로 변신한 대통령 윤석열이었다. 문재인정부의 적폐청산은 그 작업을 윤석열 등 정치검사에게 맡겼다는 전략적 실수와 별도로, 어디까지가 적폐고 어디부터 아닌지 그 개념이 모호하여 기득권층의 반발뿐 아니라 시간이 흐를수록 대중의 피로감도 유발하기 십상이었다. 반면에 내란죄는 형법상 그 행위와 처벌규정이 명시되어 있으며 대통령의 불소추 특권조차 해당되지 않는 심각한 범죄인 것이다.

평소에 눈에 잘 안 띄던 내란동조세력을 백일하에 드러낸 것도 윤석열의 공헌이다. 헌재의 파면결정이 그토록 오래 걸리면서 가슴 졸이던 국민이 거둔 수확이기도 하다. '적폐'를 완전 소탕하는 것은 현실적으로 불가능하고 그런 시도가 반드시 현명한 것도 아니지만, 그들 중 많은 부분의 행적을 내란수사로 밝혀내고 사법처리마저 할 수 있게 된 것은 얼마나 큰 행운인가. 바야흐로 진정한 '국민통합'을 도모할 천재일우의 호기가 도래한 것이다.

국민의 머릿속에 분단체제의 존재가 새삼 각인된 것도 윤석열의 공로라면 공로다. 내란을 일으키면서 말끝마다 '친북 반국가세력'을 들먹이고 심지어 북의 공격을 유도하려 했던 사실마저 점점 분명해짐으로써 한국이 분단국임을 모르는 사람이 거의 없게 되었다. 이 모든 공헌을 자신은 사형선고를 받아 마땅한 죄과를 저지르면서 이루었으니 그의 노고가 실로 남달랐다 하지 않을 수 없다. 다만 우리가 명심할 점은, 분단체제의 기득권세력들은 윤석열 개인과는 차원이 다른 노련하고 유능한 집단이라는 사실이다. 그렇다고 기득권세력인들 내부 대립이 전혀 없는 덩어리는 아닌 만큼 그중 가급적 많은 이들을 떼어내어 변혁적 중도의 길에 동참시키는 일에 정성과 지혜를 모아야 할 것이다.

새로운 중도정치의 세계사적 과제들

분단체제가 현존 자본주의 세계체제의 중요한 일각을 맡고 있는 만큼 한국의 중도정치가 해결할 문제들이 곧 세계의 문제임은 당연하다. 기후변화·기후위기는 물론이려니와, 앞서 거론한 기득권세력의 기만적 사회통합론, 민생우선론 또한 전지구적 차원의 격차사회에 기인하는 것이다. 그러한 거창한 문제들을 여기서 길게 논할 수는 없다. 다만 극히 한국적인 현상으로 곧잘 치부되는 사안의 세계사적 차원을 한두가지 사례 중심으로 살펴보고자 한다.

예컨대 이번 선거기간에 크게 실감한 '가짜뉴스' 문제가 미국 등 외국에서도 심각한 사안임은 알려진 사실이다. 한국의 이른바 레거시언론에 비해 적어도 자기네 국내정치에 관해서는 공정성과 전문성의 전통이 훨씬 강한 매체들이 열성적으로 팩트체크를 함에도 불구하고, 가짜뉴스와 비과학적 미신의 발신자이며 불리한 지적은 한마디로 '가짜뉴스'라고 일축하는 정치인을 두번씩이나 대통령으로 당선시킨 것이 미국이다. 나아가 가짜뉴스의 범람에 '탈진실(post-truth) 시대'라는 그럴듯한 이름을 지어준 것도 유럽과 미국의 학계인 것이다.

'탈진실'이라는 표현에 진실의 실종에 대한 우려와 개탄의 뜻이 없는 것은 아니다. 그러나 적어도 첨단적 이론을 자부하는 상당수(주로 포스트모더니즘, 해체주의 등으로 알려진 흐름)의 철학자들이 서구의 전통적 철학, 특히 18세기 계몽주의 이래로 인간의 이성이 발견하는 진실(truth, 진리로도 번역됨)의 절대성이 실은 형이상학적 허구에 불과하다는 나름 합당한 비판의식을 품고 진리 개념의 '해체'에 나선 현상도 간과할 수 없다. 그렇더라도 진실된 사실보도로 가짜뉴스에 끈질기게 대응하는 노력을 포기해서는 안 되겠지만, 그것만으로 가짜뉴스를 이겨낼 수 있다고 생각하는 것은 일종의 지적 오만이다. 인간은 이성적 동물인 동시에 욕망과 사회적 이해관계에 지배되는 존재이고 가짜뉴스를 믿는 것도 믿고 싶어서, 또는 믿는 게 자신에게 이득이 되기 때문에 믿는 경우가 많다. 이런 마음작용과 기질을 근본적으로 바꾸기 위해 필요한 정치적 실천과 개인적 수련은, 근대 철학이나 과학에서 실종되다시피 한 진실보다 한 차원 높은 '진리' 내지 '도(道)'에 대한 신념과 헌신, 그리고 현실에 대한 정당한 알음알이다. 이는 아무리 유능한 대통령이라도 임기 내에 만들어낼 수 있는 역사가 아니고, 시민들이 수행하는 집단적 공부와 사업의 지속적 수행을 요구하는 과제일 터이다.

이번 선거에서 주목받은 또 하나의 현상은 우리 사회 내 젠더갈등이다. 남성들의 피해의식과 여성혐오를 일부러 부추긴 후보가 젊은 남성 유권자들로부터 통계적으로 의미있는 지지를 받은 것으로 알려졌다.² 이는 한국 특유의 현상일 수 있지만, 한국을 포함한 세계적 여성해방운동의 전략 모색 차원에서도 곱씹어볼 문제다.

한국의 상당수 젊은 남성이 최근의 시위현장에 동년배의 여성들보다 참여가 저조했고 투표장에서도 내란청산에 열의도 정책도 없는 후보를 많이 찍은 이유를 한두가지로 설명할 수는 없을 것이다. 현실적으로 여전히 남성의 특권이 많은 사회지만 그러한 특권이 과거에 비해 축소되었고

---

2 해당 후보의 득표에는 고소득·고학력이라는 계급적 처지가 젠더문제 못지않게 작용한 것으로 보인다. 그러나 본고의 주안점은 그의 득표 내용에 대한 분석보다 우리 사회의 젠더갈등 문제를 좀 다른 각도에서 살펴보려는 것이다.

계속 축소될 것으로 전망되는 데 대한 박탈감이 작용한 것도 한가지 이유로 짐작된다. 노동임금의 성별격차 같은 현실에 큰 변화가 없는 가운데서도 문재인정부 아래 여성들을 대변한다는 단체나 개인이 눈에 띄게 우대받는다는 인상을 준 것도 남성들이 자기네들의 불만은 들어주는 사람이 없다는 피해의식을 더했을 터이다. 남성들이 과거에 부당하게 누려왔고 지금도 일정부분 누리고 있는 특권을 없애는 노력은 당연히 필요하지만, 우리 사회 전체를 책임져야 할 여성운동이 세상의 반쪽인 남성들의 문제를 상관없다고 생각한다면 궁극적인 성공을 기하기 어려울 듯하다. 반면에 남성들은 오랜 세월 남성이 여성에게 가해온 억압과 차별에 대한 업보를 수용하는 마음공부도 필요하다. 이럴 때 내가 아닌 나의 선대에 행해진 일에 왜 내가 업보를 받아야 하느냐고 반발하는 것이 이해가 안 되지는 않지만, 자기가 속한 공동체의 과거에 대해 나는 무관하다고 주장하기로 치면 일본인들의 과거사 부정에 대해서는 무어라 말하겠는가. 아니, 베트남전쟁 당시 한국군의 민간인 학살에 대한 책임 문제도 같은 차원에서 고민할 문제다. 지나친 자기혐오도 아니고 역사적 책임에 대한 회피도 아닌 '중도 잡기' 공부가 절실한 대목이다.

나는 여성운동이 기본적인 신변안전마저 위협받는 우리 사회 여성들의 권익향상과 성평등에 집중하는 것은 당연하다고 본다. 동시에 남녀를 막론하고 주권시민의 한 사람으로서 이 나라 젊은 남성들이 처한 곤경을 직시하면서 장기적인 목표를 설정할 필요도 절실하다는 생각이다. 이를 위해서는 탐(貪)·진(瞋)·치(癡)를 작동원리로 삼는 자본주의 세계체제의 속성[3] 등 전문적 분석을 요하는 여러 현상이 포함되어 있지만, 나 자신은 문

---

[3] 졸저 『어디가 중도며 어째서 변혁인가』, 창비 2009, 제14장 「통일시대·마음공부·삼동윤리」 294~96면. 이에 대해 후속 저서에서 거듭 강조하기도 했다. "사실 욕심내는 마음과 성내고 미워하는 마음 그리고 어리석은 마음 등 삼독심(三毒心)은 모든 인간이 안고 있는 문

학평론가로서 그리고 내가 '서양의 개벽사상가'로 호명한 D. H. 로런스(D. H. Lawrence)의 연구자로서의 전문성을 살려 우리나라 젊은 남성들이 처한 성적 곤경에 대해 잠시 살펴볼까 한다. 이는 '정치적인 것은 개인적인 것'이며 '개인적인 것은 정치적'이라는 여성해방운동의 유명한 명제에도 부합하는 것 아닌가.

물론 성적 곤경이 남성만의 문제는 아니다. 또한 이 문제 역시 막연히 남성·여성을 말하는 대신 빈부격차가 큰 사회에서 어떤 계급의 남성이며 여성인가를 따져야 한다.[4] 어쨌든 성생활의 제도적 속박으로부터의 해방이라는 면에서는 한국 여성이 백년 전 여성운동이 시작되던 때에 비해 괄목할 진전을 이룬 것이 사실이다. 전통적 유교사회가 강요하던 과부의 수절이나 여성에게만 적용되던 혼외정사 금지(물론 축첩제도가 있어 '혼외' 개념이 지금보다 느슨하긴 했지만)가 과거지사가 되었고, 피임기술의 발달로 여성들이 원치 않은 임신의 위협에서 상당부분 벗어나게 되었으며, 직장에서의 성차별이 상존하지만 경제적 자활력의 증대에 따른 선택권의 확대도 뚜렷하다. 남성 역시 근대사회로 오면서 손해만 본 것은 아니다. 그러나 남존여비가 사회의 공식 이념이던 시대의 명명한 우월감이 불가능해졌다든가, 남성에게만 허용되던 각종 성적 자유를 여성들과 공유해야 하거나 아예 상실하는 처지가 된 것은 그 역사의 의미를 통찰하

제로서 이를 제거하는 공부는 어느 시대에나 어렵다. 그 점을 인정하면서도, 우리가 속한 자본주의 세계체제에서는 그것들이 **체제운영의 원리**가 되어 있다는 사실을 통찰하는 것이 중요하다."(「2013년체제와 변혁적 중도주의」, 『근대의 이중과제와 한반도식 나라만들기』 190~91면)

4 자본주의(특히 신자유주의)사회 여성들의 성생활이 사회주의(국가사회주의 포함)에서보다 여러모로 열악하다는 주장을 펼친, 현재 미국에서 활동 중인 불가리아 출신의 학자의 연구서 크리스틴 R. 고드시 『왜 여성은 사회주의사회에서 더 나은 섹스를 하는가』, 김이현 옮김, 이학사 2021(Kristen R. Ghodsee, *Why Women Have Better Sex Under Socialism*, Bold Type Books 2018, Paperback Edition 2020) 참조.

지 않을 때 반발감을 키우기 일쑤다. 변변한 직업을 못 가진 비혼남성들은 '먹고사니즘'의 중요한 일부인 성욕충족이 과거보다 힘들어진 세월인 것이다. 그러나 '먹고사니즘'의 기본으로 제시되는 의·식·주의 '주(住)'는 단지 비바람을 피해 먹고 잠잘 수 있는 장소만을 뜻하는 것이 아니라 성충동을 안전하게 해결할 수 있는 공간을 겸해야 한다. 그것이 사랑하는 사람끼리 결합하는 공간이기까지 할 경우, '먹고사니즘'을 넘어 '잘사니즘'의 기반이 되고 대동세상을 열어가는 씨앗이 자라는 처소일 수 있다.

나는 한국의 페미니즘도 '추격형'을 벗어나, 19세기 중엽 동학의 성차별 철폐 사상과 실행이 이미 그러했듯이 '선도형' 사상으로 세계를 이끌기를 갈망하고 있다. 이를 위해 당면의 차별과 혐오에 맞서는 싸움에 집중함과 동시에, 남성을 포함한 동시대 인간들의 세정(細情)을 읽어내고 원만히 대응하는 인간해방운동으로서의 여성운동·여성해방담론이 절실하다. 나아가 근대의 온갖 사상을 특징짓는 근대적 '주체' 개념의 일대 전환이 필요하다는 생각이다. 흔히 커먼즈(commons)라 불리고 '공동영역'으로 번역되기도 하는 영역도 개별적 자아로 태어나서 그것을 활용하거나 더 풍요롭게 만들거나 또는 훼손하는 '주체'들보다 먼저 존재했고 인간의 탄생과 주체의 형성 자체가 천지부모와 동포 생령들의 은혜에 힙입은 것이라는 사유를 회복하는 작업이 세계체제 변혁의 과정에 수반되어야 할 것 같다.

그런 점에서 페미니즘도 '변혁적 중도'에 어떻게 합류할지가 연마의 과제가 되었으면 한다.

K민주주의와 개벽세상

윤석열의 조기퇴진과 평화적 정권교체를 지켜본 외국의 언론은 한국 민주주의의 '회복력'에 대한 찬사를 쏟아냈다. 최근의 G7 정상회담에 이재명 대통령이 참석해서 깊은 인상을 남긴 것도 그 점이 크게 작용했을 것이다. 더구나 선진국을 자처하던 나라들, 특히 미국에서 기존의 민주제도가 심하게 손상되고 트럼프 대통령이 윤석열을 방불케 하는 '내란 본능'을 드러내고 있는 시점이라 더욱 그랬을 터이다. 하지만 1987년 6월항쟁 이후 우리가 건설해온 민주정치를 '회복'하는 것만으로 세계의 민주주의를 지켜낼 수 있는가? 지금이 87년체제 자체가 실질적인 수명을 다한 '궐위시대'라면, K민주주의의 이름에 값할 민주사회가 '회복'을 넘어 새로운 사상과 실천을 보여줄 때만 그러한 개척자적 역할을 감당할 수 있을 것이다.

촛불혁명 내지 빛의 혁명 ─ 나는 두 호칭이 하나의 연속적인 사건을 가리킨다고 보는데 ─ 은 그동안 한국 민중이 피땀 흘려 이룩한 '상대적으로 민주화된 사회'를 독재지망자들로부터 지켜냄과 동시에, '민중의 자기통치'로 나갈 가능성을 열어젖힌 사건이다. 그런데 '민중자치'의 정확한 개념은 무엇이며 이를 어떻게 구현할 것인가? 아예 지휘체계가 없는 사회, 아나키즘 사회라면, 비록 그 실현방법이 막연할지언정 개념의 혼란은 없는 편이니. 하지만 고성된 위계질서를 배격하더라도 성숙한 민중의 사회에서 지도력이 더 뛰어난 개인들에 의한 지도·피지도 관계가 가능하고 필요하며 그것이 민중자치의 중요한 일부라고 나는 생각한다. D. H. 로런스가 휘트먼(W. Whitman)의 새로운 민주주의론을 원용하여 '열린 길'에서의 '위대한 영혼'들의 만남과 '더 위대한 영혼(들)'에 대한 인정과 자발적인 숭배에 주목한 것도 그런 것일 게다.[5]

실은 이런 민주주의론도 막연한 꿈을 넘어서지 못할 수 있다. 현존하는 ─ 어쩌면 회복 불능으로 망가지고 있는 ─ 미국 민주주의의 현실에 비

---

[5] 졸저 『서양의 개벽사상가 D. H. 로런스』, 창비 2020, 제10장 「로런스의 민주주의론」 462~64면 참조.

추어 그런 의구심이 더욱 짙어진다. 그에 비하면 한국의 사상가 정산(鼎山) 송규(宋奎, 1900~62) 선생이 도치(道治)와 덕치(德治), 정치(政治)의 세 가지 다스림을 열거하면서 도치만으로는 안 되고 그 셋이 병행해야 함을 강조한 것이 훨씬 현실적이다.[6] 다만 그 셋이 시대와 상황에 따라 각기 어떤 배합으로 어떻게 병행할지는 지속적인 실험과 연마가 필요할 것이며, 도치의 비중과 위력이 높아질수록 진정한 민주주의에 가까워질 것이다.

오늘의 세계에서 한국이 경제력이나 군사력으로 자신의 길을 세계에 강제할 가능성은 없다. 아니, 그런 패권국의 존재나 신·구 패권국 간의 승계가 불가능해진 세계체제의 말기국면, 이른바 '궐위시대'에 우리가 이미 진입해 있다. 그러기에 한국이 기여할 수 있고 누군가가 공급해주어야 할 새로운 정신과 사상이 절실하며, 일정한 경제적·군사적 실력을 갖췄지만 초강대국에 못 미치는 중견국가가 뛰어난 문화능력과 제도와 기술의 설계능력으로 인류문명을 선도할 기회가 열린 시점이 아닌가 한다. 조선조 말기에 이미 동학이라는 사상적·실천적 돌파를 이룩했고 이후 기성체제의 탄압과 외세들의 폭력적 개입, 식민지시대와 분단, 전쟁, 독재를 겪으면서 피 흘려 싸우고 끈질기게 분투하여 평화혁명의 가능성을 키워온 끝에, 세계가 놀라는 빛의 혁명을 수행한 한국민은 얼마든지 세계의 변혁을

---

[6] 같은 책 484면에 인용했던 글을 다시 인용해본다. "다스리고 교화하는 도에는 여러가지가 있을 것이나 강령을 들어 말하자면 첫째는 「도」로써 다스리고 교화함이니, 모든 사람으로 하여금 각각 자기의 본래 성품인 우주의 원리를 깨치게 하여 불생불멸과 인과보응의 대도로 무위이화의 교화를 받게 하는 것이요, 둘째는 「덕」으로써 다스리고 교화함이니, 지도자가 앞서서 그 도를 행함으로써 덕화가 널리 나타나서 민중의 마음이 그 덕에 화하여 돌아오게 하는 것이요, 셋째는 「정(政)」으로써 다스리고 교화함이니, 법의 위엄과 사체(事體)의 경위로 민중을 이끌어 나아가는 것이라, 과거에는 시대를 따라 이 세가지 가운데 그 하나만을 가지고도 능히 다스리고 교화할 수 있었으나 앞으로는 이 세가지 도를 아울러 나아가야 원만한 정치와 교화가 베풀어지게 되나니라."(『정산종사법어』, 「세전(世典)」 제6장 '국가' 2. '치교의 도', 『원불교전서』, 원불교출판사 1977, 초판 37쇄, 744면)

선도할 위치로까지 왔다고 말할 수 있다. 사실 평화혁명은 무수한 유혈탄압을 겪고도 꺾이지 않은 민중운동의 경로를 생략하고 갑자기 이룩될 수 있는 역사가 아니다.

  대중정치에서도 '함께 잘 사는 대동세상'이 결코 낯설지 않은 구호가 되었고 광범위한 중도세력이 형성된 것 역시 갑자기 이루어진 역사가 아니다. 그렇게 형성된 중도적 연대가 곧 '변혁적 중도'여야 한다는 주장이 아직 생소한 느낌일 수 있지만, 그것 말고 다른 길이 없음은 시간이 갈수록 대중의 실감을 획득하리라 믿는다. 바야흐로 '변혁과 중도의 때'가 이 땅에 도래했고 개벽세상을 위한 새로운 담론과 사상, 실천이 우리 모두의 공부거리로 제출된 상황이다.

II. 변혁적 중도주의의 역사적 전개

3. 변혁적 중도주의와 한국 민주주의

4. 변혁적 중도주의와 소태산의 개벽사상

5. '2013년체제'를 준비하자

6. 큰 적공, 큰 전환을 위하여: 2013년체제론 이후

3. 변혁적 중도주의와 한국 민주주의

애초 「분단체제와 '참여정부' 2년」 강연원고를 쓰면서, 결론을 대신하여 '변혁적 중도주의'를 논하는 마지막 토막을 덧붙일 작정이었다. 시간에 쫓겨 제대로 마무리가 안 된 원고를 넘기면서는 강연현장에서 구두로 보완하려니 했다. 그런데 현장에서는 현장에서대로 그럴 시간이 모자랐다. 결국 떡 부스러기나 못박이서 변혁적 중도주의를 제창한 것은 2006년 디지털창비의 신년사(『한반도식 통일, 현재진행형』 제2장)가 처음이 되었다. 그러나 이 또한 단편적인 언급에 그쳤으므로 여기서 '덧글' 형식으로 조금 더 상세한 논의를 해보고자 한다.

내용은 사실 꽤나 오래된 것이다. 중도주의로 말하면 『흔들리는 분단체제』(창작과비평사 1998) 머리말에서 "내 나름으로 숙고 끝에 도달한, 분단극복의 그날까지는 특히나 유념해야 할 중도주의"(6면)를 언급했고, 책 마지막 장도 "우리 시대 나름의 중도정책"(251면)을 주장하는 것으로 끝맺었다. 이러한 중도주의가 '변혁적'인 것은 한반도에서 우리 시대 최대의 변혁과제가 분단체제의 극복이기 때문인데, 『분단체제 변혁의 공부길』(창작과비평사)이라는 1994년의 저서 제목에도 그런 인식이 드러나 있다.

원래 의미의 중도(中道)가 현실 속에 대두한 온갖 노선들의 중간자리 차지하기와 다르다는 점은 상식에 속한다. 그러나 실제로 이런 식의 무원칙한 중간노선을 중도주의로 포장하는 일이 흔한 것도 사실이므로, '변혁적'이라는 꾸밈말이 매우 중요하다. 특정 상황에서의 변혁과제가 당시의 현실에서 흔히 '급진적' '혁명적'이라 일컬어지는 노선보다 오히려 중간에 가까운 — 그렇다고 물론 전체 스펙트럼에서 정중앙에 위치할 필요는 없는 — 노선을 요구할 때 '변혁적 중도주의'가 시대의 요구로 인정될 수 있는 것이다.

분단체제론의 시각에서 '참여정부'를 평가하는 작업에서도 이 개념이 요긴하다. 현 정권이 시도하거나 실행하는 온갖 변화가 분단체제의 극복에 얼마나 실질적인 기여를 하느냐는 기준과 상관없이 '개혁'의 이름으로 무작정 옹호하는 자세나, 역시 그러한 기준과 동떨어진 '진보'를 내세워 참여정부의 행적을 질타하는 행위가 모두 공정한 평가를 저해하기 때문이다. 내 강연은 열린우리당의 부설연구소에서 행한 것이기에 노무현정부 개혁구상의 부실함('마스터플랜의 부재')과 그 실행의 난맥상을 지적하는 데 오히려 치중했지만, 분단체제 전체에 돌려야 할 책임을 현 정권(또는 그 전의 개혁정권들)에만 묻는 것이 부당하다는 점도 동시에 강조할 필요가 있다.[1]

분단체제에 개입하는 국내외의 수많은 주체들에게 각기 얼마만큼의 책임을 물을 것인지는 매우 복잡한 문제며 그때그때 사안별로 결정할 일이다. 먼저 강조하고 싶은 점은 분단체제 속에 사는 한은 책임을 묻는 비판자 자신도 그 체제에 연루되었다는 자의식이 필요하며, 더구나 분단현실

---

[1] 이는 북의 현실에 대한 북측 정권의 책임을 물을 때도 그대로 적용해야 할 원칙이다(『한반도식 통일, 현재진행형』 제12장 238면 주12 참조).

의 존재를 망각하거나 외면한 비판은 곧바로 체제를 굳혀주는 효과마저 지닐 수 있다는 것이다.

변혁적 중도주의의 내용으로는 졸고「6·15시대의 대한민국」(『한반도식 통일, 현재진행형』제2장)에서 80년대 급진운동권에서 쓰던 표현을 빌려 NL(민족해방), PD(민중민주의), BD(부르아민주주의)의 3자결합을 제시한 바 있다. 이 또한 나로서는 꽤나 오래된 주장인바, 1989년의 평론「통일운동과 문학」(졸저『민족문학의 새 단계』, 창작과비평사 1990에 수록)에서 '유월 이후'를 보는 세가지 시각, 즉 중산층적 시각과 민족모순 위주의 시각 그리고 계급모순 위주의 관점 등 3자의 "새로운 종합의 필요성"(126면)을 제기했고, 다시『흔들리는 분단체제』제1장에서 "기존 통일운동의 세가지 큰 흐름 — 각각 '자유주의' '민족해방' '민중혁명' 노선이라 일컬을 수도 있겠는데 — 의 동력을 하나로 모으는 길"(24면)로서 분단체제극복운동을 제창했던 것이다.

NL이니 PD니 하는 표현은 지금 시대에 안 맞는 표현이지만 — 실제로 '자주파' '평등파'라는 말이 흔히 쓰인다 — 양자가 분리되기 전의 NLPD적 문제의식의 중요성을 최근 최장집(崔章集) 교수도 강조한 바 있다.

하나의 이념으로서 NLPD의 장점은, 한국의 역사로부터 생성된 체제가 안고 있는 핵심적 두 문제를 상호연관성 속에서 이해한다는 것이다. 따라서 NL-PD의 연계가 유지될 때 서로를 뒷받침하면서 상승적으로 그 의미를 크게 한다. 연계가 유지될 때, 민족문제는 민중문제의 관점에서 이해될 수 있으며, 반대로 민중문제는 민족문제의 관점에서 접근될 수 있다. 그러나 이 연계가 단절될 때 상대를 밀어냄과 극단으로의 쏠림, 하나가 다른 것을 희생하여 자기정당화와 자기권력의 증진을 도모하는 분열과 적대성을 창출할 수 있다. (최장집「'해방 60년'에 대한 한 해석: 민주주의자의 퍼스펙티브에서」, 『시민과세계』 8호, 2006년 상반기 35면; 그에 앞서 2005년 10월 21일 열린 참여사회연구소 해방60주년기념 심포지엄에서 발표)

게다가 "한국의 민주화가 절차적 수준에서의 민주화에 머물지 않고 실질적 변화를 가져올 수 있는 조건은, NLPD의 이념에서 혁명적 급진성을 제거하고 현실에서 실현 가능한 이념으로 재구성되는 것이라 할 수 있다"(같은 책 34~35면)는 주장은 나의 변혁적 중도주의와 상통하는 듯도 싶다.

그러나 정작 그의 논의전개를 따라가보면 "NLPD의 이념에서 혁명적 급진성을 제거"하는 작업은 유독 NL에 대해 "무엇보다도 PD적 요소가 뒷받침되는 것이 중요하다는 것을 강조"(35면)할 뿐, PD에 대해 NL적 요소가 뒷받침될 것을 요구하지는 않는다. 이는 PD와 결별한 NL을 극단적 민족주의와 동일시하고[2] 현시점에서 민족주의는 거의 전적으로 평화와 민주주의를 위협하는 요소로 간주하는 최교수의 시각 때문일 터인데, NLPD를 "실현 가능한 이념으로 재구성"한다는 그의 기획은 결국 NLPD에서 NL적 요소를 해소한 상태에서 PD마저 "혁명적 급진성을 제거"한, 즉 자유주의의 주도 아래 민중적 요소가 다소 가미된 일종의 사회민주주의가 된다. 최교수가 사민주의자를 자처한다는 이야기가 아니다. 오히려 그랬다면 사민주의가 좋으냐 나쁘냐, 한국의 현실에는 얼마나 부합되며 어떤 정강·정책을 내놓을 것이냐에 대한 구체적인 논의가 따랐을 터인데, NLPD의 '혁명적 급진성'과 더불어 일체의 변혁전망을 제거하고 특히 분단국에서 통일과제를 제거하면서도 단순한 자유민주주의는 아닌 것을 내

---

[2] 이른바 NL진영이 강한 민족주의적 색채를 드러내는 것은 사실이지만 그 자기인식이나 PD와의 결별 사유는 훨씬 복잡하다. 그들 스스로는 여전히 NLPD의 이념을 계승했다고 믿고 있으며 북한이(DPRK라는 국호에서 D와 P가 곧 PD에 해당하듯이) 여전히 한반도 NLPD의 의미있는 거점이라는 인식이 지배적이다. 바로 이 점에서 PD진영과 갈라지는바, 북이 PD적 요소를 포기했다고 주장하는 PD파를 NL측은 용납할 수 없는 것이다.

세우려는 노력이 사민주의 노선을 거의 '기본값'으로 끌어안고 마는 게 더 문제인 것이다.

민족주의 일변도의 통일주장이 오히려 평화와 민주주의에 부담이 될 수 있다는 최교수의 비판은 타당하다. 그러나 그는 「'해방 60년'에 대한 한 해석」의 첫머리에 "'해방 60년'을 말한다는 것은 2차대전 종전과 더불어 시작된 냉전의 결과로 분단된 지난 60년의 역사와, 우리가 '한국'이라고 부르는 남한의 국가가 그 자체로서 하나의 자족적인 국가이자 주권국가로서 성장한 한국현대사를 이야기하는 것"(22면)이라고 정리한 뒤, 분단시대적 시각이냐 대한민국 인정이냐는 식의 흑백논리를 동원하여 분단시대와 분단체제에 대한 어떠한 복합적인 시각도 수용하지 않으려 한다.[3] 따라서 통일논의는 평화공존을 위협하는 것이 되며, 심지어는 "한국에서의 통일론은 힘의 대결, 힘의 사용에 의한 통일에서 평화공존적인 온건 통일론 내지는 태도로 변해온 것이 사실"임을 시인하면서도, "그러나 두 개념을 구분한다 하더라도 통일론은 통일론이다"(최장집 「냉전후기 한국의 민주화와 한반도의 평화」, 프랑크푸르트도서전 '분단·평화·통일' 한·독 국제학술회의 발표논문, 2005. 10. 15, 11면)라는 극단적 신평화론(先平和論)으로 치닫기까지 한다.

이러한 양분법이 평화정착과 분단극복의 과정이 복잡하게 뒤얽힌 한반

---

[3] 이 점은 『시민과세계』 같은호에서 박순성(朴淳成) 교수가 '분단의 창'을 통해 대한민국을 바라보는 시각과 대조적이다. 박교수는 자신의 시도가 "우리 민족의 역사에서 대한민국을 상대적 존재로 파악하려는 노력"임을 밝히며 출발하지만, 대한민국에 대한 전면적인 부정으로 치닫기는커녕, "이는 대한민국의 건국을 해방정국에서 분단의 공식화과정으로 평가하고, 대한민국의 발전을 남북관계사 또는 체제경쟁의 차원에서 검토하고, 대한민국의 미래를 통일한국의 전망으로부터 읽어내는 일이다. 분단은 대한민국이 태생에서부터 불완전한 정통성과 '국가성'의 문제에 직면하도록 만들었지만, 역설적으로 바로 이러한 불완전성 덕분에 대한민국은 앞만 보고 달릴 수 있었다. 질주 뒤에 남아 있는 관성과 피로가 우리 사회를 아직도 불안정하게 만들고 있지만, 그동안 대한민국이 이룬 경제성장과 민주화는 대한민국이 한반도 통일을 주도하도록 뒷받침하는 사회적 자산이다"(「한반도분단과 대한민국」99면)라는 적극적인 평가를 빼놓지 않는다.

도 현실에 안 맞는다는 점을 일찍이 나는 (최교수의 논지를 의식하지 않은 상태에서)「한반도에 '일류사회'를 만들기 위해」(『창작과비평』 2002년 겨울호)라는 글에서 밝힌 바 있고,(『한반도식 통일, 현재진행형』 제10장 178~84면) 최근 서동만(徐東晚), 유재건(柳在建) 등이 최교수를 지목하여 비판하기도 했으므로,[4] 여기서 더 길게 논하지 않겠다. 그런데 참여정부(및 그에 앞선 개혁정권들)의 실적을 평가하는 맥락에서 최교수의 평가가 지나치게 인색해진다는 점에 대해서는 조금 부연할 필요를 느낀다.[5]

예컨대 『민주화 이후의 민주주의』는 "나는 민주화 이후 한국사회가 질적으로 나빠졌다고 본다"(최장집 『민주화 이후의 민주주의』 개정판, 후마니타스 2005, 9면, 초판 서문)라는 도발적인 진술로 시작되는데, 이것이 '더러 나빠진 면도 있다'는 정도가 아니라 "민주화 이후 한국의 민주주의가 질적으로 나빠졌다"(266면)는 포괄적 진단이었음은 개정판 후기에 나오는 이 발언에서나 성공회대 신년포럼에서의 발제(최장집「한국 민주주의의 변형과 헤게모니」, 성공회대 포럼 '민주주의 여전히 희망의 언어인가', 2006. 1. 9)에서 거듭 확인된다.

역설적이게도 이러한 진단은 '민주화세력의 집권으로 망가진 대한민국'이라는 보수세력의 결론과 맞닿는다. 물론 신자유주의라는 핵심 문제에 대해 최장집과 그들은 정반대 입장이다. 그러나 분단체제의 존재라는 또다른 핵심 문제를 외면하는 공통점이 있기 때문에, 분단체제 — 나아가 그 상위체제인 세계체제 — 에 물어야 할 책임마저 온통 집권세력(내지 개혁세력)에 돌리면서 결론상의 일치가 발생하는 것도 무리가 아닌 것이다.

---

4 『창작과비평』 2006년 봄호에 실린 서동만「6·15시대의 남북관계와 한반도 발전구상」 219~22면; 유재건「역사적 실험으로서의 6·15시대」 288면.
5 이는 물론 최장집 교수만의 특성은 아니다. 최교수보다 더 급진적인 진보주의자를 자처하는 인사들을 포함하여, 분단체제의 존재에 둔감한 비판자들의 일반적인 성향을 최교수가 예시한다고 보면 될 것이다.

그런데 신자유주의의 공세로 한국사회가 여러 면에서 질적으로 나빠진 현상을 감안하고도 과연 민주주의가 퇴행했다고 단정할 수 있는가? 1987년 6월 이전은 더 말할 나위 없고, 89년 초 문익환 목사의 방북을 계기로 몰아닥친 공안정국을 상기하더라도, '민주화 이후'에도 한국 민주주의가 많은 희생을 치르고 우여곡절을 겪으며 꾸준히 진전해온 과정에 대해 한마디로 '절차상의 민주주의'의 달성에 불과하며 '질적'으로는 나빠져온 것이라고 말할 수 있는가? 인혁당사건 조작을 비롯한 국가기구의 각종 범죄행위가 공개되고 공인되는 현실은 살아남은 피해자들 개개인의 삶의 질 개선에 그치지 않고 전체 사회를 질적으로 개선하는 효과를 갖지 않는가? 최교수가 한국 민주주의 후진성의 예로 거듭 강조하는 '노동배제' 문제조차도, 정부가 노사정위원회를 만들어놓고 들어와달라고 요청하는 것을 노동계가 거부하는 형태로 '배제'가 실현되는 현상 자체가 독재시대의 노동탄압에 비해 격세지감이 있으며, 전교조의 합법화나 민주노동당의 의회진출 등 개혁정권하의 성과가 모두 민주주의의 질적 향상에 해당하는 것들이 아닌가.

 "어쨌든 한국사회는 민주화의 과제를 안고 있다"(같은 책 300면, 개정판 후기 마지막 문장)는 명제는 실상 분단체제론의 오랜 지론이기도 하다. 다만 분단체제론은 태생적으로 반민주적이며 비자주적인 분단체제가 지속되는 한 남북 어느 한쪽에서도 온전한 민주주의가 불가능하다는 입장이다. 따라서 분단시대에 대한 모든 인식을 낡은 민족주의라고 배제한 채 대한민국을 '하나의 자족적인 국가'로 설정하여 북유럽 또는 서유럽의 선진 민주사회의 척도로 재단할 때, 분단시대와 그에 앞선 식민지시대의 억눌리고 찌든 삶을 딛고 이룩해온 한국 민주주의의 눈물겨운 성취를 제대로 평가하기 어려워지는 것은 당연한 일이다. 특히 분단체제의 고착기를 특징지은 군부독재의 유산을 청산하는 작업이 명쾌하지 못하여 3당합당, DJP연합, 노무현정권의 '변형' 등을 수반하며 구질구질하게 진행되어온 현실은 분단체제의 속성상 당연한 것이고, 여기에 굳이 변형주의(transformismo)라는 외국 문자를 갖다댈 나위도 없다(「한국 민주주의의 변형과 헤게모니」; 이딸리아 의회정치의 맥락에서 사용된 transformismo에 대한 해설은 『민주화 이후의 민주주의』 133면 참조). 더구나 마치 온전한 민주주의가 상당정도 이루어졌다가 퇴행하고 있다는 주장을 내놓으려면 철저한 실증적 입증을 해내야 할 것이다.

실은 '민주화 이후의 민주주의의 위기'론의 단선적이고 과장된 인식에 대해서도 유재건이 이미 날카롭게 비판한 바 있다.

'분단시대'를 고려하지 않고 서구의 이론적 틀에 근거한 설명으로는 남한의 민주화의 성취와 한계에 대해서도 균형잡힌 평가를 하기 어려운 것이 아닌가 싶다. (…)

정당체제가 잘 발전되어 있다고 하는 서구에서 사회주의 정당과 보수주의 정당 간의 정권교체는 상시적으로 이루어지지만 그 교체가 사회 지배체제의 변화로는 잘 이어지지 않는 것과 달리, 남한의 현실에서는 보수 중도 정당 간의 정권교체만으로도 강고했던 지배체제의 균열에 따르는 사회적 파장이 더 컸다고 할 수 있다. 이로 인한 치열한 갈등과 분열이 정당체제로 수용되지 못하는 현실은 그것대로 비판하더라도 이런 독특한 점을 함께 감안할 필요가 있다. 현재의 한국정치를 후진단계에서 서구의 정상단계로 들어서는 초입단계로만 보기 어려운 것은 한국정치가 진보정당 및 정당체제 자체의 저발전 같은 후진적 면모가 있으면서도 민중적 활력을 담아내는 선진적인 면도 상당히 갖고 있기 때문이다. (「역사적 실험으로서의 6·15시대」 288~89면)

유재건의 비판이 분단시대에 대한 인식의 차이를 보일 뿐 아니라 최장집이 강조하는 현단계 한국 민중의 '탈동원화' 대신에 한국사회의 '민중적 활력'을 오히려 주목하는 점 또한 흥미롭다. 이 경우에도 나는 정당정치에 대한 최교수의 과도한 집착이 사회운동의 중요성뿐 아니라 그 현황마저 '오진'하도록 만든 면이 있다고 생각하는데, 다만 한국 민주주의의 '미흡한 성취'라 부르든 '퇴행'이라 부르든 그 현상에 대한 책임규명이 요구되는 것은 사실이다.

노무현 대통령을 비롯한 참여정부가 정당정치에 대한 인식과 기술이 부족하다든가 지역주의 문제에 과도하게 집착한다는 등의 지적(『민주화 이후의 민주주의』 개정판 후기 285~87면)은 실제로 중요하고 정확한 비판이다. 그러나 "이 책의 중심적 테마는 민주주의를 강화하고 발전시키는 데 있어서 정치를 활성화하고 바로 세우는 것이 무엇보다 중요하다는 것이다. 그리고 이를 위한 중심적 메커니즘이 정당과 정당체제라는 것이다. 바꾸어 말하면 민주주의를 발전시키는 힘은 정치의 내부로부터 창출되는 것이지 정치 바깥의 어떤 제3의 제도 또는 힘에 의한 것일 수 없다"(299면)라는 발언에서 보듯이, 최장집은 민주주의의 발전을 위해 정치의 활성화가 '무엇보다 중요'하며 이 과정에서 정당과 정당체제가 '중심적 메커니즘'을 이룬다는, 비록 자명한 진리는 아닐지라도 얼마든지 옹호 가능한 명제로부터 출발하여, 정당과 정당체제가 아닌 다른 운동이나 활동에 호소하려는 일체의 시도를 '민주주의를 발전시키는 힘'이 아닌 것으로 규정하는 비약을 감행하기 일쑤다.[6]

---

[6] 성공회대 신년포럼에서는 "운동을 통해 민주주의를 다시 시작하자고 하는 논리는, 결국 백패스만을 일삼게 되는 공격수에 비유될 수 있을지 모른다"(앞의 자료집 19면)는 인상적인 표현을 구사하기도 했다. 민주주의의 진전을 위해 사회운동을 강화하자는 논자 중에 사회운동만 하고 정당이나 선거 참여는 일절 배제하는 이가 몇이나 되는지는 확인해보지 못했지만, 그런 극단적 운동론자가 아닌 대다수 논자들에게 '백패스만' 일삼는다는 비판은 가

어느 사회에서든 민주주의의 건강한 발전은 정당정치와 다양한 사회운동이 서로 주고받는 상태에서 이루어질 터이며, 정치학의 문외한으로서 한마디 덧붙이자면 정치의 본래 의미는 최교수가 말하는 협의의 정치와 그가 '정치 바깥'으로 규정한 민주시민의 사회활동을 두루 포괄하는 것이 아닐까 싶다. 더욱이나 해당 사회가 분단체제의 일부를 구성하는 분단국일 경우, 자주적인 정당정치가 원천적으로 불가능한 식민지에서처럼 전적으로 운동에 의존하는 상황은 아닐지라도, 때로는 국가기구를 통해, 때로는 통치제도 바깥의 운동을 통해 다양하게 진행되는 분단체제극복운동이 필수적인 것이다.

'NL과 PD 및 BD의 3자결합'이라고 다소 도식적으로 표현한 내용이 대한민국의 독자적 틀 안에서의 정당정치를 배격하는 것은 결코 아니지만, 3자 각각이 지닌 사회운동적 성격을 포기하고 오로지 정당과 선거 정치에 매달리는 일 또한 상상할 수 없다. 다만 이들 3자의 결합이란 각각의 운동이 환골탈태(換骨奪胎)하는 과정을 뜻한다. 그렇지 않고서는 기껏해야 전술적 연대가 가능할 터인데, 87년 6월항쟁 당시의 반독재투쟁 같은 계기가 또 생긴다면 모를까 — 2004년의 탄핵반대운동이 그에 버금갈 정도가 되기는 했지만 — 그러지 않는 한은 편의적이고 일시적이며 대개는 2자 단위로 국한되는 이합집산에 그치게 마련이다.

그런데 결합다운 결합이 되려면 오히려 3자의 결합이라야 가능하다는 점이 변혁적 중도주의의 독특한 주장이다. 3자를 두루 뭉치게 해줄 발상의 전환이 없다면 2자의 결합도 불가능하다는 입장인 것이다. 예컨대 선진국이라면 PD와 BD만의 '변증법적 결합'을 꿈꾸어봄직하지만, 분단국

당찮을 터이다. 오히려 최교수의 '정치=정당정치'설이야말로 모든 백패스를 금지하고 측면돌파와 크로스마저 배제하면서 전진패스만을 주문하는 감독을 떠올린다는 소리를 들어 마땅할지 모른다.

가에서 분단시대에 대한 인식, 그런 의미에서 'NL적 시각'이 빠진 상태로는 탁상공론에 가까운 사민주의 이외의 '결합'을 생각하기 힘들다. 다른 한편 PD를 배제한 NL과 BD만의 결합은 민족주의 과잉의 통일 이외의 어떠한 변혁전망도 제거된 반민중적 노선이 되기 십상이며, 그렇다고 NL과 PD의 '재결합' 또한 당위론에 불과함은 민주노동당 및 민주노총 내 양 정파의 '내분에 시달리는 동거'가 잘 보여준다. 내분의 '재봉합'이야 물론 가능하겠지만, 국민의 신뢰를 얻고 한국 민주주의의 발달에 주도적으로 참여하려면 개혁정권 및 온건개혁세력과의 좀더 확실한 공감대를 바탕으로 정책적으로 연합하면서도 자신을 차별화하는 전략이 필요하며, 이런 과정을 통해서만 '내분'이 '건강한 의견차이'로 진화할 수 있을 것이다.

그것을 가능케 해줄 공감대가 바로 분단체제극복이 현시기 최대의 변혁과제인 동시에 남한사회의 구체적 개혁작업이기도 하다는 인식이다. 자본주의 세계체제가 한반도를 중심으로 작동하는 장치가 곧 분단체제이고 남북 각기 상대적인 독자성을 갖는 사회이긴 하지만 분단체제의 매개작용을 통해 세계체제의 규정력을 반영하고 있다는 인식을 갖는다면, 자주통일론과 세계적 시각을 지닌 계급운동은 한국사회의 구체적 개혁과제에 초점을 둔 시민운동 및 개혁정당(들)과도 자연스럽게 연대할 수 있게 되는 것이다.

신자유주의에 대한 온전한 대응도 이 과정에서, 그리고 이 과정**에서나** 찾을 수 있을 것이다. 신자유주의가 한국 민주주의에 대한 심각한 위협이 되어 있다는 지적은 물론 타당하다. 나 자신 오늘의 한국사회가 군사쿠데타의 위험에서는 멀어진 상태지만 한반도의 군사적 긴장에 따른 민주화의 후퇴나 신자유주의에 의한 민주주의의 잠식은 엄연한 가능성으로 남아 있다는 생각이다. 그러니 바로 민주주의자의 관점에서도 분단을 도외시한 해법은 찾을 길이 없다. '1단계 통일'이나마 이룩함으로써 남북의 화해·협력과 한반도 평화를 불퇴전의 영역에 들여놓기까지는 한반도정세의 악화에 따른 민주화의 역행으로부터 자유로울 수가 없는 것이며, 전세계적 대세인 신자유주의에 조금이라도 맞서려면 예의 '3자결합'에 따른 사회적 동력이 필요함은 물론, 시장개방과 독재권력 해체로 인해 거의 불가능해진 전략적 투자를 시도할 계기와 공간을 남북통합의 과정에서 확보해야 한다. 그리고 이럴 때 현존 자본주의 세계체제보다 생명지속적인 인류문명을 지향하는 장기적인 과업에서도 결정적인 한걸음을 내디딘 결과가 될 것이다. 다시 말해서, 그날그날의 현장에서 한국 민주주의가 '신자유주의적 민주주의'로 전락하는 것을 막기 위한 싸움을 폭넓은 연대를 바탕으로 지속하면서 신자유주의가 지배하는 세상에 긴 안목의 대안을 제공해주는 노선이 바로 변혁적 중도주의인 것이다.

4. 변혁적 중도주의와 소태산의 개벽사상

1

　변혁적 중도주의는 한국의 현실, 그리고 한반도의 현실에 대한 인식에서 도출된 실천노선입니다. 원불교 사상에서 직접적으로 연역한 개념은 아닙니다. 그러나 제 경우에 이미해 민부디 소태산(少太山) 대종사님의 가르침을 마음으로 받들어오던 중에 이런 개념을 정리해서 근년에 이걸 활자로 발표하게 되었으니, 소태산사상과 변혁적 중도주의 사이에 어떤 친화성이 없다면 저로서는 일종의 자기모순에 빠진 셈이죠. 현실에 대한 제 생각은 그것대로 따로 하고 대종사님에 대한 존경은 또 그것대로 따로 놓고, 이렇게 되는 것은 제대로 된 사상도 노선도 아닐 것입니다. 그래서 저는 이번에 변혁적 중도주의에 대한 강의를 준비하면서 제 자신을 위해서도 소태산 대종사의 개벽사상과의 연관성을 검증해볼 생각을 했습니다.

---

* 이 글은 2008년 9월 30일 소태산아카데미에서 행한 강의의 녹취록을 부분적으로 첨삭한 것이다.

먼저 변혁적 중도주의의 개념에 대해서 간략히 설명을 드릴까 합니다. 중도(中道)는 원래 철학적·종교적 개념이지요. 유교에서는 중용이라는 말을 주로 쓰고 불교에서 중도라는 말을 쓰는데, 이것을 그대로 정치·사회적 실천노선으로 옮겨서 사용하면 구체성이 좀 떨어지겠지요. 그럴 때 '주의' 자를 붙여서 중도주의라고 하는 게 더 어울리는 용어일 것 같습니다.

그렇긴 하더라도 이 중도주의가 제대로 된 중도주의가 되려면 원래 의미의 중도를 향해 열린 노선이어야 하고, 그러지 않고 기계적이고 기회주의적인 중간노선, 특히 정치인들이 선거 때가 되면 자기 지지세력은 지지세력대로 확보한 뒤 중간에 있는 부동층을 잡아야 이긴다 해서 중도노선을 많이 표방하는데, 이런 것을 비웃는 사람들은 '중도 마케팅'이라고 부르더군요. 그런 중도 마케팅이 돼서는 안 되겠지요. 또 정치인들의 중도 마케팅이 아닌 경우에도 학자나 활동가 들 가운데도 단순한 중간노선 또는 온건노선의 뜻으로 중도주의를 내세우는 때가 많습니다. 그런데 저의 개념은 그것과도 다르다고도 말씀드릴 수 있습니다. 어쨌든 변혁적 중도주의가 하나의 말치레, 기회주의적 중간노선을 더 멋있고 진보적으로 들리게 하기 위한 수사가 아니고 정확한 개념이 되려고 하면 그럴 때 변혁적이라는 게 도대체 무슨 뜻인가, 그게 정확한 개념인가 하는 점이 관건이 됩니다.

우선 변혁은 뭘 변혁하겠다는 거냐 하는 점이 밝혀져야 하는데, 변혁적 중도주의에서는 한반도 분단체제가 변혁의 대상입니다. 그것을 다른 말로 바꾸면 분단체제의 극복이 목표가 되겠는데, 변혁적 중도주의는 한반도의 분단체제 극복이야말로 현시기 한반도 주민 모두의 최대의 시대적 과제라는 인식을 전제하고 있습니다. 왜 그것을 최대과제라고 전제하느냐? 사실 우리가 해야 할 일들이 수없이 많고 여기에 대해 얘기하자면 깁니다만, 우리 한반도가 분단되어 있는 것은 누구나 다 아는 사실인데 이것을 두고서 분단체제라고 할 때는 분단이 오래가면서 일종의 체제로 굳어져가지고 그 나름의 연속성과 생명력, 이런 지속능력을 갖게 됐고, 그래서 남쪽 북쪽 모두에 걸쳐 있는 분단체제의 성격을 우리가 제대로 파악하지 않으면 남쪽의 문제든 북쪽의 문제든 제대로 해결하기 어렵다는 인식을 깔고 있는 것입니다.

물론 남과 북은 지금 엄청나게 서로 달라진 사회입니다. 그래서 그 사회를 어떻게 변화시키고 개선할까에 대한 구체적인 처방은 남쪽에 적용되는 것과 북쪽에 적용되는 것이 아주 다르게 마련이지요. 그렇기는 하지만 둘이 완전히 딴판으로 다른 것 같으면서도 분단현실이라는 구조를 통해 이상하게 하나의 체제 비슷하게 얽혀 있기도 해서, 그것을 하나인 동시에 둘로 보고 둘인 동시에 하나로 볼 줄 모르면 어느 한쪽도 제대로 못 본다는 것입니다. 그래서 남쪽에서 우리가 해야 할 시대적 과제들이 많은데, 민주주의를 더 진전시킨다든가 민생문제를 해결한다든가 평화를 확보한다든가 자연환경을 보호한다든가 여러가지 일이 많지만, 이런 일을 제대로 하려면 첫째는 이런 문제들이 우리가 분단된 나라이기 때문에 어떻게 더 악화되어서 어떻게 우리에게 더 심한 질곡이 되어 있는가를 정확하게 알아야 하고, 따라서 그 해법도 남북이 분단구조를 일시에는 아니지만 서서히 극복해나가면서 서로 화해하고 협력하고 다시 통합해가는 과정과 연계해서 수행해야 한다는 인식입니다. 그렇게 해서 한반도 남쪽과 북쪽에 모두 현존하는 분단체제보다 더 나은 사회를 만드는 것이야말로 적어도 오늘을 사는 우리 한반도 주민에게는 최대의 과제인 것입니다.

그런 의미에서 분단체제의 극복 혹은 분단체제의 변혁이 목표가 되는데, 여기서 또 한가지 덧붙일 점은 변혁이라는 표현을 그냥 쓰는 게 아니고, 혁명과도 다르고 평범한 개혁과도 좀 다르게 특정한 의미로 쓴다는 겁니다. 정확한 개념이 되려면 변혁의 뜻도 함부로 마구 쓰는 개념이 아니라 어째서 전쟁이나 혁명이 아니고, 그런데도 그냥 '개혁'이라고 해서는 안 되고 굳이 변혁이라고 쓰느냐, 이 점을 밝혀둘 필요가 있습니다.

전쟁을 통한 혁명적 변화와 관련해서는, 그냥 전쟁이 도덕적으로 나쁘다는 것만 아니라 오늘날의 한반도 현실에서는 전쟁을 통해서 분단체제를 바꾼다는 것이 도저히 있을 수 없게 되어 있습니다. 한반도만큼 고도의 무장상태가 아닌 데서는 간혹 전쟁이, 바람직하지는 않더라도 변혁을 일으키는 수단으로 복무할 수가 있습니다. 원불교 교리도 제가 알기로는 완전한 평화주의는 아니에요. 가령「정전(正典)」을 보면 동포배은(同胞背恩) 하는 사람들이 너무 많고 저들의 장난이 심할 때는 구세성자들이 나오셔서 도덕으로 다스릴 수도 있고 정치로 다스릴 수도 있고 때로는 무력(武力)으로 제도할 수도 있다고 했으니까(교의편 2장 3절 6항) 무력으로 해결하는 방법도 있습니다. 그러나 한반도에서 전쟁에 해당하는 대규모 무력행사는 현실적으로 불가능하지요. 전쟁이 아닌 혁명도 그렇습니다. 분단상태에서 남한에서 민중혁명을 일으킨다는 건 도저히 불가능하다고 봅니다. 요즘은 한반도 이외의 지역에서도 폭력적인 혁명은 드물어진 상황이지만요.

그러니 혁명도 변혁도 아니고 개혁으로 만족하면 어떤가? 사실 개혁과 변혁을 너무 이분법적으로 보는 것은 우리가 넘어서야 하고, 분단체제 변혁작업에서 남한사회의 적절한 개혁이 중요한 몫을 차지합니다. 다만 분단체제를 그대로 놔둔 채 남쪽 사회만 개혁해서 우리 사회의 문제를 풀어보겠다는 것은 불가능한 일이라는 판단입니다. 그런 의미에서 개혁이나 혁명이 아닌 '변혁'이 정확한 표현이라고 말씀드릴 수 있겠습니다.

그런데 남한사회로 국한해보면, 이런 변혁을 이룩하기 위해 분단현실을 고수하려는 이들과 비현실적인 과격노선을 고집하는 이들을 제외한 나머지가 모두 힘을 합치는 광범위한 국민통합이 요구됩니다. 그래야지

전쟁을 하는 것도 아니고 혁명을 하는 것도 아니고, 그러면서도 부분적인 개혁에만 안주하지 않고 변혁을 이룰 수 있는 거지요. 그 점에서 중도주의일 수밖에 없는 것입니다.

동시에 이는 분단체제극복이라는 목표를 공유하는 통합입니다. 무조건적인 통합, 단기적으로 선거에 이기거나 특정 현안을 관철하기 위한 전술적 연합이 아니라 목표를 공유하는 통합이므로 변혁적 중도주의를 의식적으로 추구하는, 다시 말해서 분단체제의 성격과 그 일환으로서의 한국사회에 대한 다수 대중의 각성을 수반하는 국민통합 작업인 것입니다.

그런데 현실을 보면 분단체제가 아직도 위력을 지닌 한국의 정치지형에서는 이런 노선이 평균적인 중간보다는 소위 진보 쪽에 가까운 것으로 인식될 수밖에 없습니다. 그리고 수적으로도 당분간은 소수일 수밖에 없다고 봅니다. 제가 변혁적 중도주의를 주장하면서 이것이 이 시대의 해법이라고 믿고 있는데, 그 해법에 동의하는 분들이 과반수를 이루었다면 문제가 벌써 해결됐겠죠. 그런데 아직은 소수일 수밖에 없다는 것이 엄연한 현실입니다.

분단체제 속의 특권을 지키려는 아직도 거대한 세력을 차치하고라도, 변혁을 지향하되 비현실적인 변화를 내세워서 변혁에 별 도움을 못 주는 급진노선이 있습니다. 아니, 그것이 한가지만 있는 것도 아닙니다. 한편으로 소위 급진운동권에서 분단체제의 존재를 무시하고 남한사회에서 계급혁명을 해야 한다고 주장하는 사람들이 아직도 있습니다. 그런 노선이 있는가 하면 다른 한편으로는 미군을 철수시키고 자주통일을 하면 된다, 그렇게 되면 문제가 해결된다고 주장하는 통일운동세력도 있습니다. 제가 보기에 비현실적인 이러저러한 급진노선들, 또다른 한편으로는 변혁의 전망을 배제한 순응주의적 개혁세력, 이 모두를 비판하고 변혁이냐 개혁이냐 하는 식으로 딱 갈라서 보는 이분법을 타파함으로써 시대적 요구에 부응할 다수의 결집을 가능케 해주는 유일한 노선이 변혁적 중도주의입니다. 제가 주장하는 것을 유일한 노선이라고 하면 자아도취로 들리겠습니다만, 저는 이런 얘기를 하곤 합니다. 생각나는 가능한 노선들을 다 적어보자, 그리고 우리가 사지선다형 시험을 볼 때에 정답을 알면 처음부터 그걸 고르면 간단하지만 모를 때는 틀렸다고 생각되는 걸 지워나가다보면 정답이 남는 수가 있지 않습니까? 이런저런 이유로 하나씩 지워나가다보면 변혁적 중도주의밖에 남지 않는다는 게 저의 주장입니다.(웃음)

그러면 현시점에서 변혁적 중도주의가 구체적으로 무엇을 하자는 것인가? 아까도 말씀드렸듯이 이것은 변혁을 주장하지만 변혁과 개혁을 딱 갈라놓고 나가는 것이 아니고 오히려 남한사회에서는 광범위한 국민통합을 통해서 구체적인 개혁을 실현하는데, 다만 그것을 남한사회에서만 문제를 해결할 수 있다 또는 남한만 잘살면 된다는 인식을 가지고 하다보면 개혁도 잘 안 된다는 거예요. 개혁이 남북의 재통합을 향한 발걸음과 어떻게 맞물려가는가 하는 걸 알아서, 말하자면 남북관계 발전과 국내 개혁이 서로 힘을 보태주는 정교한 개혁프로그램을 만들어내는 겁니다. 총체적이면서 아주 정교한 개혁. 그리고 남북의 재통합과정에서는 이미 6·15 공동선언에서 남북 지도자가 합의하기를 우리 한반도에서는 전쟁은 물론 안 되고, 평화적인 통일을 하더라도 갑자기 할 수가 없고, 천천히 할 뿐 아니라 무조건 시간만 늦추는 게 아니고 중간단계를 거쳐서 하자고 했습니다. 그 첫번째 중간단계의 이름을 우리 남쪽에서는 남북연합이라 하고 북은 낮은 단계의 연방제라고 부르는데, 최근에 임동원 전 장관이 쓴 회고록(『피스메이커』, 중앙북스 2008)을 보면 그때 정상회담에서 김정일 위원장이 남북연합 제안을 받아들이고 자기들이 주장하던 고려연방제를 철회했다는 겁니다. 그건 냉전시대의 유물이다, 이렇게까지 말했다고 해요. 그리고 나서 하는 얘기가 그렇지만 "내용은 연합제와 똑같은 거니까 연방제라고 부릅시다"라고 했다는데, 그쪽의 체면도 걸려 있고 연방제라는 건 김일성 주석이 제창했던 거니까 그렇게 나올 수밖에 없는 면이 있었겠지요. 하지만 김대중 대통령의 입장에서는 표현을 연방제로 덜컥 바꿨다 하면 아무리 내용이 고려연방제와 다른 거라 하더라도 여기 와서 도저히 견딜 도리가 없죠. 그래서 굉장히 오래 다투다가 나중에 묘안을 발견한 것이 남측이 제안한 연합제 안과 북측이 제안한 낮은 단계의 연방제 안이 서로 공통점이 있다고 인정하고 그 방향으로 통일을 지향해나가기로 했다, 이렇게 절묘한 타협을 봤던 것입니다.

저는 당면과제는 연합제이고, 연합 중에서도 상당히 느슨한 연합제라고 생각합니다. 그런 느슨한 연합제를 향해서 나아가면서 거기에 맞춰서 정교한 개혁프로그램을 만들어나가는 것이 변혁적 중도주의의 현실적인 노선이라고 생각합니다.

2

변혁적 중도주의에 대한 설명은 그 정도로 하고, 다음은 소태산 개벽사상의 중도주의적이면서도 변혁적인 성격에 대해서 말씀드릴까 합니다. 대종사님의 개벽사상 속에 변혁적 중도주의가 통하는 면이 있다는 것을 여러분과 함께 생각해보고자 하는 거지요.

원불교나 불교나 종교적 의미의 중도를 강조하는 것이야 더 말할 필요가 없는데, 현실노선으로도 원불교는 굉장히 온건한 중도노선을 택하고 있는 것이 널리 알려진 사실이지요. 근년에 오면 변혁적 중도주의라기보다 범상한 온건노선이라는 인상마저 줄 정도로 매우 온건한 노선인 것 같습니다.

그러나 제가 볼 때 일제하 소태산 자신의 온건노선은 오히려 후천개벽(後天開闢)이라는 엄청난 변혁과제를 설정했기 때문에 근시안적인 과격노선을 배제했던 것이지, 순응주의와는 무관하다고 생각합니다. 후천개벽은 최수운(崔水雲) 선생의 동학 이래 우리의 민족종교운동에서 하나의 공통된 주제를 이루었죠. 그런데 제가 볼 때 소태산사상에서는 몇가지 새로운 특징이 나타난다고 하겠습니다. 그중 하나는, 구한말에 민족종교가 선천시대를 마감하고 후천시대를 맞이하면서 모두가 우리 전통 속의 유·불·선, 즉 유교와 불교 그리고 선도(仙道)의 종합을 시도했습니다. 그런데 유독 소태산 대종사께서는 이 작업을 하는 데 불법(佛法)으로 주체를 삼아 새 회상(會上)을 건설하겠다고 하셨죠(「대종경」 서품 2). 그 점에서 가령 수운 선생이나 강증산(姜甑山) 선생과 구별된다고 봅니다. 수운의 경우에는 그분이 유교 정권에 의해서 이단자로 처벌받았습니다만, 사실은 원시유교의 전통을 복원하고자 한 면이 강하고, 강증산 선생의 경우는 선도 쪽에 더 치우쳐 있지 않았는가, 선도를 중심으로 유·불·선을 통합하려 했던 데 비해, 소태산은 불교를 중심으로, 불법을 주체 삼아 새 종교를 만드셨습니다.

여기에 대해서는 불법을 주체 삼는 것이 얼마나 더 타당한가를 이 자리에서 제가 길게 설명할 필요는 없겠지요. 결과를 놓고 볼 때, 불교가 중심이 되지 않는 유·불·선 통합은 어느정도의 통합이야 될지 몰라도, 유·불·선 세가지만 통합하고 끝내자는 것이 아니라 근대의 도전에 맞서서 근대 과학도 받아들이고 기독교에서도 배울 건 배우고 이래야 한다고 할 때는 유교나 선도를 주체 삼아서는 훨씬 어렵지 않았겠는가 생각합니다. 역시 불법이 기본이 될 때 그것이 원활해진다고 생각합니다. 그래서 불법을 주체로 삼았기 때문에 그 종합이 한층 원만해졌고요. 뿐만 아니라 도학과 과학의 병진이 가능해졌다고 생각합니다.

그러면서도 전통적인 불교와 비교해보면 여러가지 차이가 있습니다. 가령 불교에서 삼학(三學)이라고 하면 계(戒)·정(定)·혜(慧)이고 그중에 우리의 행동과 직접 관련된 것이 계인데, 그러나 그것은 삼학의 출발점 정도죠. 계를 열심히 지키고 정 공부를 하고, 그러면서 혜두(慧竇)가 열려서 공부가 완성되는 그런 순서인데, 원불교에서는 삼학의 병진을 강조하는 가운데 작업취사(作業取捨)가 마지막으로 오면서 이것이 삼학 공부의 열매에 해당하는 꼴입니다. 따라서 단순히 계를 지키는 차원이 아니라 시대에 걸맞은 사회적 실천 같은 것이 다 그야말로 그 사람이 공부를 제대로 했나 안 했나 판가름하는 시금석이 되는 거지요.

전통적인 불교와 구분되는 또 한가지가 '물질이 개벽되니 정신을 개벽하자'는 것인데, 우리가 그냥 도 닦아서 대각을 하자든가 정신을 개벽하자는 한마디로 끝낸 게 아니라 물질이 개벽**되니까 거기 대응해서** 정신을 개벽하자는 다그침이지요. 「대종경(大宗經)」 서품(序品)에도 나옵니다만, 대종사께서 "당시의 시국을 살펴보시사 그 지도강령을 표어로써 정하"(서품 4)신 것이지요. 말하자면 시국을 살피면서 시대에 대한 어떤 일정한 인식을 갖고 거기에 상응하는 정신의 개벽을 주장했다는 점에서, 물론 석가모니 부처께서도 당시의 역사적 상황 속에서 시대에 부응하는 법을 내셨고 불교가 발달하고 진화하면서 그때그때 시대에 대한 여러가지 구체적인 대응을 해왔습니다만, 전통불교에서 깨달음 자체는 시대와 장소를 초월한 깨달음이라는 면을 강조합니다. 그에 비해 원불교는 처음 시작할 때부터 시대인식이 매우 중요했다고 봅니다. 그래서 아까 과학과 도학의 병진을 얘기했습니다만, 시대에 대한 과학적인 인식이 중요시되고, 그래서 '최초법어'의 첫 명제도 "시대를 따라 학업에 종사하여 모든 학문을 준비할 것이요"(「정전」 수행편 13장 1절)라고 되어 있지요. 전통적인 불교에서 이런 것이 부처님의 최초설법 내용은 결코 아니었습니다.

아까 일제하 소태산의 온건노선에 대해 말씀드렸습니다만, 소태산의 사상과 실천은 일제하의 선명한 독립운동과는 거리를 두었습니다. 그러나 당시로서는 극히 불온한 사상이었다는 점도 주목할 필요가 있습니다. 대종사께서 금강산에 다녀오셔서 "금강이 현세계하니(金剛現世界) 조선이 갱조선이라(朝鮮更朝鮮)"(「대종경」 전망품 5) ─ 금강산이 세상에 드러나면서 조선이 새로운 조선이 되리라고 하셨는데, 이건 교단 내에서 말씀하셨기에 망정이지 이런 발언을 공개적으로 했다가는 치안유지법에 걸리게 되어 있었지요. 그리고 이럴 때 대종사께서 말씀하시는 조선이라는 것은, 해방 직후에 정산(鼎山) 종사가 쓰실 때의 '조선'도 그렇습니다만, 분단되기 전의 우리나라입니다. 비록 식민지지만 통일되어 있던 한반도를 말씀하신 것이고, 정산 종사 역시 비록 건국이 안 된 상태이나 아직은 38선이 굳어지기 전의 조선을 말씀하신 것입니다. 그래서 그런 조선에 대해서 하신 그분들의 말씀을 우리가 따른다면 결코 분단된 남한의 현실 속에 안주할 수 없는 것입니다. 그런 의미에서도 오늘의 분단현실에 대한 순응과는 거리가 멀지요. 그리고 저는 바로 그래서 변혁적 중도주의와 통한다, 이렇게 말씀드리는 것입니다.

원불교 교단의 현재 노선이나 방침이 어느 정도 변혁적이고 얼마나 순응주의적인지 정확히는 잘 모르겠습니다만, 일반적으로 변혁성이 강한 것은 아니라는 인상을 받고 있습니다. 저는 그렇게 된 데에는, 하나는 대종사께서 일제시대에 독립운동에 직접 뛰어들지 않은 온건노선에 대한 오해가 있는 것 같고요. 그게 사실은 얼마나 더 불온하고 위험한 일이었는가 하는 걸 잘 인식을 못해서 그런 면이 있는 것 같고, 또 하나는 교리상으로 법률은(法律恩)의 개념이라든가 정교동심(政敎同心) 같은 가르침을 잘못 이해한 탓도 많지 않은가 하는 생각입니다.

제가 보건대 법신불 사은(四恩) 중에 법률은이 들어가 있는 것은 그야말로 전통불교와 원불교의 결정적인 차이라고 봅니다. 불교에서도 물론 '은' 사상이 중요하고 부모은(父母恩)과, 원불교의 동포은(同胞恩)에 해당하는 중생은(衆生恩)이 '사은'에 포함되어 있지요.[1] 전반적으로 은보다 고(苦)를 앞세우는 면도 있지만 어쨌든 은도 중요한데, 다만 부처님의 법이 아니고 인간이 만든 법률이나 제도, 이런 것을 법신불의 은혜로 보지는 않습니다. 반면에 기독교 같으면 하느님이 내려주신 율법은 하나님의 은혜의 일부겠지만 세속의 다른 법률에 대해서까지 그렇게 생각하지는 않습니다. 그런 면에서 '법률은'은 유교와 통하죠. 유교는 요·순·우·탕·문·무·주공 그리고 공자님 자신, 이런 성인들이 만드신 문물제도가 우리 인생에서 가장 소중한 것이라 해서 그것을 지키려 하고 거기서 벗어난 현실을 바로잡으려는 것을 인간의 기본 임무로 인식하지요.

법률이라는 용어가 요즘에는 주로 실정법을 생각게 합니다만, '법률은'이라 할 때는 전혀 다른 의미지요.「정전」의 '법률피은의 강령'을 보면, "대범, 법률이라 하는 것은 인도정의의 공정한 법칙을 이름이니, 인도정의의 공정한 법칙은 개인에 비치면 개인이 도움을 얻을 것이요, 가정에 비치면 가정이 도움을 얻을 것이요"(교의편 2장 «절 1항») 이렇게 나갑니다. 그러니까 실정법이 인도정의의 법칙에 어긋나면 인도정의를 위해서 싸워야 하는 거지요. 법률이라고 해서 무조건 따라주는 것이 법률은에 보은하는 길은 결코 아닌 겁니다.

정교동심도 저는 원불교 사상의 아주 새롭고 독창적인 면모라고 생각하는데, 정치와 종교의 관계에 대해 기존의 사례를 보면 두가지가 있습니다. 하나는 정교일치 또는 제정일치(祭政一致)라고 해서 종교와 정치가 하나가 되는 거죠. 신정체제(神政體制)라고도 하는데, 옛날에는 대개 그런

---

[1] 나머지 둘은 국왕과 삼보(三寶)의 은혜. 어떤 경우에는 부모·사장(師長)·국왕·시주(施主)의 은혜를 사은이라고 함.

성격이었고 오늘날도 가령 이슬람 국가, 특히 이슬람 원리주의 정신에 입각해서 운영되는 국가들은 일종의 신정체제, 제정일치 체제라고 할 수 있습니다.

서구사회에서는 이것이 비교적 일찍부터 깨졌지요. 교황이 황제와 대립하면서 오히려 어떤 시대에는 교황이 황제보다 우위에 서기도 했는데, 이렇게 교황의 권력과 황제의 권력이 분리된 전통을 바탕으로 근대 민주주의사회로 와서는 정교분리(政敎分離)의 원칙이 확립된 것입니다. 그래서 미국 같은 나라는 처음 건국할 때부터 국교를 둘 수가 없고 국교설립에 준하는 어떠한 법률도 만들 수 없다고 헌법에 명시했습니다. 가령 미국이 기독교 국가인데도 공립학교에서 기도를 한다든가 하면 학부모 중에서 소송하는 사람이 생기고, 소송해서 대법원까지 가면 그 사람이 반드시 이깁니다. 헌법에 정교분리가 엄격하게 규정되어 있기 때문이지요. 오늘의 한국도 개별 정치인이나 특정 종교집단에 의한 일탈행위가 있긴 하지만 원칙적으로 정교분리 체제입니다.

원불교에서는 정교동심을 얘기하는데요. 법률은을 오해하듯이 정교동심이니까 우리가 정치권력과 한마음으로 따라가야 한다는 식으로 해석하는 경우를 제가 실제로 목격하기도 했습니다. 물론 정교동심이라는 것은 제정일치는 아니지요. 그러나 정교가 동심이라고 할 때는…… 몸은 각각인데 마음은 하나라고 할 때 우리가 동심이라는 말을 쓰곤 하지요. 마찬가지로 정교동심은 일단 정치권력과 종교의 분리를 전제로 하고, 그런 점에서 옛날식의 제정일치 체제가 아니고 오히려 근대 민주주의의 하나의 요건이라 되어 있는 정교분리를 인정합니다. 그러나 정치와 종교가 따로따로 놀고 마는 게 아니라, 그것이 한마음이 될 수 있도록 정치는 정치대로 종교는 종교대로 끊임없이 노력을 해야 한다는 가르침인 것입니다. 다시 말해서 정치가 참된 종교가 가르치는 올바른 도(道)에서 벗어났을 때는 그 길로 돌아오게 만들기 위해서 종교인들이 끊임없이 노력을 하고 정의로운 실행을 해야 하는 겁니다. 정권을 잡아서 정치를 직접 바꾸는 것은 아니면서도 그렇게 교화하려는 노력을 해야 하는 것이지요. 역으로 종교가 종교를 빙자한 모리배의 축재수단이 되거나 종교인과 정치인의 검은 유착으로 정의가 유린되는 일을 국가가 시민사회의 공의(公議)를 바탕으로 규제할 의무도 생깁니다. 그래서 제가 보건대 '정교동심'이야말로 인류 역사가 제정일치 시대를 넘어 정교분리의 원칙을 획득한 데서 또 한 발짝 더 나아가는 다음 단계의 논리일 수 있다고 생각합니다. 결코 순응주의의 가르침일 수 없지요. 원불교 삼학의 열매에 해당하는 '작업취사' 공부를 "정의어든 기어이 취하고 불의어든 기어이 버리는 실행 공부"(「정전」 교의편 4장 3절 2항)로 규정한 점을 보아도 불의의 정치권력에 대한 저항은 정교동심 교리의 빼놓을 수 없는 일부입니다.

3

이제 남은 시간에 최근의 시국을 보면서 후천개벽의 구체적인 징후가 여기저기서 보인다는 말씀을 드리고자 합니다. 지난여름에 촛불집회가 우리 사회에 대대적으로 열렸지요. 특히 5월 2일에 여중고생들이 나와서 시작한 이래로 6월 10일에 최대 인파가 모였고, 7월 5일에, 그날 원불교 교무님들도 많이 나오신 걸 제가 봤습니다만, 6·10대회에 버금가는 규모의 평화적이고 축제적인 집회가 있었습니다. 저는 그날로 촛불이 이 시점에서 할 수 있는 일은 일단 끝났다고 보았습니다. 그후에도 물론 남은 문제들이 있으니까 거기에 대한 주장을 펼친 분들도 있고, 또 어떤 이들은 이 촛불집회를 더 강경한 정권퇴진운동으로 끌고 가려고 계속 노력을 했

는데, 그것은 그 시점에서는 안 맞는 방침이었다고 봐요. 변혁적 중도주의 노선에 어긋난다고 봅니다.(웃음)

그때까지의 일련의 촛불집회에 대해 소태산아카데미 원장을 맡은 김지하(金芝河) 시인이 굉장히 높이 평가하고 많은 얘기를 했는데, 기본적으로 저는 이것을 후천개벽의 징후로 보는 김시인의 의견에 동감합니다. 그런데 이어서 강조하고 싶은 것은, 저는 후천개벽이 되기는 되어가는구나 하는 생각을 하게 된 까닭이 하나는 사람들이 엄청나게 많이 모이고 평화적이고 그러면서도 모두가 즐겁고 그런 것이 종전의 데모와 다르다는 점이었고요. 또 하나는 그걸 보면서 역시 큰 일은 작은 일로 시작하는구나, 이소성대(以小成大)로구나 하는 걸 느꼈습니다. 사실 민주주의 정치라는 것 자체가 이소성대 원칙의 실현입니다. 선거라는 것도 그래요. 많은 사람들이 선거를 할 때 나 한 사람이 투표를 안 한다고 해서 될 사람이 안 되고 안 될 사람이 되고 그런 일은 거의 없습니다. 그렇지만 한 사람 한 사람이 그렇게 생각하기 시작하면 그쪽은 판판이 지게 되어 있지요. 그래서 내 한 표가 별건 아니지만 나는 그 한 표를 가지고 내 성의를 다한다, 이렇게 작은 정성을 다하는 사람들이 많이 모였을 때 정권도 바뀌고 때로는 세상도 바뀝니다. 촛불집회도 마찬가지예요. 한두 사람이 안 나온다고 해서 크게 달라졌겠습니까? 그러나 많은 사람들이 그런 생각을 하고 안 나왔으면 결코 촛불집회가 성립되지 않았겠지요. 그래서 나 한 사람이 나가고 안 나가고 해서 크게 달라지는 것은 아니지만 나로서는 내 할 일은 한다는 생각을 가지고 촛불을 들고 나온 사람이 수만이 되고, 6월 10일 같은 날은 거의 백만이 되고 할 때에 우리 사회의 체질이 바뀌게 되는 것입니다. 그야말로 이소성대라는 말(「대종경」 교단품 30 참조)에 특히 알맞은 현상이라고 생각했습니다.

동시에 제가 말씀드리고 싶은 것은 원불교에서는 후천시대를 얘기하면서도 선천과 후천이 뒤바뀌는 선후천교역기(先後天交易期)라는 점을 강조하지요. 가령 그리스도교와 달리 원불교에서는 교조가 탄생한 날보다는 대각하신 날짜를 개교일로 보는데다가, 용화회상(龍華會上) 즉 미륵세계가 언제 오느냐고 제자들이 자꾸 물었을 때 제자들은 내가 미륵이라는 대종사의 답변을 듣기를 원했는지 모르지만 소태산은 그런 요구를 충족시켜주지 않으십니다.

> 대종사 말씀하시기를 "미륵불이라 함은 법신불의 진리가 크게 드러나는 것이요, 용화회상이라 함은 크게 밝은 세상이 되는 것이니, 곧 처처불상(處處佛像) 사사불공(事事佛供)의 대의가 널리 행하여지는 것이니라." 장적조(張寂照) 여쭙기를 "그러하오면, 어느 때나 그러한 세계가 돌아오겠나이까." 대종사 말씀하시기를 "지금 차차 되어지고 있나니라." 정세월(鄭世月)이 여쭙기를 "그중에도 첫 주인이 있지 않겠나이까." 대종사 말씀하시기를 "하나하나 먼저 깨치는 사람이 주인이 되나니라."(「대종경」 전망품 16)

이렇게 하나하나 깨쳐가면서 차차 되어가려면 시간이 걸립니다. 선천시대에서 후천시대로 가는 과도기인 선후천교역기라는 것이 있게 마련이고, 그 시기에는 엄청난 혼란이 있는 것이지요. 그래서 우리가 촛불집회를 한번 멋있게 했다고 해서 선후천교역기가 끝나고 후천시대가 도래했다고 봐서는 안 될 겁니다. 촛불대중도 아직 공부할 게 많고 촛불도 많이 진화해야 하며 또 어떤 점에서는 대중이 더 단호해져야 하는 면도 있습니다. 그럴 때 역사가 한걸음 더 진전하겠죠. 그런 점에서 촛불집회는 제가 최근에 그런 감상을 갖게 된 사건이었지요.

또 하나는 더 최근의 일로, 미국 금융계가, 세상을 호령하던 월가가 대

혼란에 빠져서 정부에다가 구조해달라고 구걸을 하고 나섰어요. 옛날 IMF 구제금융으로 우리가 당했을 때는 돈을 꿔주면서 정부가 개입해서는 안 된다 어쩐다 하면서 조건을 많이 달아서 우리를 더 못살게 굴었는데 지금은 자기네들이 앞장서서 미국정부보고 도와달라고 손을 내밀고, 또 이제까지 외국에 큰소리 뻥뻥 치던 미국 부시 대통령은 도와줘야겠다고 나서고, 그런데도 순순히 잘되지도 않아서 국회에서 부결되기도 하고…… 결국은 구제금융을 하리라고 봅니다만, 이런 혼란상을 보면서, 소위 신자유주의라는 것의 위력이 갑자기 사라지는 것은 아니겠습니다만 이념으로서, 하나의 명분으로서는 파산했다는 생각이 듭니다. 물질개벽이 갈 대로 가서 선천시대가 종말에 가까웠구나 하는 것을 느끼게 됩니다.

그런데 이 자본주의 시대를 변혁하는 것도 무슨 일회성 세계혁명으로 이루어지기보다는 각 지역에서 주어진 역사적 과제의 성취를 축적해가면서 각성한 민중, 깨친 사람들의 수가 많아져서 그들이 다수가 될 때, 그때에 그야말로 용화세계가 오고 새로운 인류문명이 시작되리라고 봅니다. 그런 과정의 일부로서 한국사회 안에서 변혁적 중도주의를 통해 한반도 분단체제를 극복할 때, 우리가 그걸 한다고 해서 그것만으로 인류 역사가 다 변하는 것은 아니겠지만, 선천시대가 끝나고 후천시대를 만들어가는 이 과정에서 한반도의 그러한 재통합과 새로운 사회건설은 엄청난 의미를 가지리라고 저는 생각합니다. 그래서 그런 인류사적 과정에서 하나의 결정적인 사건이 되고, 한반도가 세계체제 변혁의 선도적인 기지가 되리라고 믿습니다.

5. '2013년체제'를 준비하자

1. 여는 말

이 글은 2011년 3월 10일 강원도 인제군 한국DMZ평화생명동산에서 시민평화포럼 주최로 열린 '2011 평화와 통일을 위한 시민활동가대회'의 기조발표문으로 처음 작성되었다. '평화를 생각해봐, 시민운동이 많이 달라 보일걸!'이라는 주제의 이 대회가 남달랐던 것은, 평화운동가나 통일운동가만이 아닌 '시민활동가'들 다수가 평화와 통일을 주제로 모였다는 점이다. 이는 한반도 주민들의 당면한 시대적 과제가 '분단체제의 극복'

---

* 시민평화포럼 주최 '2011 평화와 통일을 위한 시민활동가대회'의 기조발표문으로 작성했던 이 글은 이후 약간 수정을 가하여 일부 지인들과 공유하며 조언을 들었다. 그러다가 『실천문학』 2011년 여름호에 활자화할 기회를 얻으면서 그간의 정세변화를 감안하고 여러 도움말을 참고하여 큰 폭으로 고쳐썼다. 동시에 각주를 달고 문장도 문어체로 바꾸어 좀더 논문에 근접한 형식을 갖추고자 했다. 애초 발표 때 토론에 동참해준 분들과 이후 조언해준 분들, 대회를 주관하고 기조발표를 맡겨준 시민평화포럼(공동대표 이승환 이용선 정현백) 및 준비위원회 여러분, 훌륭한 장소를 마련하고 참가자들을 따뜻하게 맞아준 정성헌 한국DMZ평화생명동산 이사장 등 모든 이들께 두루 감사드린다.

이고 이를 실현하는 한반도식 통일과정은 '시민참여형'이 되리라고 주장해온 나로서는 특히 환영할 일이었다.

분단체제론의 개념들이 모두 자명한 것은 아니기에 이 글에서도 약간의 설명을 틈틈이 더하겠지만, 단순한 분단극복이 아닌 분단**체제**의 극복, 즉 아무런 통일이건 통일만 하고 보자는 게 아니고 시민들이 적극 참여해서 현재 한반도의 우리 삶을 짓누르고 있는 분단체제 아래에서보다 훨씬 나은 삶을 이룩하자는 것이 기본 취지다. 그러기 위해 각 분야의 시민운동이 곧 평화운동이 되고 통일운동이 될 필요가 절실하다는 것이다. 또한 역으로, 평화운동·통일운동이 시민운동을 겸하지 않을 수 없기도 하다.

원래 활동가대회에서 내건 제목은 '2011년의 한반도정세와 2012년 한국의 선택'이었다. 그런데 발표문을 작성하면서 2011년과 12년 이야기를 하기 전에 2013년 이후를 그려보는 순서를 밟기로 했고, 이번 글에서는 아예 '2013년체제의 준비'를 주제로 삼았다. 지금 우리에게 무엇보다 필요한 것은 원(願)을 크게 세우는 일이라고 믿기에 눈앞의 현실보다 한발짝 먼 이야기부터 하려는 것이다. 2012년의 선택이 비록 중요하지만, 그해의 양대 선거에 논의가 너무 집중됨으로써 우리가 목표하는 선거 이후의 삶에 관한 사고를 제약하고 때이른 정치공학적 논의에 몰입해서는 곤란하겠기 때문이다.

이명박정부 3년여를 거치면서 국민들은 솔직히 지칠 대로 지쳤다. 그래서 지금보다 조금만 나아져도 살 만하겠다는 심경이 적잖이 퍼져 있다. MB만 아니면 그 누구라도 좋겠다느니, 야당이 정권을 탈환해서 조금 기펴고 살기만 해도 어디냐는 식의 이야기가 들리기도 한다. 인지상정이랄 수 있지만, 그런 작은 원으로는 또 한번 낭패하기 십상이다. 실제로 이명박정부의 등장 자체가 우리들의 원이 너무 작고 원이 원답지도 못했기에 벌어진 일이 아닌가. 정의니 윤리니 민주주의니 통일이니 하는 것에 신경쓸 것 없이 내가 돈 좀 더 벌고 남한의 우리끼리 부자나라를 뒤쫓아 갈 수 있으면 족하겠다고 많은 사람들이 생각했고, 그런 것이 곧 인생의 '성공'인 양 들떠 있었던 것이다. 결과는 그 작은 원마저 못 이룬 실패가 대다수 국민의 생활현실이 되었다.

당연한 이야기지만 2013년을 말한다고 해서 2011년과 12년에 우리가 할 일을 소홀히 하려는 것은 결코 아니다. 원을 크게 세운다는 것이 거창한 설계도만 제시하고 당장에 할 일을 얼렁뚱땅 넘기는 태도일 수 없다. 큰 서원(誓願)을 세운 사람일수록 이소성대(以小成大)의 실행에 정성을 다하게 마련인 것이다. 올해(2011)와 내년 우리의 실천이 지성스럽고 선택이 지혜롭기 위해 '2013년 이후'부터 생각해오는 역순을 밟아보자는 것도 그런 뜻이다.

계간 『실천문학』 발표를 위해 이 글의 개고를 마칠 무렵에 때마침 4·27 보궐선거를 통해 민심의 움직임을 어느정도 확인할 수 있었다. 선거결과는 뒤에 다시 거론하겠지만, '2013년체제'가 결코 공허한 구상이 아니며 그것을 준비하는 작업도 한층 절실하다는 점이 분명해진 것이다.

2. 어째서 2013년 '체제'인가

어차피 이명박 대통령은 2013년 2월에 물러난다. 후임이 설혹 한나라당에서 나오더라도 '포스트MB' 시대가 열리는 것이다. 게다가 야당이 다시 집권한다면 또 한번의 정권교체가 이루어진다. 하지만 그렇다 한들 단순히 '잃어버린 5년'을 건너뛰어 그 전의 상태로 되돌아가는 것으로 만족할 수는 없는 일이다.

87년체제극복을 위해 국민의 저력을 발휘할 시기

2013년에 굳이 '체제'라는 용어를 덧붙이는 이유가 거기 있다. 1987년 6월 항쟁으로 한국사회가 일대 전환을 이룬 것을 '87년체제'라는 개념으로 표현하기도 하듯이, 2013년 이후의 세상 또한 별개의 '체제'라 일컬을 정도로 또 한번 크게 바꿔보자는 것이다. 이때의 '체제'는 영어의 'system'보다 체계성이 덜한 'regime'에 해당할 터이며, '2013년체제'라는 호칭 자체는 다른 것으로 대체될지 모른다. 예컨대 그러한 전환을 가능케 할 2012년의 양대 선거를 중시하여 '2012년체제'라 부를 수도 있고, 2013년 이후의 변화가 단시일 내에 더욱 획기적인 사건을 만들어낼 경우 그 사건을 위주로 이름이 만들어질지도 모른다. 제목의 '2013년체제'에 따옴표를 붙인 것은 그런 가변성을 염두에 둔 탓이다.

지금 우리가 살고 있는 시대를 '97년체제'로 규정하는 입장도 있기는 하다. 1997년 IMF 구제금융을 계기로 87년체제가 신자유주의 지배의 새로운 체제로 전환했다는 것이다. 그 논쟁에 본격적으로 개입할 생각은 없다. 다만 나 자신은 몇가지 이유로 97년체제론에 동의하지 않음을 밝히고 넘어가고자 한다.[1] 무엇보다 나는 '신자유주의'가 지난 30여년간 한국을 포함한 현대세계의 성격을 규정해온 열쇠말 중 **하나**이긴 하지만, 1997년 금융위기 이후의 한국 현실을 규명하는 데조차 미흡한 점이 많은 개념이라는 생각이다. '신자유주의의 본격화'로 말하자면, 1998년 이후 마련됐던 각종 복지정책이 후퇴하고 시장만능주의 이데올로기가 민주주의 담론

---

[1] 이 논쟁에 대한 좀더 자상한 검토는 김종엽 엮음 『87년체제론: 민주화 이후 한국사회의 인식과 새 전망』(창비담론총서 2, 창비 2009)의 엮은이 서장 「87년체제론에 부쳐」 참조. 97년체제론자 중에는 아예 1987년 6월의 획기성을 인정하지 않는 경우도 있는데, 관념적 진보주의에 골몰한 나머지 다수 국민의 열망과 참여로 쟁취한 생활상의 변화에 무감각해진 단적인 예가 아닐까 생각한다. 실은 김대중·노무현 정권들과 이명박정부가 대동소이한 신자유주의체제라는 발상 자체도 그런 혐의가 없지 않다.

마저 압도하게 된 2008년 이후에 더 걸맞은 표현일 텐데, 그러나 이명박 시대에조차 한국은 신자유주의의 전일적 지배가 이루어지기보다 온갖 반자유주의적 구태가 함께 되살아나는 특이한 사회라고 해야 옳다. 따라서 반민주적이면서 반자유주의적이고 남북대결적이던 군사독재를 무너뜨린 87년체제는 97년체제로 대체되었다기보다 초기의 건설적 동력을 탕진한 채 그 말기국면을 아직 끝내지 못하고 있다는 것이 한층 타당한 해석이라 본다. 그리고 1987년에 6월항쟁과 7·8월 노동자대투쟁을 전개했고, IMF 구제금융이라는 국가적 위기에도 불구하고 2000년의 남북정상회담을 통해 한국경제와 민주주의의 지속적 발전을 확보했던 우리 국민의 저력을 다시 한번 발휘할 때가 왔다고 믿는 것이다.[2]

남북이 공유하는 '2013년체제'의 가능성

더구나 '2013년체제'는 87년체제와도 또다른 차원의 성취가 될 수 있다. 곧, 1953년 정전체제 성립 이후 처음으로 남북이 공유하는 시대구분을 이룩할 가능성을 지닌 것이다. 휴전 이후 한국현대사에 큰 획을 그은 4·19와 5·16, 10월유신, 5·18민주항쟁, 6월항쟁 또는 IMF 구제금융 들은

---

[2] 1997년과 2000년의 관계에 대해 졸저 『어디가 중도며 어째서 변혁인가』(창비 2009) 제13장 「2009년 분단현실의 한 성찰」에서 다음과 같이 술회한 바 있다. "IMF 구제금융을 계기로 한국사회는 '신자유주의에 의한 서민경제의 파탄'을 일차 경험했습니다. 그 상황에 대응하는 한가지 방식은 오늘날 이명박정부가 추진하는 것과 비슷한 정책이었을 것입니다. 서민생활의 파탄에 아랑곳없이 신자유주의를 열성적으로 받아들이면서 그에 따른 민심 이반에는 5공식 '법질서 확립'과 김영삼정권의 대북 강경노선 계승으로써 대응하는 방식 말입니다. 물론 당시에 이미 10년의 민주화과정을 겪은 우리 국민에게 통할 수 없는 정책이었겠지요. 하지만 어쨌든 그런 가능성을 상상해봄으로써 우리는 김대중정부 아래서 우리 국민이 실제로 선택한 길, 즉 금융위기를 계기로 흡수통일의 꿈을 접고 공안정국을 자제하며 남북의 화해·협력과 한반도 평화정착에서 한국경제의 새로운 활로를 찾고자 한 길이 민주주의와 경제발전을 위해서도 얼마나 현명한 선택이었는지를 실감할 수 있습니다."(278~79면)

모두 남한사회에 국한된 사건이었다.[3] 물론 남북관계와 한반도정세에 하나같이 큰 영향을 미쳤지만 그것 때문에 조선민주주의인민공화국의 시대구분마저 달라질 정도는 아니었다. 다른 한편 2000년의 6·15 남북공동선언은 남북을 통틀어 '6·15시대'를 열었다고 말할 소지가 충분하다. 하지만 그것은 다분히 선언적인 의미요 앞으로 실현할 과제를 안겨주었다는 뜻이지, 남북 어느 쪽에서도 대다수 주민의 실생활이 일거에 바뀐 것은 아니다. 쌍방이 공유하는 시대구분법과 남북 각각의 내부 현실에 맞춘 구분법 사이의 간극은 여전히 남겨두었던 것이다.

그러나 이제 6·15시대의 숙제를 더는 미뤄둘 수 없게 되었다. 6·15공동선언을 외면하며 살아온 불과 몇년의 기간에 한반도는 사람 살기에 너무나 위험한 공간이 되었고, 한국의 민주주의는 처참하게 후퇴했으며, 제법 잘나간다고 호언하는 남한의 경제도 서민의 희생 위에 일부 재벌기업을 살찌우면서 무지막지한 환경파괴와 공기업 및 가계 부채의 증대를 통해 지탱하고 있는 것이다. 이러한 현상을 타개하기 위해서도 6·15시대 숙제의 이행 여부가 2013년체제 성립에 필수적이다. 6·15공동선언 이후 우리가 추구해왔고 2005년의 베이징 9·19공동성명과 2007년의 10·4정상선언으로 가시권에 들기 시작했던 한반도 평화체제를 만드는 일이 2013년 이후의 핵심적 과제가 된 것이다.

이는 단순히 한반도에서 전쟁위험을 제거하는 일이 아니다. 어느 나라

---

[3] 바로 그 점이 87년 6월항쟁의 결정적 한계임을 나는 항쟁 10주년을 기념하는 자리에서 강조했다. "6월항쟁이 남한의 역사에서 아무리 획기적인 사건이었다 해도 분단 한반도의 절반에 국한된 만큼은 그 '획기적' 성격 또한 제한되게 마련이라는 점을 상기하는 것이 항쟁의 의미를 제대로 부각시키기 위해서도 필요할 듯하다. 그 한계를 정확하게 인식하지 못하는 옹호론은 정당한 실천적 대응을 낳을 수 없을 터이며, 항쟁의 의의 자체를 부정하는 논리 앞에서 조만간에 힘을 잃게 마련이다."(졸저 『흔들리는 분단체제』, 창작과비평사 1998, 제10장 「6월민주항쟁의 역사적 의의와 10주년의 의미」, 213면)

국민에게나 전쟁은 참혹하고 평화가 소중하지만, 분단체제에서는 평화의 의미가 남다른 바 있다. 양쪽의 기득권층이 상대방을 적대시하면서도 그 적대관계로 인한 긴장과 전쟁위협으로부터 자신들의 반민주적 특권 유지의 명분을 끊임없이 공급받는 체제가 분단체제이다. 바로 그렇기 때문에 1987년의 6월항쟁이나 1998년의 수평적 정권교체로 남녘 시민들의 민주역량이 분출할 적마다 분단체제 전체가 흔들리게 되었고 평화를 위한 적극적인 노력이 불가피해졌다. 그리하여 6·15공동선언으로 남북 화해와 협력의 길이 활짝 열렸을 때 국내의 수구세력은 필사의 반격을 시도하게 마련이었다. 불행히도 이들의 반격은 2007년 대선과 2008년 총선을 통해 분단체제극복운동에 심대한 타격을 가하는 데 성공했다. 그러나 분단체제를 다시 안정시키지는 못했고 '선진화체제'를 출범시키지도 못했다.[4] 어쨌든 수구세력은 2012년에도 대중을 현혹하여 선거에 이김으로써 국가적 혼란이 가중되더라도 자신들의 사익 챙기기가 지속될 수 있도록 온갖 수단을 동원할 것이다.

이에 맞서 우리는 구호나 이상으로서의 평화가 아니라 한반도 현실이 절박하게 요구하는 평화체제의 수립을 설계하고 국민을 설득할 수 있어야 한다. 이때 유념할 점은 한반도에서의 평화는 점진적·단계적 통일과정의 진전과 직결되어 있다는 사실이다. 다시 말해 너무 급속하고 전면적인 통일을 추구해도 평화에 위협이 되지만, 통일을 제쳐두고 평화만을 이야기한다고 평화가 달성되지 않는다는 것이다.

흔히 평화체제의 구성요소로 한국전쟁 당사자들에 의한 평화협정 그리고 북·미, 북·일 국교수립을 든다. 또 이들에 선행하거나 수반하는 조건으로 한반도 비핵화가 있다. 그런데 평화체제 성립에 결정적으로 중요

---

[4] 2008년이 '선진화 원년'이 못 된다는 주장으로는 앞의 『87년체제론』에 수록된 졸고 「선진화 담론과 87년체제」(『어디가 중도며 어째서 변혁인가』 제10장으로 재수록) 참조.

한 비핵화라는 이 난제를 평화협정 체결과 경제지원 등만으로는 풀 수 없는 한반도 특유의 사정을 간과해서는 안 된다. 곧, "북이 완전한 비핵화에 동의하려면 이른바 체제보장에 대한 북측의 요구가 어느정도 충족되어야 할 터인데 평화협정 체결과 북미수교 그리고 대규모 경제원조가 더해지더라도 남한의 존재 자체가 위협으로 남을 수밖에 없는 사정"이 있기 때문에, "한반도의 재통합 과정을 비교적 안정적으로 관리할 국가연합이라는 장치가 마련되어갈 때 비로소 북측 정권으로서는 비핵화 결단을 내리고 자체 개혁의 모험을 감행할 — 비록 완전히 안심되지는 않더라도 — 그나마의 여건이 충족되는 것"[5]이다.

2013년 이후의 한반도가 6·15시대의 재가동을 시작으로 9·19공동성명의 이행과 남북연합의 건설과정에 들어설 때, 남북이 공유하는 2013년체제의 성립도 가능할 것이다.[6] 물론 남북연합이 종착점은 아니다.[7] 다만 분단체제극복과정이 불퇴전(不退轉)의 경지에 들어서게 된다는 점에서 결정적이다. 그런 뒤에도 여전히 불확실성으로 가득찬 모험의 과정이겠지만, 지금처럼 주로 백성들이 억눌리고 시달리는 대신에 남북을 통틀어 지배층이 민중의 역동성에 적응하기 위해 가슴 졸이는 시대가 될 것이다.

---

[5] 졸고 「'포용정책 2.0'을 향하여」, 『창작과비평』 2010년 봄호, 92면; 『2013년체제 만들기』의 제5장 121면.
[6] 작고한 서동만 교수는 2008년이 그러한 해가 되기를 기대했지만(서동만 「남북이 함께하는 '2008년체제'」, 『창작과비평』 2007년 봄호; 서동만 저작집 『북조선 연구』, 창비 2010, 406~27면에 재수록), 2007~2008년의 한국사회는 말기적 혼란에 접어든 87년체제를 극복할 실력을 갖지 못했다. 2012~13년의 과제이자 도전으로 미뤄진 것이다.
[7] 남북연합에 관해서는 『2013년체제 만들기』 제5장과 8장에서 더 자세히 거론되며, 그에 앞서 『어디가 중도며 어째서 변혁인가』 제8장 「2007 남북정상회담 이후의 시민참여형 통일」 제3절(195~202면)에서 논의한 바 있다.

3. 평화체제, 복지국가, 공정·공평사회

평화체제 구축과 남북연합 건설이 2013년체제의 핵심 의제가 되리라는 점은 최근 한국정치의 뜨거운 쟁점으로 떠오른 복지문제와의 상관성을 보아도 실감할 수 있다. 복지문제가 쟁점화된 것은 우리 사회가 그만큼 발전했다는 증거로 환영할 일이다. 그리고 전면적 내지 보편적 복지를 주장하는 이들이 대개 그 본격적인 실현이 시작되는 시기를 2013년으로 잡는다는 점에서, 복지가 2013년체제의 주요 의제로 설정된 형국이다.

복지논의에 본격적으로 개입하는 일은 이 글의 목표가 아니다. 2013년 이후를 설계하는 기본자세를 검토하려는 것일 뿐인데, 복지국가론이 남북연합 건설을 통한 전체 한반도 문제의 해결을 외면할 때 탁상공론에 불과하기 쉽다는 점을 강조하고자 한다. 분단현실을 망각한 복지국가론은 이명박정부의 선진화론이나 북조선의 강성대국 진입론과 마찬가지로 분단체제 유지론으로 귀착되기 십상이며, 저들 담론과 마찬가지로 성공 가능성이 희박하다고 봐야 옳다.

평화 등 다른 중요 의제와 결합된 복지논의를

복지담론의 현실성을 높이기 위해 평화담론과 결합할 필요성은 많은 이들이 인정한다. 그런데 이러한 인식이 재정조달을 위해 상당한 수준의 국방비 감축이 필요하리라는 계산에 멈추어서는 불충분하다. 전쟁의 위험이 상존하고 이를 빌미로 수구세력이 득세하는 상황에서는 복지확대를 위한 정치적 동력이 생기기 어렵다는 사실에까지 미쳐야 하는 것이다. 남북대결의 상황에서는 사회민주주의자들조차 '친북좌파'로 공격받기 일쑤려니와, 복지사회를 추동해야 할 인사나 집단 들이 여러 분야에서 비슷한 공세에 시달리는 가운데 효과적인 세력결집이 불가능해질 것이기 때문이다. 실제로 복지의 확대는 역으로 분단체제극복을 위한 시민역량의 증대를 가져올 것이기에 수구세력의 공격이 더욱 사납고 다각적으로 벌어지게 마련이다. 분단현실에 대한 냉철한 인식이 결여된 복지국가론이 그 싸움에서 승리하기는 어렵다. 그러잖아도 사회의 온갖 유리한 고지를 선점하고 있는 것이 수구세력인데, 분단현실을 악용하는 일에 이골이 난 저들을 '후천성 분단인식결핍증후군'[8]에 걸린 복지담론으로 맞섰을 때 어느 쪽에 승산이 있을지는 뻔하지 않은가.

일각에서는 2010년 6·2지방선거 때 다수 유권자가 전면 무상급식을 선택한 것이 보편적 복지를 지지하는 민심이라고 해석한다. 하지만 당시의 무상급식 논쟁은 좀더 면밀하게 분석할 필요가 있다. 첫째, '4대강사업만 중단해도 초·중등학교 무상급식 비용이 나온다'는 인식 덕분에 재정조달 문제가 큰 쟁점이 되지 않았다. 둘째, 무상급식은 학교급식이라는 특정 분야에서는 '전면' 복지에 해당하지만 사회 전체를 놓고 보면 '선별적' 복지인 면도 없지 않았다. 곧, 전면 대 선별 복지로 전선이 선명하게 그어진 것은 아니었다. 더 중요하게는——이것이 세번째로 검토할 사항인데——공짜 밥은 가난한 애들에게만 먹이면 된다는 반대논리가 도리어, '없는 집 애들이라고 눈칫밥을 먹어야 한단 말이냐'는 분노를 자극한 면이 있다. 먹는 것, 더구나 아이들이 먹는 밥을 가지고 치사하게 군다는 공감대를 건드린 것이다. 게다가 '무상급식'은 '친환경 무상급식'이었고 의무교육의 당연한 일부라는 논리마저 가세했다. 다시 말해 6·2선거에서의 무상급식 이슈는 다른 여러 쟁점과 잘 결합하여 필승의 카드가 된 것이다. 그러한 배합이 없이 전면복지 자체가 앞으로 동일한 위력을 발휘할지는 미지수다.

---

8 '후천성 분단인식결핍증후군'에 대해서는 『어디가 중도며 어째서 변혁인가』 제13장 271~72면 참조.

따라서 복지를 2013년체제의 중요한 내용으로 삼되 그 실현을 위해서는 재정, 성장, 공정·공평, 효율 등 다양한 문제들과 정교하게 결합된 설계가 필요하다. 그중 재정문제는 복지논의에 반드시 따라오게 마련인데, 다음 정부는 현 정권이 급격히 늘려놓은 국가 및 공기업의 부채를 떠맡을 운명이므로 냉철한 계산이 한층 절실하다. 대북전력 강화 명분으로 외국에서 비싼 무기를 구입하는 비용을 포함해서 국방비를 크게 줄이는 특단의 조치도 필요할 테고, 적정한 경제성장을 통해 세수(稅收)와 국부를 키워가는 전략도 따라야 할 것이다.

복지국가 모델에 포함되어야 할 것들

복지국가론의 기본 취지가 당장에 복지를 전면화하는 것보다 국가모델을 '복지국가형'으로 전환하자는 것이라면, 더욱이나 여타 국가적·사회적 목표와 결합된 복지모델을 설계해야 한다. 예컨대 기존의 생산과 소비 방식을 생태친화적으로 전환하는 '친환경 복지국가' 모델이어야 하며, 동시에 '성평등 지향적 복지국가' 모델이 되어야 한다. 또한 복지국가이되 국가의 역할은 최소화하고 협동조합, 시민단체, 그리고 복지수혜자 개개인의 능동적 참여가 극대화되는 '민주적 복지사회'를 지향해야 할 것이다.

나아가, 2013년 이후 진전될 남북관계와 어떻게 조화시킬지에 관한 '범한반도적 설계'가 긴요하다. 예컨대 스웨덴 모델이 한국에 적합하다는 점을 설득하려 할 경우, 남한이 스웨덴 모델을 지향할 때 남북연합의 동반자가 될 북조선은 어떤 모델을 따라야 하는가를 제시할 수 있어야 한다. 남북이 다같이 스웨덴식 (또는 다른 어떤 선진국식) 복지국가가 될 수 있다고 말하는 것은, 국가연합 단계를 거치지 않고 곧바로 통일할 수 있다는 이야기만큼이나 환상적으로 들릴 것이다. 그 대안으로 남한은 스웨덴 모델을 지향하고 북조선은 중국식 또는 베트남식 개혁·개방으로 가면 된다는 주장도 있을 법하다.[9] 그러나 이것도 약간씩 덜 환상적인 두가지 씨나리오가 동시에 실현된다는 또다른 환상이 아닐까? 반면에 북이야 어떻게 되건 우리는 모를 일이고 남한에서 우리끼리 복지국가를 만드는 일이 가능하다는 생각이 '후천성 분단인식결핍증후군'의 표현이요 또 하나의 환상임은 이미 지적한 바 있다.

남북연합에서 각자가 어떤 성격의 복지제도를 가질지에 대해서는 나도 답이 없다. 그러나 단계적 분단체제극복이라는 세계사에 유례없는 실험의 일부이기에, 복지제도 또한 그 어느 선례와도 구별되는 창의적인 것이 되어야 하고 그럴 수밖에 없을 터이다. 남북이 상이한 내용이면서도 서로 참조하고 조절하여 한반도의 실정에 맞는 혼합식 모델을 만들어가야 하는 것이다. 그렇기 때문에 2013년체제에 그토록 긴요한 복지문제를 복지근본주의로 접근해서는 안 되고, 주어진 현실과 현실상의 변화를 끊임없이 주시하면서 정교한 설계를 지속적으로 가다듬어야 한다.

이는 한반도적 시각뿐 아니라 동아시아적 시각으로까지 확대하는 능력을 요구하기도 한다. 남북이 함께하는 2013년체제라면 당연히 6·15공동선언과 더불어 9·19공동성명도 복원된 상태를 뜻할 것인바, 이는 경제적 상호의존과 교류·협력이 꾸준히 증대하고 있는 동아시아의 지역협력을 한층 긴밀하고 원활하게 만들 것이다. 그간 이명박정부가 한미동맹에 일방적으로, 그것도 온갖 무리수를 써가며 매달리다보니 동아시아연대 형성의 과정에서 한국정부의 능동적 역할이 거의 사라졌는데, 2013년체제의 형성은 그러한 역할 ── 및 민간 차원에서도 획기적인 교류 증대 ── 을

---

[9] 현실에서는 ── 과문한 탓인지 모르나 ── 북의 중국식 개혁·개방을 기대하는 기존의 포용정책 주장자들은 대체로 남한의 국가모델 전환에 관심이 덜하고, 남한의 사민주의적 변화를 추구하는 복지론자들에게서는 북조선의 변화에 대한 진지한 논의를 찾아보기 힘들다. 그러나 양자가 상대방의 주장에 호의적인 것은 사실이고, 북의 중국식 개혁과 남의 스웨덴식 변화가 병행하는 씨나리오에 대해 심각한 문제제기는 없는 것 같다.

당연히 수반할 것이며, 한반도의 국가모델을 전환하는 작업 또한 그러한 지역연대 형성의 맥락 속에서 진행될 것이다.[10]

더 기본적인 것들과 공정·공평 문제

그런데 2013년체제의 설계에는 남북연합이니 복지국가니 동아시아공동체니 하는 거창한 기획보다 훨씬 기본적이고 어쩌면 초보적이랄 수 있는 것이 포함되어야 한다. 인간의 사회생활에 기본이 되는 것들을 되살리는 시대가 되어야 한다는 것이다. 예컨대 대통령을 비롯한 고위공직자와 지도적 정치인 들이 너무 터무니없이 거짓말을 하지 말아야 한다는 것. 물론 정치인이 모두 성인군자가 되라거나 국정운영을 완벽하게 공개하라는 말은 아니다. 다만 너무 자주 너무 뻔한 거짓말을 한다거나 너무 쉽게 말을 바꿔서는 곤란하다는 것이다. 이래서는 사회가 제대로 돌아갈 수 없고 정상적인 언어생활마저 위협받게 된다.[11] 아무튼 따지고 보면 그것은 복지의 훼손이자 정치적·경제적 효율의 추락이며 평화와 안정을 저해하는 요인이기도 하다. 게다가 '4대강 살리기'라든가 '공정한 인사' 따위가 별로 끝나는 것도 아니다. 실로 상식을 초월하는 민폐과 사익추구 행위가 대대적으로 저질러지고 있는 것이다.

---

[10] 졸고 「국가주의 극복과 한반도에서의 국가개조 작업: 동아시아 담론의 현실성과 보편성을 높이기 위해」, 『창작과비평』 2011년 봄호(『근대의 이중과제와 한반도식 나라만들기』 제7장으로 재수록) 참조.

[11] 나 자신은 2007년 대선 직전에 '대한민국을 거짓말 공화국으로 만들 수는 없습니다'라는 제목의 기자회견에 참여하기도 했고, 이명박시대의 진행을 지켜보면서는 '상식과 인간적 염치를 회복하는' 일이라든가 '상식과 교양의 회복'을 거듭 주문하기도 했다(2007년 12월 17일 각계 인사 33인 공동성명 '대한민국을 거짓말 공화국으로 만들 수는 없습니다'; 졸고 「지난 백년을 되새기며 새 판을 짜는 2010년으로」, 창비주간논평 2009. 12. 30; 「2010년의 시련을 딛고 상식과 교양의 회복을」, 창비주간논평 2010. 12. 30, 『2013년체제 만들기』 제6장 및 『근대의 이중과제와 한반도식 나라만들기』 제4부 4).

이러한 '기본적인 것의 회복'을 2013년체제에서 어떻게 구현할지는 현실에 대한 정확한 분석과 대중의 정서를 감안한 전략적 선택을 요한다. 그 본격적인 탐구는 나보다 준비가 잘된 분들에게 맡기고 우선 떠오르는 생각을 간략히 밝힌다면, 국정목표 차원에서는 앞서 복지문제와의 결합을 제의한 '공정·공평'이라는 의제가 그중 방불하지 않은가 한다. 이명박 정부의 공정사회론도 그것이 결과적으로 특유의 국어교란 현상의 일부가 되어버려서 그렇지, 한국사회에 절실히 필요하고 국민이 바라는 바에 영합한 것은 분명하다. 이에 대해 김대호 사회디자인연구소 소장은 "'양극화 해소' 못지않게, 아니 그보다도 더 중요한 시대적 화두이면서도 담론세계에서 제대로 대우받지 못한 '공정'이라는 가치를 대통령의 입으로나마 정치사회적 화두로 만든 것은 다행스러운 일이다"라고 일단 평가하면서, "'공정'과 '공평'을 오염시키지나 않을지 걱정이다"라고 덧붙였다.[12] 그는 '공정성(기회, 조건, 출발선의 평등)'과 '공평성(경쟁 결과의 합리적 불평등, 특권·특혜의 적정화)'을 구별하며 양자를 동시에 추구하되 특히 진보진영이 소홀히 해온 후자를 강조할 것을 주장해왔는데, 공정과 공평의 정확한 개념에 관해서는 다양한 견해가 가능하겠다. 그러나 대중운동과 현실정치의 슬로건으로는 공정·공평·정직·정의 등을 두루 포괄하는 하나의 표현을 선택할 필요가 있을 것이다. 비록 오염되었지만 대통령 덕분에 널리 전파된 '공정사회'를 공유하도록 할지, 아니면 '공평사회'나 다른 어떤 용어를 대안적 구호로 내걸지, 이 또한 '선수들'이 중지를 모아 결정할 일이다.

요는 복지담론만으로는 제대로 수용하기 힘든 시대적 과제를 짚을 줄 알아야 한다는 것이다. 예컨대 노무현 대통령이 역설하던 '원칙과 상식이

---

[12] 김대호 「'공정'과 '공평'을 오염시키지나 않을지 걱정이다: 이명박 대통령의 8·15 경축사를 보고」, 사회디자인연구소 홈페이지 2010. 8. 17.

통하는 사회, 특권과 반칙이 통하지 않는 사회'는 지금도, 아니 이명박정부를 겪은 지금에야말로 더욱더 국민적 갈망의 대상이다. 또한 진보진영이 강조하는 '노동이 있는 복지'도 결국 공정·공평과 직결된다. 다만 이때 '경쟁사회의 지양'이라거나 '비정규직 근절' 같은 관념적 구호가 아니고 한국사회의 구체적인 불공정·불공평·불투명 구조에 상응하는 정교한 처방이 필요할 것이다.[13] 검찰을 비롯하여 방송통신위원회, 국가인권위원회, 중앙선거관리위원회 등 정권으로부터의 독립성이 생명인 국가기관들의 공공성을 회복하는 일도 공정·공평의 이름으로 실현해야 할 과제다.[14]

환경문제의 여러 차원들

평화체제, 복지국가, 공정·공평사회 등이 2013년체제의 주요 과제를 모두 망라할 수는 없다. 다만 정치 및 운동의 표어는 한정된 수효라야 위력을 지니기 때문에 취사선택이 불가피한데, 어떤 것을 앞세울지는 토론해볼 사안이다. 예컨대 교육문제는 넓은 의미의 복지에 포함될 수도 있지만 2013년체제 속의 교육에 관한 별도의 구체적인 설계가 어떤 식으로든 제시되어야 할 것이다. 또한 성차별 철폐는 평화와 복지, 공평 담론에 모두 연계되지만 그 자체를 '3대 과제' 또는 '4대 과제'의 하나로 부각해야 한다는 논리도 가능하겠다.

환경문제도 마찬가지다. 나 자신은 기존의 생활양식을 친환경적이고 생명존중적으로 바꾸는 '생태전환'이야말로 우리의 미래설계에서 핵심

---

[13] 이 또한 김대호의 지론인데(예컨대 「진보의 집권? 그거 어렵지 않다!」, 사회디자인연구소 홈페이지 2010. 12. 23), 그와 별도로 김종엽도 '과잉경쟁과 과소경쟁의 이중구조'를 지적하면서 "어디에 경쟁을 도입하고 어떤 경쟁을 완화해야 하는지를 가리는 지혜로움"을 주문한 바 있다(김종엽 「진보-보수의 담합과 경쟁의 이중구조」, 창비주간논평 2009. 11. 18).
[14] 그중 가장 시급하고도 힘겨운 과제가 검찰개혁일 듯하다. 이에 관해 제12차 공평사회포럼(2011. 4. 15)에서 서보학 교수가 발표한 「검찰의 현주소와 법치주의의 위기」 참조.

을 이루며 앞서 말한 '기본적인 것'과 직결된다는 생각이지만, 2013년체제의 주요 구호로 그것을 내걸기에는 너무 장기적이고 범인류적인 목표가 아닐까 한다. 다만 그것은 원대한 과업인 동시에 지금 당장 절약하고 절제하며 배려하는 생활태도에서 시작되어야 할 성격이므로 평화나 복지, 공정·공평 등의 온갖 현안에 그러한 인식이 배어들어야 하며, 환경문제가 정당들의 정강·정책에서 차지하는 비중이 획기적으로 늘어나야 할 것이다.

환경문제가 단기·중기·장기의 여러 과제를 결합하고 있음을 실감시켜 준 것이 지난 3월 11일 일본 동북지방의 대지진과 쓰나미에 따른 후꾸시마다이이찌(福島第一)원자력발전소 사고다. 일본정부의 공식 판정으로도 체르노빌과 같은 7등급 사고에 해당하는 이 참사에서 일본인과 한국인 그리고 세계가 어떤 교훈을 실제로 얻을지는 지켜볼 일이다. 그러나 지금의 인류가 후손들의 안녕은 아랑곳없이 당장의 편리를 추구하며 무모하고 무책임하게 살고 있음을 충격적으로 보여준 것이 이번의 원전사고다. 동시에 기후변화에 대처하는 일과 마찬가지로 지금 당장에 팔을 걷고 나서더라도 해결에는 장구한 시간이 걸릴 문제다. 무엇보다 그것은 우리 인간이 어떻게 살 것인가에 관해 근대 세계체제가 제시하고 음양으로 강요해온 것과는 다른 답을 찾는 일이다. 동시에 에너지 절약과 친환경에너지로의 정책 우선순위 변경 등 각종 중·단기 사업을 곧바로 시작할 것을 요구하기도 한다.

눈앞의 과제로는 원전의 **안전성** 문제가 있다. 이는 기술적인 능력뿐 아니라 관계기관의 신뢰성과 책임성 그리고 정보의 투명한 공개 등 민주주의 및 공정·공평 원칙과 직결된 문제다. 게다가 한국에서는 평화의제와의 연결이 각별한데, 북과의 대결 추구가 어느 모로 보나 위험천만이지만 좁은 땅에 그 많은 원자력발전소를 지어놓고 군사력이 좀 앞섰다고 일전불사를 외쳐대는 이들의 무모함은 어이가 없을 정도다.

크게 보면 이 모든 것이 상식과 교양 및 인간적 염치의 회복이라는 문제로 돌아온다. 그리고 그것이 정권교체나 정치권 주도의 노력만으로 될 일이 아님은 명백하다. 몇몇 인사들의 무교양과 몰상식 그리고 부도덕에서만 문제가 비롯되었다기보다 국민들 다수의 생명경시 습성과 정의감 부족, 그리고 비뚤어진 욕망에 뿌리를 둔 것이기 때문이다. 하루이틀에 바로잡힐 일이 아니며, 세상과 자신을 동시에 바꿔나가는 노력을 각자의 삶에서 꾸준히 진행할 필요가 있는 것이다. 그러나 사회 분위기가 일신될 때 비로소 많은 사람들이 그런 노력을 제대로 시작할 수 있을 터이기에, 아무래도 2013년(또는 2012년)의 결정적인 전환을 꿈꾸지 않을 수 없다. 다행히 그러한 전환을 위해 필요한 뼈저린 반성을 할 기회가 지난 3년여 동안 유독 많았다. 그 점에서 우리는 이명박시대에 감사해야 할지 모르겠다.

4. 2010년 말, 2011년 초의 한반도정세

2011년 및 2012년에 관한 논의를 뒤로 돌리는 역순을 밟기로 했지만 실은 올해(2011)의 한반도정세와 한국 현실에 대해 직·간접으로 이미 많은 이야기를 한 셈이다. 한반도 평화체제를 포함한 새로운 현실에 대한 갈구가 더욱 절실해진 것도 작년 이래의 남북관계가 휴전 이후 최악으로 치달았고 그에 따른 국내 수구세력의 몰상식이 극에 달했기 때문이다. 비록 요즘 들어 긴장완화를 위한 미·중·북 등의 선제적 시도에 한국정부가 조금씩 끌려가는 형국이긴 하지만, 2013년 이전에 어떤 획기적 전환이 일어나기는 힘들다는 인식이 여전히 불가피한 것 같다.

분단체제 말기국면의 남북한

작금의 한반도정세에 대한 상세한 진단은 생략한다. 다만 거듭 강조할 점은, 남북대결이 첨예해지고 전쟁재발의 기운마저 감돈다고 해서 분단체제가 다시 고착되고 안정될 수 있는 현실은 아니라는 것이다. 정반대로, 분단체제는 이제 올바른 극복의 길을 찾지 못하는 한 그 누구도 안전하게 관리할 수 없는 말기국면에 들어서 있다. 이는 또한 단순히 남북관계의 악화만이 아니라 남과 북 내부에서 갖가지 퇴행 현상을 낳고 있기도 하다.

통일에 냉담한 사람들은, '통일 않고도 우리끼리 잘살면 되지 굳이 통일하려고 애쓸 필요 있느냐'고 곧잘 말한다. 하기야 그럴듯한 말이다. 잘사는 게 뭔지는 모르지만, 통일 않고도 잘살 수 있다면 굳이 통일문제로 속 썩을 필요가 어디 있겠는가. 문제는 그게 가능하냐는 것이다. 아니, 통일도 않고 통일문제에 관한 진지한 고민도 없이 살려고 할 때 우리가 어떤 삶을 살게 되는지를 확실하게 보여준 것이 2008년 이래의 세월 아닌가. 물론 이 기간에 그 어느 때보다 더 잘살게 됐다고 뽐내는 이들도 있다. 그러나 다수 민중은 우리 사회가 분단체제극복과정에서 이탈하거나 역주행할 때 바로 지금처럼 날로 각박해지고 살벌하고 어수선하고 분통 터지는 삶을 살아야 함을 체득하고 있는 것이다.

북조선사회 역시 분단체제의 말기현상이 두드러지는 것 같다. 핵무기 개발만 해도, 북측 당국은 미국의 적대정책을 그 명분으로 내놓지만, 또 그것이 안보논리로 전혀 이치에 안 닿는다고는 할 수 없지만, 크게 봐서 흔들리는 분단체제 속에서 정권과 체제를 지켜내려는 절박한 승부수에 해당한다. 문제는 군사강국화 자체가 융성한 나라를 만들지는 못한다는 것이다. 도리어 민생과 인권의 개선을 더 어렵게 만들기 십상이다. 북측이 자랑하는 자주성 차원에서도 중국 의존이 심화된 지난 2~3년간을 후퇴로 규정할 수밖에 없다. 권력승계의 방식으로 3대 세습을 택한 것도 그

사회의 위기의식을 반영한다 하겠다. 다만 그것이 남쪽에서 비난의 목소리를 높이는 것처럼 무슨 갑작스런 타락 현상은 아니다. 분단체제 아래서 정상적 사회주의국가로의 발전이 어렵다는 점은 일찍부터 예견되는 바였고, 북의 '왕조적' 성격이 점차 짙어져온 현실이 3대 세습 구도의 공개로 극적으로 드러났을 따름이다.[15] 그 자체로만 본다면 이런 성격의 사회에서 최고지도자가 연로하고 건강이 불확실할 때 후계자를 결정하고 당의 체제를 정비한 것이 그나마 분단현실의 관리에 유리한 면도 있을 법하다. 적어도 현실의 안전한 관리를 일차적 목표로 삼았을 때 그러한 가능성에 대한 진지하고 실용적인 검토를 생략할 수 없을 것이다.

천안함사건과 분단체제 특유의 남 탓하기

사실 분단체제가 고약한 이유 중에 하나는 남북한 각각이 상대방(또는 북의 경우 주로 미국)에 대한 남 탓하기로 성찰과 비판을 봉쇄하는 기제를 내장하고 있다는 점이다. 사례는 남북 각기에 무수히 많지만 작년 3월 남녘에서 벌어진 천안함사건이 하나의 본보기다. 당국과 거대언론은 비판자들이 처음부터 북한 옹호에 나섰다고 몰아세우기 일쑤인데다, 그렇게까지 몰고 가지 않는 경우에도 비판자들이 천안함 침몰의 '진상'은 못 밝히면서 '의혹제기'만 하고 있다고 공격하곤 한다. 그러나 정부에 의한 부실·왜곡·허위 발표와 각종 국민기만 행위의 진상은 이미 밝혀진 것만도 수두룩하다. 그에 대한 책임을 제대로 묻고 법치를 바로 세우기만 해도 나머지 진상마저 밝혀질 확률은 몇배 늘어나게 되어 있다. 사실 이런 법치훼손과 국가기강 문란이야말로 진정한 보수주의자라면 앞장서 규탄해야 마땅하다.

---

15 3대 세습이 실현된 '김정일 이후'에 대해서는 『2013년체제 만들기』 제3장 참조.

그런데도 이런 것이 제대로 문제삼아지지 않은 까닭은 무엇인가? 정부가 '배 째라'고 버티는 것이 가장 큰 이유이고 이 땅의 자칭 보수주의자들 가운데 진정으로 합리적이고 원칙있는 보수주의자가 드문 것이 또 하나의 이유지만, 국민들이 아무튼 북측 체제가 나쁜 체제고 북측 당국이 우리 정부보다 훨씬 나쁜 집단이라는 인식을 갖고 있기 때문인 것도 부인할 수 없다. 그런데 그 인식 자체가 타당하다고 해도 남녘에서 일어나는 모든 나쁜 일이 북측의 소행이라고 단정하는 것은 논리의 비약이다. 이런 엉터리 논리에 사로잡혀 있는 한, 우리에게 향상은 없다.[16] 남한이 그나마 북조선보다 나은 사회가 된 것은 우리가 바로 그런 논리에 얽매이지 않고 향상할 줄 알았기 때문이다. 남 탓하기가 고질화된 분단체제 속에서도 우리 남녘의 나쁜 점부터 바로잡자고 나선 시민들이 4·19와 5·18, 6월항쟁을 일으켜가며 피 흘리고 싸운 덕분인 것이다.

분단체제는 남북이 서로 적대적이고 단절된 사회이면서도 동일한 '체제'라고 말할 만큼 쌍방 기득권세력이 공생관계에 있고 양쪽이 나쁜 점을 서로 닮아가며 재생산되는 구조다. 동시에 엄밀한 의미의 사회체제는 아니고 세계체제가 한반도를 중심으로 작동하는 국지적 현실에 해당하는 것이기에, 애당초 남북분단을 주도한 현존 세계체제의 패권국을 포함해

---

[16] 최근의 농협 전산망 파손 사건이 북한에 의해 저질러졌다는 검찰 발표도 우리의 향상을 가로막는 역할을 톡톡히 하는 것 같다. 물론 나는 사건의 진상에 관한 일가견이 있을 리 없지만, 검찰 발표의 신빙성에 대해서는 진보매체들은 차치하고 『동아일보』마저 의문을 제기하는 상황인데(「["농협 해킹은 北 소행"] 전문가들이 보는 검찰 발표 의문점」, 『동아일보』 2011. 5. 4, A2면), 이런 발표의 가장 심각한 후유증은 진실을 규명하고 우리 내부에서 필요한 문책을 하려는 노력이 실질적으로 중단된다는 사실이다. 군과 국가도 막지 못한 북한의 공격을 당한 농협 측의 책임은 대폭 경감되며, 북한이 아닌 다른 범인이 저질렀을 가능성에 대한 일체의 조사가 불필요해진다. 아니, 자칫 북한을 옹호하는 행위로 몰릴 위험마저 걱정해야 한다. 이런 풍토에서는 앞으로 다른 유사한 사건이 벌어지더라도 북한만 욕하면 다른 노력이 불필요해질 수 있다.

수많은 외세가 개입해서 굴러가는 다소 느슨한 의미의 '체제'이다.[17] 그러므로 한반도에서 벌어지는 각종 불행한 사태에 대해 분단체제의 여러 주체들이 각기 얼마큼씩 책임을 져야 하는지를 정확히 가려내기가 쉽지 않다. 그렇기는 하지만 북녘 인민의 참상에 대해 북측 정권이 일차적 책임을 져야 하듯이, 우리 남녘 시민은 이명박정부 출범 이래 6·15공동선언과 10·4선언 등 최고위급 합의를 실질적으로 부정하여 남북관계를 후퇴시킨 한국정부의 막중한 책임에 눈감을 수 없다. 천안함사건에 대한 정부 발표가 못 믿을 것이라면 더욱이나 그렇다. 동시에 이런 정부를 만들고 이런 사태를 막지 못한 남쪽 국민들의 책임 또한 가볍지 않다. 나 자신은 한반도문제 해결에서 남쪽의 민간사회가 쌍방 당국에 더해 '제3당사자'로 참여해야 한다고 주장해왔는데,[18] 그런 자긍심을 지켜내려면 2012년 한국의 선택을 우리의 긴요한 과제로 삼지 않을 수 없다.

5. 2012년 한국의 선택과 2011년의 과제

2012년이 남다른 것은 국회의원 총선거와 대통령선거가 잇따라 시행되는 해라는 점이다. 게다가 대선을 불과 8개월 앞두고 총선이 벌어진다. 따라서 총선승리가 대선승리를 위해서도 결정적으로 중요하리라는 분석을 이미 여러 사람이 내놓았다.[19] 과거에 한차례의 선거패배가 국민들의 견

---

[17] 한국 및 한반도와 관련된 세가지 다른 차원의 '체제'에 관해서는 『흔들리는 분단체제』 제1장 「분단체제극복운동의 일상화를 위해」 19~22면 참조.
[18] 예컨대 『어디가 중도며 어째서 변혁인가』 제4장 「북의 핵실험 이후: 남북관계의 '제3당사자'로서 남쪽 민간사회의 역할」 참조.
[19] 이해찬 전 국무총리도 그중 하나다(이상돈·김호기의 대화 「이해찬 전 총리를 만나다」 『경향신문』 2011. 4. 25, 5면 참조).

제심리를 자극해서 다음번 선거에 도리어 유리해지는 일도 적지 않았지만, 두 선거 사이의 간격이 짧은 경우 — 2007년 대선 직후의 2008년 총선이 그랬듯이 — 견제보다 안정적인 국정운영에 민심이 쏠리기 십상인 것이다. 더구나 이명박정부와 한나라당 지배 국회 4년을 겪고도 총선에서 저들을 응징하지 못하는 야권이라면 유독 대통령만 자기 쪽에서 뽑아달라고 국민에게 호소할 면목이 없지 않겠는가. 실제로 2010년 6·2지방선거에서 최근의 4·27보궐선거에 이르는 흐름을 보면 야권이 하기에 따라 다음 총선에서의 압승도 내다볼 수 있는 상황이 다가와 있다.

인물만 바뀐 '포스트MB'에 대한 기대는 또 한번의 '너무 작은 원'

그런데 18대 대선은 이명박 대통령의 퇴임을 전제한 선거다. 더구나 이명박정부 초기부터 대통령과 일정한 거리를 두고 더러 맞서기도 하면서 여론의 높은 지지율을 누려온 박근혜 전 대표가 한나라당 후보로 나설 공산이 크다. 그의 인기가 단순히 선대의 후광 덕이라거나 이명박 대통령의 교양부족과 정치적 신용불량에서 얻은 반사이익에 불과하다는 일각의 평가도 전적으로 수긍하기는 어렵다. 오히려 남다른 감각과 내공을 지닌 정치인이라는 관측이 유력하며, 일찌감치 복지국가를 주장하고 나옴으로써 전면적 복지를 둘러싼 여야 간의 논쟁에서 비켜선 채 그 최대 수혜자가 될 가능성이 없지 않다. '망국적 포퓰리즘'도 아니고 '반복지주의'도 아닌 중도적 복지론자로, 게다가 적어도 약속한 범위의 복지만은 확실히 실행할 '원칙과 신뢰의 정치인'으로 자신을 부각시킬 수 있는 것이다.

하지만 설령 여러 미덕과 강점을 갖췄더라도 우리 국민이 박근혜정권을 이명박정부의 대안으로 선택한다면 2007년에 이어 또 한번 '너무 작은 원'을 세운 꼴이 될 것이다. 정녕 2013년에 세상을 크게 바꾸겠다는 것이라면, 이명박정부에 대한 단순한 거리두기가 아니라 그 폭주에 대한 뼈저린 성찰과 분노를 표출해야 하고, 남북이 공유하는 2013년체제를 자신들의 기득권에 대한 최대의 위협으로 아는 세력을 제어할 수 있어야 하며, '잘살아보세'라는 구호 아래 인간다운 삶의 시도가 곳곳에서 짓눌리던 시절과 그 연장선상에서의 시혜적 복지를 넘어 질적으로 다른 '잘사는 삶'에 대한 설계가 있어야 한다. 단순히 '이아무개보다야 박아무개가 훨씬 낫지' 하는 식이라면 한때 부분적인 개선이 있더라도 결국은 현 체제의 혼란이 더욱 연장될 수밖에 없을 것이다.

문제는 야권이라고 그런 서원과 기획이 있느냐는 것일 테다. 더구나 대통령선거의 성격상 기획뿐 아니라 인물이 있느냐는 물음이 따르게 마련이다. 하지만 인물부재론은 한편으로 냉정한 현실인식의 표현이지만 다른 한편 여전히 작은 원에 머문 — 전태일 열사의 표현을 빌리면 '희망함이 적다'는 사람들의 공통된 약점을 벗어나지 못한[20] — 타성적 발상이다. 각자가 지극한 정성과 공부로 세상을 바꾸는 사업에 나서기보다 누군가 '인물'이 나와서 해결해주기를 바라는 심정이 작용하고 있는 것이다.

2008년의 촛불시위나 2011년 초의 이집트 시민혁명에서 보듯 지금은 오히려 지도자에 얽매임 없이 대중이 스스로 힘을 쓰는 시대다. 그리고 이런 사건들을 가능케 한 '쏘셜 네트워크 써비스'(SNS)는 앞으로 1년 내지 1년 반 사이에 또 한번 몰라보게 발달하고 확장될 것이다. 물론 대중시위와 달리 선거에서는 후보감이 필수적이다. 그러나 2012년이 여느 선거와 달리 세상이 한번 크게 바뀌는 전환점에 해당한다면, 중요한 것은 많은 시민들이 뜻을 세우고 기상을 크게 떨치는 일이요, 후보는 새 인물이 나올 수도 있고 드러난 인물이 성장해서 감당할 수도 있는 것이다.

---

[20] "사람들의 공통된 약점은 희망함이 적다는 것이다."(조영래 『어느 청년노동자의 삶과 죽음』, 돌베개 1983, 170면; 개정판 『전태일 평전』, 아름다운전태일 2009, 217면)

4·27보선과 연합정치의 미래

그런 점에서 2012년에 대선보다 총선이 먼저 있다는 것이 야당들로서는 행운이라면 행운이다. 전체 야권을 이끌어갈 인물이 그 전에 떠오른다면 더 바랄 나위 없지만, 그렇지 못한 상태에서 총선 후보들이 연대와 연합의 힘으로, 그리고 '2013년체제'를 향한 공통의 정책구상을 들고 승부하는 귀중한 기회를 가질 것이기 때문이다.

같은 논리로, 2011년 4월의 재·보선은 총선승리를 예비하는 값진 기회였다. 공동정부 구성이라는 지렛대가 작동하는 대선보다 국회의원 하나씩만을 뽑는 총선의 경우에 연합정치가 더 어렵고, 몇자리 안 되는 보궐선거에서는 더욱더 힘들다는 것이 정설이다. 그래서 재·보선에서의 연합은 아예 단념하고 단일통합정당 결성에 진력해야 한다는 논리도 나왔다. 그러나 자그만 틈새라도 최대한으로 비집고 들겠다는 지극정성의 소중함을 확인해준 것이 이번의 야권 승리다. 선거를 통한 이명박정부 심판을 가능케 할 '1 대 1 구도'에 대한 민심의 요구는 그 어느 때보다 명백했고, 동시에 유권자들이 단일화의 과정이나 선정된 후보의 인물됨도 냉엄하게 판단하고 있음을 보여주었다.

따라서 연합정치도 또 한차례의 진화가 없이는 2012년의 총선을 감당하지 못할 것이다. 그 최선의 경로가 '통합'(=단일야당의 건설)일지 '연대'(=부분적 통합을 거치더라도 결국에는 복수 야당 간의 연대)일지에 대한 논의도 더 해볼 일이다. 다만 '연대는 어차피 안 되는 거니까 통합밖에 없다'는 일방적 단정이나 '이번에 다당 연대가 어쨌든 통했으니까 다음에도 그런 식으로 하면 된다'는 안이한 사고는 일단 넘어선 논의가 되어야 한다. 그리고 통합을 하건 연대를 하건 모든 정당이 독단주의와 패권주의에 휘둘리지 않을 자기혁신을 수행해야 한다.

무엇보다 중요한 것은 2013년 이후의 어떤 세상을 위해 연합정치를 할 것인가에 대한 광범위한 국민적 공감을 형성하는 일이다. 그런 공감이 사람들의 마음속을 뜨겁게 달군 상태라면, 그 염원을 달성해줄 수 있는 방법은 무엇이든지 좋다는 넉넉한 심정이 자리잡게 되고 소집단의 이익을 위해 오직 하나의 경로만을 고집하는 정치인들의 설 자리가 좁아질 것이다.

마음밭을 가꾸는 공부와 세상을 바꾸는 사업을 동시에

2012년 한국의 선택은 남한은 물론 한반도 전체를 위해, 나아가 후꾸시마 이후 새 길을 모색하고 있는 일본을 포함한 동아시아 전체를 위해 결정적으로 중요하다. 그렇다고 2011년을 선거 준비로만 보내서는 선거승리조차 어려울 것이다.

시민운동의 다양한 현장에서 일해온 활동가들에게는 이 점을 새삼 강조할 필요도 없다. 시민운동의 일상적 노력이 축적된 바탕 위의 선거승리만이 세상을 바꿀 수 있을 터인데다, 선거 때까지 기다릴 수 없는 일들이 너무나 많다. 쌍용자동차 해고노동자들의 죽음이 지금도 잇따르고, 삼성전자 노동자들은 산재 인정도 못 받은 채 사망하거나 중병으로 시들어가고 있다. 아니, 재벌 산하는 세상의 사녀와 이른 들노 높은 사실끕노 이른 바 잘사는 삶의 공허함을 증언하고 있다. 4대강도 죽어가는 생명의 일부요 거기 의지해 살아온 수많은 생령의 학살이 어떤 과보(果報)로 돌아올지는 생각만 해도 끔찍하다. 침출수로 인한 환경재앙의 가능성은 요즘 다른 사건들에 묻힌 느낌이지만, 인간이 제멋대로 밀집 사육했다가 제멋대로 대량 살처분한 짐승들의 원혼이 곱게 물러가고 말지도 두고 볼 일이다.

무엇보다 이렇게 나라가 온통 난장판인데도 우선 내 먹을 것 있고 내 집값이나 좀 올라주면 나머지는 알 바 없다거나, 이 나라에 대해 그렇게 말이 많을 거면 이북에 가서 살지 그러느냐고 하면서 지내다보면, 각자의 마음마저 황폐해지기 마련이다. 이런 황폐한 심전(心田)에서 독재정치와 불공정사회가 자라나고, 자칫하면 짐승 대신에 인간이 대량 살처분되는 전쟁이 터지거나 대규모 재해를 만날 수도 있는 것이다. 그렇기에 마음밭을 잘 가꾸는 공부와 세상을 바꾸는 사업, 시민사회의 각 분야에서 그날그날의 문제를 해결하는 작업과 한반도에 평화체제를 설계하고 남북연합을 준비하는 작업 들이 동시에 진행되어야 한다. '시민참여형 통일과정'이란 바로 그런 것이라고 말할 수 있다.

붙임

『2013년체제 만들기』 중문판 서문

『2013년체제 만들기』의 기본 취지는 한국에서 새 대통령이 취임하는 2013년 초에 단순한 정부교체를 넘어 새로운 '체제'의 출범에 해당하는 시대적 전환을 이룩하자는 것이었다. 그리고 그것은 국민 각자가 새시대를 위한 큰 원(願)을 세우고 착실한 준비를 진행함으로써만 가능하다는 주장이었다. 물론 현실적으로는 2012년 4월과 12월에 치러지는 국회의원 총선거와 대통령선거에서의 야권승리가 관건이었다. 그래서 책을 2012년 벽두에 서둘러 출간했는데, 그러면서도 "2012년을 앞세움으로써 선거승리의 공학적 계산에 매몰되었다가는 혹시 승리하더라도 또다른 혼란을 면키 어렵고, 자칫 승리 자체를 놓칠 수도 있겠"(한국어판 서문 5면)다는 점을 강조했던 것이다.

실제로 야권은 4월 총선도 지고 12월 대선에도 졌다. 4월에 지면 12월에도 지리라는 것이 본서(이 중문판 서문 본문에서의 '본서'는 『2013년체제 만들기』를 가리킴)의 주장이기도 했었지만(한국어판 37면), 내 목적은 평론가적 진단의 정확성보다 '만들기'에 있었기 때문에 총선패배 후 나는 원래의 진단을 수정해가면서 대통령선거에 마지막 기대를 걸었다. 그러나 이 기대 또한 어긋났고, 다시 한차례의 자기성찰과 입장조정이 필요하게 되었다. 그 한 가닥을 「2012년과 2013년」이라는 좌담(『창작과비평』 2013년 봄호)에 참석하여 밝히기도 했지만 『2013년체제 만들기』 중문판 간행을 맞아 몇마디 덧붙이고자 한다.

박근혜 대통령의 당선은 '2013년체제' 건설운동의 뼈아픈 패배였다. 다만 완전한 패배라고 볼 수만은 없는 면도 있다. 야당의 무기력한 선거전에도 불구하고 48% 득표라는 국민적 성원을 얻어냈을 뿐 아니라, 박근혜 후보 스스로 경제민주화와 남북관계의 복원을 포함한 '시대교체'를 약속하고서야 승리할 수 있었기 때문이다. 그렇다고 그가 약속을 고스란히 지켜서 2013년체제 건설을 상당부분 대행해주리라고 기대하는 것은 현실감을 결한 태도이며, "우리 국민이 박근혜정권을 이명박정부의 대안으로 선택한다면 2007년에 이어 또 한번 '너무 작은 원'을 세운 꼴이 될 것이다"(한국어판 38면; 본서 96면)라고 믿어 반대편에 섰던 저자로서는 염치없는 짓이기도 할 터이다.

다만 그의 집권이 그동안 사회 구석구석에서 자라나온 획기적 변화에 대한 열망에 얼마간 편승한 것이니만큼, 예컨대 지난 정권이 파탄으로 몰고 간 남북관계에 약간의 숨통만 열어놓아도 시대적 전환의 터전을 넓혀줄 수 있으리라는 기대는 상식을 벗어난다고 하기 힘들다. 다행히 이 글을 마무리짓는 6월 초순 현재, 6년 만의 남북 장관급회담에 대한 실무협의가 이루어짐으로써 그러한 기대가 충족될 가능성이 높아졌다.

한동안은 남북관계 복원 공약의 극히 한정된 실현마저 장담하기 어려웠던 게 사실이다. 지난 5월의 한미정상회담에서는 '비핵화'를 향한 북측의 선제적 움직임이 없으면 대화조차 않겠다는 종전의 입장을 고수했고, 이명박정부 아래서도 가동이 중단된 바 없는 개성공단이 폐쇄된 상태가 오랫동안 지속되었다. 이런 대결국면이 특히 불길했던 것은 그것이 전쟁으로 번질 확률이 높아서가 아니라, 남북관계가 악화되면 대통령에 대한 여론 지지율이 오히려 높아지는 특이한 현상 때문이다. 국민들은 남북관계가 좋아지기를 물론 원하지만, 동시에 남북관계가 험악해질수록 그 일차적인 책임을 북측에 돌리고 '우리 편'을 드는 성향을 보이는 것이 분단 속에 오래 살아온 우리 국민의 습성이기도 하다. 그런데 이것이야말로 개혁에 성과를 못 내거나 안 내고 싶은 대통령에게는 치명적인 유혹이 된다. 남북대결에 따른 단기적인 반사이익을 즐기다보면 국내정치든 남북관계든 제대로 해볼 기회가 영영 사라지고 마는 것이다.

 어쨌든 박근혜정부는 초장부터 그 유혹에 갇히는 일은 피해가는 듯한 형국이다. 앞으로 지속적인 남북관계 진전과 국내 개혁공약 이행 사이의 선순환(善循環)관계가 실현되기를 바라거니와, 설혹 어느 시점에서 개혁의 동력을 잃고 국민의 저항에 부딪히게 되더라도 그것이 지난 5년의 좌절과 혼란을 그대로 되풀이하는 일은 아니리라는 점을 강조하고 싶다. 한국사회는 이명박정부를 단죄한 2008년의 촛불시위와 신자유주의 이념의 권위를 무너뜨린 세계적인 경제위기 이래 마디에서부터 크게 달라졌고, 그리하여 보수진영의 대통령후보조차 '시대교체'를 공약하고 당선되는 현상을 경험했다. 이제는 혼란이 오더라도 질적으로 다른 혼란기를 겪게 마련이고 정부든 시민사회든 2012년 당시와는 질적으로 다른 대응을 요구받게 된 것이다.

 『2013년체제 만들기』가 야당과 상당수 시민들이 2012년에 실제로 보여준 대응과 질적으로 다른 대응을 처음부터 요구했다는 점은 (부끄러움과 회한이 섞인 채로나마) 저자 나름의 자부심이다. 현시점에 이 책이 번역되어 중국어권에 보급되는 일을 굳이 마다 않는 까닭이기도 하다. 물론 2013년체제 건설의 현실적 기반이 얼마나 취약한지를 십분 인식하지 못한 논의였고 다른 미비점도 허다하지만, 비유컨대 임금에게 올린 상소(上疏)가 가납(嘉納)되지 않았다 해서 상소문의 가치가 완전히 사라지지는 않는 것처럼 주권자 국민에게 제출한 『2013년체제 만들기』라는 상소문 또한 계속 참고할 여지가 남는다고 믿고 싶다.

앞서도 남북관계를 특별히 언급했지만, 독자는 본서에서 남북문제가 단순히 하나의 현안 이상의 비중으로 다루어짐을 볼 것이다. 이는 여러 국정과제 중 딱히 대북정책에만 몰입하는 자세와는 다르다. 한국이 분단국가요 한반도 분단체제의 일원이라는 현실을 떠나서는 우리 사회의 온갖 문제점들을 온전히 파악할 수 없고 적절히 대처할 수도 없다는 인식의 표현인 것이다.

'분단체제론'으로 알려진 이러한 관점과 '2013년체제론' 사이에는 한층 세분화된 시대구분과 사회분석의 매개가 필요하다. 그러한 매개항의 하나가 본서에도 자주 등장하는 '87년체제론'이다. 곧 1987년 6월민주항쟁의 성과로 출범한 87년체제가 여러가지 성취에도 불구하고 이제는 2013년체제라 부름직한 새로운 단계로 도약하지 않고서는 그 말기적 혼란을 수습할 수 없게 되었다는 담론이다. 그런데 87년체제가 난관에 봉착하게 된 까닭으로는, 그것이 1961년 이래 남한의 군부독재체제를 허물기는 했지만 1953년 이래 남북을 아울러 옥죄고 있는 정전협정체제 및 이를 기반으로 형성된 분단체제를 허물지는 못했다는 구조적 한계를 빼놓을 수 없다(『2013년체제 만들기』 제4장, 7장, 8장 참조). '포용정책 2.0'(5장 및 8장)이 2013년체제의 핵심적 과제가 되는 까닭도 바로 그것이다.

다른 하나의 매개항은 (본서에는 거의 잠복해 있지만) 실천노선으로서의 '변혁적 중도주의'다. 이는 '변혁'과 '중도'라는 일견 상반된 낱말을 결합한 일종의 화두(話頭)요 공안(公案)으로서, 현장의 선거구호로는 전혀 부적격이다. 따라서 2012년의 선거국면을 겨냥하고 펴낸 『2013년체제 만들기』에서는 일부러 감추다시피 했던 것이다. 하지만 앞선 저서 『어디가 중도며 어째서 변혁인가』(창비 2009)에서는 주제어나 다름없었고, 2012년 4월의 총선패배 이후 근본적인 성찰의 필요성을 실감하며 다시 전면에 배치한 바 있다(졸고 「2013년체제와 변혁적 중도주의」, 『창작과비평』 2012년 가을호; 『근대의 이중과제와 한반도식 나라만들기』 제8장). 다시 말해, 오늘날 우리의 시대적 과제는 '분단체제의 변혁'인데 이를 위해 전쟁도 혁명도 아니며 단순한 개량만도 아닌, 좌우의 어느 극단에도 흐르지 않고 남북의 점진적 재통합과 직결된 내부 개혁을 추진하는 폭넓은 세력의 규합이 필요하다는 것이다. 2013년에 못 이룬 새시대가 앞으로 어떤 이름으로 오건 '변혁적 중도주의'가 그 주도이념이어야 하고 그러한 이념적 근거 없이 광범위한 세력연대가 형성될 길이 없다는 것이 대선패배 이후 더욱 굳어진 내 생각이다.

동아시아의 현 정세를 둘러보면 2012년 남한 시민사회의 실패가 한층 뼈아프다. 물론 일본 민주당정권의 실패와 자민당의 재집권은 한국인의 힘으로 어쩔 수 없는 일이었다. 그러나 남북한의 화해를 추진하면서 남한 내부의 극우적 망언(妄言)과 망동(妄動)을 견제해줄 세력이 한국에서 집권했더라면 일본사회 안의 이성적(理性的) 움직임들도 한결 힘을 얻었을 것이다. 일본의 우경화를 부추기는 북조선의 도전적 자세도 당연히 덜해졌을 테다. 게다가 한반도에 강력한 민족주의적 통일국가가 출현하는 것은 딱히 극우파가 아니더라도 대다수 일본인에게 부담이 되고 그들의 민족주의를 자극할 법한데, 남과 북이 느슨한 국가연합을 경유하는 '한반도식' 통일과정을 선택하고 추진할 경우 이 또한 일본 나름의 합리적이고 창의적인 노선 정립에 이바지할 것이다.

중국을 위해서도 그렇다. 한국에서 냉전세력이 재집권함으로써 중국은 핵보유를 공언하는 북조선을 계속 지원하느냐 아니면 '안정'을 해칠 부담을 감수하며 대북압박 수위를 높이느냐는 불편한 선택에 한동안 계속 시달리게 되었고, 남북한 모두와의 생산적인 협력을 증진할 기회가 당분간 멀어진 상태다. 반면에 한반도 주민들이 남북 쌍방의 국가주권을 인정하면서도 점진적·단계적으로 재통합하여 새로운 복합국가를 건설하는 작업에 착수한다면, 이는 중국으로서도 달갑지 않은 단일형 민족국가가 국경 너머에 출현하는 일을 막아줌은 물론, 양안문제나 소수민족의 자율성 요구에 대해 ─ 지금 중국 당국이 그런 생각까지 하는지는 알 수 없으나 ─ 한층 원만하고 창의적인 중국식 해결책을 강구하는 데도 참고가 될 수 있으리라 생각된다.

이렇게 동아시아의 큰 국(局)을 관찰할수록 한국에서 2013년체제를 제때 출범시키지 못한 아쉬움이 크다. 그러나 딱히 2013년체제의 이름으로가 아니더라도 새로운 시대는 오고 있으며 만들어지고 있다는 것이 나의 변함없는 신념이다. 그러한 새시대를 만드는 과정에 부족한 이 책이 다소나마 공헌을 지속하기를 소망하는데,『2013년체제 만들기』의 중문판 간행이 그러한 소망과 소신에 큰 격려가 됨은 더 말할 나위 없다. 이 책의 중문판 출간을 기획하고 추진한 천광싱(陳光興) 교수와 번역자 산둥사범대학 리다커(李大可) 교수, 그리고 출판을 흔쾌히 맡아준 대만 타이서(臺社) 출판사에 감사드린다.

2013년 6월 9일
백낙청 삼가 씀

6. 큰 적공, 큰 전환을 위하여
2013년체제론 이후

1. 적공과 전환: 세월호 이후

'2013년체제 만들기' 기획이 실패로 끝난 이후, 나는 시국에 관한 발언을 되도록 자제해왔다.[1] 성찰할 것이 너무 많고 국민 앞에 나설 면목도 없었으며 '2013년체제' 대신에 무엇을 내놓을지도 막연했기 때문이다. 그러나 2014년 4월 16일의 세월호참사를 겪으면서 나도 가만있지 말아야 한다는 생각이 들었다. 거의 모든 국민이 '세월호 이전'처럼 살 수 없다는 공

---

[1] 본고는 제96차 세교포럼(2014. 9. 19. 세교연구소)에서 발제한 내용을 대폭 수정 보완하여 『창작과비평』 2014년 겨울호에 발표하고 대담집 『백낙청이 대전환의 길을 묻다』(창비 2015)와 『근대의 이중과제와 한반도식 나라만들기』(창비 2021)에 수록한 것이다. 포럼에는 강원택 서울대 정치학과 교수와 박성민 MIN컨설팅 대표가 약정토론자로 나왔고, 세교연구소 회원 외에도 김연철, 아오야기 준이찌(青柳純一), 이기정, 이태호, 정현백 등 여러 분이 참석해서 토론에 동참했다. '2013년체제' 기획을 집중적으로 제시한 나의 저서로는 『2013년체제 만들기』(창비 2012, 이하 『만들기』)가 있지만 그밖에도 여러 발언을 통해 주장했고, '희망2013·승리2012 원탁회의'(2011. 7~2012. 12)라는 시민사회 각계 인사 모임의 명칭에도 일부 반영되었다.

감에 찬 상황에서, 이전처럼 생각하고 발언하는 것도 문제지만 이전처럼 침묵하기도 힘들어진 것이다.

'2013년체제 만들기'를 대체할 구호를 내놓아야 한다는 강박관념 자체가 낡은 사고라는 생각도 들었다. 필요한 구호는 때가 되면 나올 터이고 그것을 반드시 내가 내놓아야 할 까닭도 없다. 우선은 세월호사건이 촉발한 우리 사회와 나 자신에 대한 성찰을 수행하고 이를 바탕으로 '세월호 이후'로의 전환을 이룩하려는 노력을 기울이면 되지 싶다.

실제로 사건 이후 우리는 전처럼 살지 않겠다는 공감과 결의만으로 현실이 바뀌지 않는다는 사실을 뼈저리게 느끼고 있다. 말로는 다 바꾸겠다면서도 종전처럼 누리고 사는 삶을 바꿀 뜻이 전혀 없는 이들이 사회의 온갖 요처에 버티고 있는데다가, 그들을 비판하고 심판하자는 야권의 정치인과 지식인도 여전히 '세월호 이전처럼' 생각하고 행동하기 일쑤다. 그러한 양쪽에 다 실망한 국민도 대책없이 분노하거나 쉽사리 체념하면서 더러는 세월호 이전의 '일상'으로 돌아가자는 주장에 솔깃해지기조차 한다.

이런 상황에서 우리는 2012년에 그러했듯이 한국사회에 아직도 시대가 요구하는 큰 전환을 이룩할 적공(積功)이 부족함을 뼈저리게 느낀다. 물론 나름의 공덕과 공력이 그나마 쌓였기에 대한민국이 이만큼이라도 민주화되고 자력(自力)을 갖춘 사회가 되었겠지만, 또 한차례 큰 전환을 이룩해야 할 판국을 맞아 더 크게 적공할 필요가 절실하다. 아니, 적공과 전환이 결코 둘이 아니다. 적공하는 만큼 전환이 이뤄지는 것이며 전환해가는 과정 자체가 적공이기도 한 것이다.

어쩌면 세월호사건의 최대 교훈은 제때에 전환을 이루지 못할 경우 나라가 어떤 혼란과 난경에 빠지는지를 극명하게 보여준 것일지 모른다. 세월호특별법 제정을 둘러싸고 오랫동안 지속된 교착상태가 그 단적인 예다. 천신만고 끝에 법제정을 해놓은 뒤에 그 미흡한 법률마저 무의미하게 만들려는 시행령(안)과 다시 맞서 싸워야 하는 작금의 현실은 그 점을 더욱 실감케 한다. 철저한 진실규명은 성찰의 기본이고 새 출발의 전제인데, 이 첫걸음을 앞두고 정부와 여당은 염치없는 버티기를 일삼았고 야당은 '세월호 이후'의 변화를 읽지 못한 채 '전에 하던 방식대로' 밀고 당기는 수준을 크게 벗어나지 못함으로써 국민의 신뢰를 잃고 혼란을 가중시켰다. 그런 가운데 사회는 '대통합'과 더욱더 멀어지고 공론장의 질은 전에 없이 저열해졌다. 식민지와 독재 시대를 거치며 권력에 굴종하고 피해자를 오히려 멸시하는 습성이 많은 사람들에게 내면화된 점을 부인할 수 없는데 요즘처럼 그 점이 실감되는 때도 드문 것 같다.

하지만 '국민이 문제다' '우리 모두의 책임이다'라고 쉽게 말하는 것 자체가 진실규명과 대책마련의 소임을 게을리하는 방식일 수 있다. 모두가 죄인인 면이 없지 않다 해도, 위정자로서의 잘잘못부터 밝힐 책임, 적어도 진실을 밝히려는 시민들의 노력을 방해는 하지 말아야 할 지도자와 정치권의 특별한 책임을 흘려버려서는 안 된다. 막강한 권한을 가진 저들이 그를 바탕으로 쌓은 공덕과 술수를 다해 훼방을 놓는다면 국민이 아무리 잘난들 힘들지 않겠는가!

동시에 다음 순간, '정녕 잘난 국민이라면 애당초 이런 정치가 가능했겠는가'라는 질문이 떠오르는 것도 외면할 수 없다. 이는 '그러니까 다음 선거에서는 지도자를 잘 뽑아야지' 하는 다짐만으로 해결될 문제도 아니다. 정치의 중요성을 인식하는 일은 선거로 뽑은 정치인의 책임을 제대로 묻되, 책임추궁을 해낼 넓은 의미의 정치활동에 각자가 일상적으로 정진하는 훨씬 어려운 적공을 요한다.

다음 선거를 도외시하지 않으면서도 지금 이곳에서의 적공을 어떻게 할지를 몇가지 주제를 중심으로 검토하려는 것이 본고의 목적이다. 그러나 구체적인 의제를 상세히 논하려는 것은 아니고, **과제들에 접근하는 자세**를 주로 생각하고자 한다. 『만들기』에서도 강조했듯이 민주·평화·복지 같은 중요 의제들이 어떻게 유기적으로 결합된 하나의 큰 과제인지를 인식하는 일이 중요하다. 동시에 공간으로는 한국뿐 아니라 한반도와 동아시아, 나아가 전세계를 생각하면서, 시간상으로는 단기·중기·장기 차원의 과제를 식별하고 적절히 배합할 필요가 있다. 이때 '식별' 못지않게 '배합'이 중요하다. 단·중·장기 과제를 분류해서 단기과제부터 하나씩 수행해가자는 게 아니라 그 완성의 시점이 각기 다름을 인식하면서도 어떤 식으로 동시에 추진해야 최대한의 상승효과를 거둘지를 찾아내는, 그야말로 적공을 요하는 일이기 때문이다.[2]

아무튼 우리 사회의 혼란이 극에 달했으나 어디까지나 혼란이요 교착이지 '세월호 이전'으로의 복귀가 아니라는 점이 오히려 희망이다.[3] 교착과 혼란 자체를 환영할 일은 물론 아니지만, 체념을 거부하고 '일상'으로의 편안한 복귀를 거절하는 움직임이 곳곳에서 벌어지고 있다. "얼마나 쉬운지 모르겠다./희망이 없다고 말하는 것은. 어차피,라고 말하는 것은. 세상은 원래 이렇게 생겨먹었으니 더는 기대도 하지 않겠다고 말하는 것

---

[2] 시인 진은영은 세월호참사 이후 선거에서 '도와주세요' '살려주세요'라는 집권당의 호소가 상당정도 주효한 데 대해, "모든 힘의 관계를 시혜의 관계로 표상하도록 하는 언설들이 난무하는 순간, 우리는 베푸는 지배자, 약자들이 가여워 눈물 흘리는 인정 많은 권력자를 받드는 것이 최선의 선택이라고 생각하게 된다. (⋯) 물론 자리의 역전은 가능하다. 가령 우리는 유권자로서 선거기간 동안 우세할 수 있다. 그러나 모처럼 주어진 우세함은 합리적인 선택의 자리가 아니라 베풂을 받았던 자의 반대 표상, 즉 베푸는 자의 자리가 된다"라고 하면서, "거룩한 선거에 정치적 의미를 돌려줄 수 있는 유일한 길은 선거로만 수렴되지 않는 정치적 활동을 활성화하는 것뿐이다. 우리는 선량함 밖으로 나아가 다른 활동의 기쁨을 느낄 수 있는 가능성을 사유해야 한다"라고 역설한다(진은영 「우리의 연민은 정오의 그림자처럼 짧고, 우리의 수치심은 자정의 그림자처럼 길다」, 『문학동네』 2014년 가을호 420, 423면).
[3] 그 점에서 나는 "비극은 또다른 비극의 시작일 뿐"(이대근 칼럼 「우리는 어디까지 무너질 수 있나」, 『경향신문』 2014. 9. 4)이라는 단언이 적공과 전환의 가능성을 미리 차단하는 속단일 수 있다고 본다.

은. 내가 이미 이 세계를 향한 신뢰를 잃었다고 말하는 것은."[4] 그런 가운데 이렇게 토로하는 소설가 황정은(黃貞殷) 자신을 포함해서 수많은 시민들이 적공과 전환의 작업에 이미 나서고 있는 것이다.

나도 그 대열에 동참하려는데, 내 경우 2013년체제론에 대한 자기성찰에서 출발하는 것이 도리일 것 같다.

2. 2013년체제론에 대한 성찰

2013년체제 만들기의 취지

2013년 2월은 새 대통령이 새 정부를 출범시키는 때였다. 이 시기를 앞두고 단순한 정부교대 또는 정권교체에 만족하지 않고 6월항쟁이 일어난 1987년에 맞먹는 대전환을 소망한 것은 많은 국민이 공감한 바였다. 야당의 문재인(文在寅) 후보는 선거운동 기간에 '2013년체제'를 직접 거론했고, 박근혜(朴槿惠) 후보도 '단순한 정권교체를 넘어서는 시대교체'를 약속하면서 당선되었다. 물론 당선인의 채질로 보나 그 시시세력의 성격으로나 '시대교체' 약속을 이행할 가능성은 애초부터 적었다.[5] 그러나 의도적 기만책이든 자기최면이든 국민의 여망이 있기에 나온 약속이었고, 지금 우리는 시대교체가 이루어지지 못하면 국민이 불행해질 수밖에 없음

---

4 황정은 「가까스로, 인간」, 『문학동네』 2014년 가을호 447면.
5 박근혜 후보의 당선 직후만 해도 새 정부에 대한 기대는 적지 않았다. 『창작과비평』 2013년 봄호 좌담 「2012년과 2013년」(『백낙청 회화록』 제7권, 창비 2017에 수록)의 참석자들(김용구 백낙청 이상돈 이일영) 사이에도 기대하는 분위기가 역력했다. 나 자신은 박후보 반대에 나섰던 사람으로서 그가 취임도 하기 전에 부정적 예단을 하는 게 도리가 아니라고 판단했기에 정권의 전망에 한두가지 토를 다는 데 그쳤지만(37~38면; 『백낙청 회화록』 제7권 107~109면), 돌이켜보면 당시의 우려가 대부분 현실화된 느낌이다.

을 체험학습 하는 중이다.

2013년체제론은 87년체제를 극복하려는 기획이지만 어디까지나 87년체제의 성과를 딛고 넘어서자는 것이었다.[6] 따라서 항쟁을 통해 한국사회가 확보한 선거공간을 활용하는 일이 당연했고, 6월항쟁 때처럼 길거리 싸움을 주요 수단으로 삼을 수는 없었다. '희망2013'이라는 구호에 선거를 의식한 '승리2012'라는 표어가 붙어 다닌 것도 그 때문인데, 동시에 '희망2013'을 향한 철저한 준비가 없으면 '승리2012' 자체를 기대하기 어렵다는 점을 강조했다. 나아가 4월 총선의 결정적 중요성에 주목하면서 나는 범야권의 총선승리가 대선승리의 전제조건임을 명시하기도 했다.

불행히도 그 진단은 적중했다. 총선에서 진 야권이 대선에서도 패한 것이다. 패인의 구체적인 분석은 전문가들에게 맡길 일이나, 한마디로 '희망2013'을 향한 적공이 부족했다고 할 수밖에 없다. 예컨대 2013년체제론에는 87년체제가 1961년 이래의 독재정권을 종식시킨 뒤에도 독재시대와 여전히 공유한 53년체제(정전협정체제이자 분단체제)라는 토대를 변화시켜야만 87년체제가 극복될 수 있다는 주장이 중요하게 포함되었지만, '2013년체제'를 구호로 채용한 인사들조차 그 점을 간과하기 일쑤였다. 그런데 이 주장은 분단시대의 역사에 대한 공부와 더불어 한국사회의 현실진단에서 남한사회를 기본 분석단위로 삼는 습성을 탈피할 것을 요구하는 것이었기에, 나아가 분단체제조차 최종적인 분석단위는 아니고 세계체제 위주로 사고하는 학문적 전환을 요구했기에, 단기간에 널리 공유되기 힘들었던 것이 사실이다.

---

6 87년체제에 관해서는 김종엽 엮음 『87년체제론: 민주화 이후 한국사회의 인식과 새 전망』, 창비담론총서 2, 창비 2009 참조.

『만들기』와 그 후속작업의 문제점들

2013년체제론이 너무 발본적인 성찰을 요구해서 공유되기 힘들었다고만 말한다면 남 탓이나 하는 꼴일 터이다. 실제로는 『만들기』뿐 아니라 이후의 자기교정 시도에서조차 논자 스스로 많은 문제점을 드러내면서 기획의 실패에 일조했음을 부인할 수 없다.

선거승리에 집착해서는 선거조차 이길 수 없다는 것이 『만들기』가 거듭 강조한 점이었다. 하지만 돌이켜보면 나 자신도 그런 집착이 없지 않았다. 예컨대 2013년체제론의 핵심 개념에 해당하는 '변혁적 중도주의'는 『만들기』에서 거의 실종되다시피 했는데(81면에 딱 한번 언급됐음), 이는 선거의 해 2012년에 책을 내면서 일부러 선택한 방식이기도 했다. "'변혁'과 '중도주의'라는 얼핏 상충되는 개념들의 결합"[7]이 한반도 특유의 현실에 대한 공부심을 촉발하는 화두일지언정 선거구호로서는 무용지물이었기 때문이다.

바로 이런 집착의 다른 면일 테지만, 시대적 전환에 저항하는 기득권세력의 힘을 과소평가하는 어리석음도 보였다. 단적인 예로, 많은 사람들처럼 나도 서울시장 보궐선거에서 박원순(朴元淳) 후보가 당선된 데에 시나치게 고무되어 한나라당(후에 새누리당)의 박근혜 비상대책위원회가 발휘할 위력을 제대로 알아차리지 못했다. 정치의 문외한으로서 틀릴 수도 있지 않느냐고 위로해주는 분들도 없지 않다. 그러나 문외한이니까 입 다물고 '본전'을 챙길 권리는 있지만 공개적 발언이 틀렸을 때 책임이 따르는 점은 누구나 마찬가지이며, 더 중요한 것은 나를 포함한 많은 이들이 우리 사회의 막강한 수구·보수동맹에 대한 인식이 충분치 못했다는 점이다.

---

[7] 졸저 『어디가 중도며 어째서 변혁인가』, 창비 2009, 제7장 「변혁과 중도를 다시 생각할 때」 178면.

아무튼 '변혁적 중도주의'를 선거구호로 채택하지는 않더라도 되도록 많은 사람들이 그 화두를 들고 씨름하도록 하는 일은 중요했다. 변혁적 중도주의에 대해서는 뒤에 더 논하겠지만, 그것이 말하는 '변혁' 곧 한반도 분단체제의 극복과 이를 위한 '중도' 곧 폭넓은 개혁세력을 형성하는 일이 바로 '희망2013'의 요체였기 때문이다.

이는 또한 '승리2012'의 전제조건으로 떠오른 연합정치 문제를 올바로 풀어나가는 지침일 수도 있었다. 실제로 2012년 총선에서의 야권 선거연대는 이후 많은 비판의 대상이 되었다. 특히 선거 후 불거진 통합진보당 공천경선 시비와 분당 사태를 거치면서 '주사파와 손잡은 묻지 마 연대'로 도마에 올랐다. 그러나 총선 당시에는 통합진보당이 특정 정파 일변도의 당도 아니었거니와, 야권연대와 후보단일화는 2012년 총선에서도 2010년 지방선거 때처럼 다수 국민의 지상명령이나 다름없었다. 그렇다고는 해도 변혁적 중도주의 같은 연합정치의 철학이 확립되지 못했기 때문에, 그 철학을 공유할 수 있는 모든 정당·정파의 통합 또는 연합과 그에 미달하는 수준의 전술적 연대를 구별해줄 분명한 원칙이 없었고, 한결 당당하고 효율적인 연합정치를 실행하지 못했던 것이다.

어쨌든 나는 총선패배를 겪은 뒤에야 변혁적 중도주의 논의를 재개했다. 「2013년체제와 변혁적 중도주의」(『근대의 이중과제와 한반도식 나라만들기』 제8장)라는 글이 그것인데, 이는 총선에 지면 대선도 지리라는 자신의 예측을 어떻게든 뒤집어보려는 발버둥이기도 했다. 결과는 모두가 아는 대로지만, 글 자체의 문제점도 반추하지 않을 수 없다.

하나는 시의성 문제다. 2012년 초의 시점에서 변혁적 중도주의 논의가 선거에 부적합하다는 판단에 일리가 있었다면 대선을 코앞에 두고는 더욱이나 너무 늦은 시작이었다. 다른 하나는 마지막 절 '『안철수의 생각』에 대한 몇가지 생각: 마무리를 대신하여'의 경우다. 물론 안철수(安哲秀)

씨가 아직 출마를 선언하지 않은 시점이고 더욱이나 출마 뒤 어떤 행보를 보일지 모르는 상황에서 확실한 전망이나 대안을 내놓는 일은 불가능했다. 그렇다고는 해도, "설령 『생각』이 매우 훌륭한 '문서파일'이라 해도 어떤 성능의 '실행파일'이 딸렸는지는 문서만으로 판단할 수 없고 실행파일을 돌려봐야 알 수 있다"(같은 책 205면)라는 지적은 '평론가적' 발언으로 무난할지언정 실천 차원에서는 미흡하기 짝이 없었다. 하기는 그 시점에서 이미 안철수씨의 능력에 대해 엄혹한 평가를 내리면서 그의 출마 자체를 반대한 일각의 반응이 더 적절했는지는 의문이다. 이 또한 '평론가적' 발언으로서의 날카로움을 자랑할 수 있을지는 몰라도, 안철수의 출마를 통해 비로소 '박근혜 대세론'이 한풀 꺾이고 종국에 야당 단일후보가 48% 득표율이나마 올리는 길이 열린 점을 무시할 수 없기 때문이다.

3. 2014년의 대혼란에 이르기까지

'이것이 나라인가'

세월호참사를 겪으면서 여기저기서 들려온 것이 '이것이 나라인가'라는 물음이다. 세월호특별법 제정을 둘러싼 갈등에서 좁은 의미의 '나라', 곧 대통령과 정부가 보여준 행태에다가 세월호 이후에도 잇따라 터진 안전사고와 당국의 변함없는 무능·무책임으로 그 질문은 더욱 절실해졌다.

이를 계기로 국가가 도대체 무엇이며 국가주의의 폐단이 무엇인가 하는 근본적인 성찰을 수행하는 것도 필요한 적공의 일부다. 그러나 국가 또는 국가주의가 만악의 근원이라는 식의 단순논리로 치단다면 실다운 적공이 아닌 관념의 유희로 빠질 위험이 크다. 매사를 신자유주의 탓으로 돌리는 '신자유주의 타령'도 마찬가지다. 국가주의, 신자유주의 등이 구체적으로 어떤 작용을 하고 있으며 현시점에서 그러한 것들이 온전한 통일국가의 부재라든가 자유주의보다 더 낡은 '봉건적' 요소[8] 따위와 어떻게 결합해서 작용하고 있는가를 연마할 필요가 있다.

'대한민국이 곧 세월호'라는 등식도 안이한 단순화다. 물론 대한민국이 세월호를 얼마나 닮았는가에 대한 처절한 인식은 긴요하다. 예컨대 소설가 박민규(朴玟奎)가 우리의 처지를 '내릴 수 없는 배'를 탄 공동운명으로 규정하면서 세월호와의 닮은꼴들을 지적한 것은 곱씹어볼 만하다. "일본이 삼십육년간 운항하던 배였고 우리가 자력으로 구입한 선박이 아니었다. (…) 승전국이었던 미국은 군정을 통해 배의 평형수를 조절했고 배의 관리를 맡은 것은 예전부터 조타실과 기관실에서 일해온 선원들이었다. 그들은 자발적으로 벨로스터 밸브의 한쪽을 아예 비웠다. 평형수를 비우면 비우는 만큼, 배에 실을 수 있는 화물의 양은 증가했다. 적재와 적재와 적재와 적재…… 우리는 그것을 기적이라 생각했다." 그리고 "기울어진 배에서 평생을 살아온 인간들에게//이 기울기는//안정적인 것이었다. 제대로 포박되지 않은 컨테이너처럼 쌓아올린 기득권과 기득권과 기득권과 기득권의 각도 역시 이 기울기와 각을 같이한 것이었다. (…) 당연히 문제가 많았으나 근본적인 수리를 한 적은 한번도 없었다. 땜빵과 땜빵과 땜빵과 땜빵…… 그리고 어느 날//마치 이 배를 닮은 한척의 비가 침몰했다."[9]

작가의 이런 통찰에 공감할수록 우리는 두 선박의 닮음과 다름을 한층 정밀하게 분석할 필요가 있으며, 이 나라가 원래 어떤 나라이고 어떤 역사를 전개해왔는가, 그나마 좀 나아진 게 이런가, 아니면 이보다는 나았는

---

8 예컨대 박창기 『혁신하라 한국경제: 이권공화국 대한민국의 경제개혁 플랜』, 창비 2012, 제12장 「재벌봉건체제론」 참조.
9 박민규 「눈먼 자들의 국가」, 『문학동네』 2014년 가을호 438~39면.

데 어느 시기부터 더 나빠져서 이 지경이 되었는가 등을 따져야 한다. 그러한 인식을 위해 일단 87년 이후로 국한해서 종전의 대전환 시도로 어떤 것이 있었고 어떤 궤적을 보여주었는지를 검토해보자.

1987년 이후 전환의 시도들

박민규의 말대로 대한민국이라는 배가 "근본적인 수리를 한 한번도 없었"기는 하지만, 그나마 큰 폭의 수리를 하고 전환을 이룩한 것은 1987년 6월항쟁을 통해서였다. 앞선 4·19혁명이 미완으로 끝나고 5·18항쟁이 유혈진압을 당한 데 비해 이때의 전환은 '87년체제'라 불릴 정도로 지속성을 갖고 정착했다.

어쩌면 대전환의 가장 확실한 증거는, 대통령직선제가 부활한 뒤의 첫 선거에서 제5공화국의 핵심 인사였던 노태우(盧泰愚) 후보가 당선되었고 다음 대선에서는 3당합당을 통해 여권에 합류한 김영삼(金泳三) 후보가 선출되었음에도 87년체제가 출범하고 진행했다는 사실일 것이다. 이들 대통령의 개인적 체질이나 그 지지세력의 성향 차이에도 불구하고 두 정권 모두 87년이 이룩한 대전환의 틀건을 다고 시대가 요구하는 변화를 상당부분 수행했던 것이다. 이 엄연한 사실을 외면하고 김대중(金大中)과 노무현(盧武鉉)의 '민주정부'만이 민주화를 수행한 것처럼 말하는 것은 나쁜 의미의 '진영논리'다. 나아가, 노태우·김영삼으로 대표되는 '보수의 시대'와 이명박(李明博) 이래로 민주당정권 10년을 부정하는 선을 넘어 87년 이전으로 돌아가려고 안간힘 쓰는 '반동(=역행)의 시대'를 식별할 기준을 스스로 내던져버리는 오류이기도 하다.

1998년 김대중정부 탄생에 이르러 87년의 민심이 요구했던 대전환에 한걸음 더 다가간 것은 사실이다. 물론 이 시기를 한국 신자유주의의 출범기로 보는 견해도 없지 않다. 당시로는 IMF 관리를 벗어나는 일이 급선

무였고 그 과정에서 IMF가 요구하는 각종 조치들을 수용했기 때문이다. 하지만 김대중정부가 수용한 IMF 측 요구에는 관치금융의 개혁처럼 실제로 필요한 구자유주의적 개혁도 포함되었음을 간과해서는 안 된다. 실은 그렇게 하고도 한국사회의 '봉건적' 이권경제를 청산하는 데 미흡했기 때문에 신자유주의의 횡포가 오히려 가중된 면도 있다. 게다가 세계적으로 신자유주의의 주된 타격목표인 사회복지가 한국에서는 그나마 확대된 것이 이때였다. 물론 최소한의 복지는 신자유주의의 원활한 작동을 위해서도 필요한 것이지만, 김대중정부의 복지 확대는 신자유주의에 맞춘 '최소한'이라기보다 박정희(朴正熙)시대에 시작한 몇가지 초보적 조치 외에 워낙 아무것도 없다시피 한 상태에서 출발한 한정된 결과라고 보는 게 맞지 싶다.

'진보적' 사회과학자들의 논의에서 곧잘 간과되는 또 한가지는 김대중정부가 경제위기 극복을 남북관계의 새로운 돌파와 연결시켰다는 사실이다. 이는 이명박정부가 2008년의 경제위기에 대응한 방식과 너무도 대조적인데, 김대중정부는 동독 멸망 이후 김영삼정부 아래서 부풀었던 흡수통일의 헛꿈을 접고 2000년 남북정상회담과 6·15공동선언을 통해 남북화해와 협력의 길을 엶으로써 스스로 공안통치의 명분을 줄이고 신자유주의의 압력을 더는 방식을 택했던 것이다.[10] 이로써 87년체제의 성립과 더불어 흔들리던 분단체제는 다음 단계로의 전환을 내다볼 수 있는 지점까지 왔다.

하지만 87년체제를 넘어서는 대전환으로 나아가지 못한 것 또한 분명하다. 원래 분단체제는 남북관계뿐 아니라 남북 각기의 내부조건 그리고

---

[10] 1997년과 2000년의 관계, 그리고 김대중과 이명박 정부의 경제위기 대응방식의 차이에 관해 『어디가 중도며 어째서 변혁인가』, 제13장 「2009년 분단현실의 한 성찰」 278~79면 참조.

한반도를 둘러싼 국제관계 등이 맞물린 복합적인 구조이기 때문에 그 모든 방면에서 진전이 종합적으로 이루어지 않고서는(문자 그대로 동시적일 필요는 없지만) 극복 단계로 들어설 수 없다. 그런데 6·15 이후 미국의 부시 행정부 등장으로 남북관계가 발목을 잡혔고 국내에서도 DJP연합의 붕괴 등 수구세력의 반발이 만만치 않았다. 하지만 남북관계는 우여곡절을 거치면서도 전진을 계속했고 이에 따라 수구·보수동맹의 응집력이 약화되는 면도 보였다. 그런 가운데 국내에서는 이른바 4대 부문 개혁이 추진되었는데 집권세력이 이들 개혁을 좀더 내실있게 마무리할 공력을 갖추었더라면 87년체제극복에 한결 근접했을 것이다.

이렇듯 고르지 못한 개혁성과와 구시대 정치의 폐습에 물든 집권세력의 부패사건 등으로 민주화세력의 재집권은 거의 불가능해 보였다. 그러나 87년체제의 동력을 그런대로 보존하고 확대한 실적이 있었고 시대전환에 대한 국민의 열망이 뜨거웠기에 '참여정부'의 탄생이 가능했다. (물론 노무현 후보의 담대한 개인기도 한 요인이었다.) 그리고 이른바 3김시대를 청산하고 반칙과 특권 없는 사회를 만든다는 새 정부의 의제들은 대부분 김대중정부에 비해 발본적인 성격이었다. 다만 적공이라는 면에서는 오히려 한참 부족함이 드러났고, 많은 업적에도 불구하고 2006년 지방선거 참패가 상징하듯 소기의 대전환에 실패하고 말았다.

87년체제의 말기국면은 이때 시작했던 것이다. 물론 선거참패의 뿌리는 대통령 자신에 의한 여당분열 등에서 이미 심어졌고, 2005년 남북관계의 획기적 진전과 9·19공동성명을 성사시킨 외교성과로 마련된 동력은 '대연정' 제의라는 엉뚱한 몸짓으로 크게 훼손되었다. 그 결과 2007년 대선에서는 1997년 금융위기 이래로 빈곤을 벗어나본 일이 없는 서민층과 그동안 정권밖에는 잃은 것이 없었던 기득권세력 간에 일종의 '국민연대'가 형성되었고 이명박 후보가 압승했다. 이로써 87년체제의 말기적 혼란이 더욱 가중되었지만, "이명박정부가 비판받아야 할 점은 이런 혼란을 처음으로 일으켰다는 것이 아니라, 2008년을 '선진화 원년'으로 삼겠다는 이명박씨의 약속이 애당초 실현성도 없고 시대정신에도 어긋나는 발상이었던데다가, 실제로 87년체제의 말기국면을 더욱 연장하고 그 혼란상을 '재앙' 수준으로 확대했다는 점"(『만들기』51면)이다.

국민은 그런 양면을 직감하고 있었기에, 한편으로 MB정부 이후의 진정한 전환을 갈망하면서도 다른 한편으로 적공 부족의 야권을 신임하기보다 공력이 더 있어 보이고 실제로 선거운동 능력이 탁월한 여당 박근혜 후보의 '시대교체' 약속을 선호하는 '안전한 선택'을 했다. 결국 이것이 또 한차례 "87년체제의 말기국면을 더욱 연장하고 그 혼란상을 '재앙' 수준으로 확대"하는 오판이었고 '눈먼 자들의 국가'를 지속시킨 '눈먼' 선택이었음이 시간이 흐를수록 명백해지는 것 같다.

결손국가: 간추린 역사

이제 87년 이전으로 눈을 돌려보자. 이는 대한민국이 원래 어떤 나라였으며 지금은 어떤 나라인가라는 질문을 되새기는 방법이기도 하다.

분단체제론에 따르면 대한민국은(조선민주주의인민공화국도 그렇지만) 분단되지 않은 나라들과 달리 분단체제라는 중간항의 매개를 거쳐서야 근대세계의 '국가간체제'(interstate system)에 참여하는 변칙적인 단위다. 여기에 결손국가라는 용어를 쓰면 대한민국을 부정하는 비(非)애국(내지 종북) 행위라고 분개하는 이들이 있지만, 결손국가는 1948년 대한민국 정부 출범 당시에 어느정도 보편화되어 있던 인식이다.[11] 아니, 지금

---

11 1948년 정부수립('건국'이라 하지 않았음!) 기념행사를 주관한 '국민축하준비위원회'의 현상모집에서 1등 없는 2등으로 선정된 표어가 "오늘은 정부수립 내일은 남북통일"이었다. 홍석률 「대한민국 60년의 안과 밖, 그리고 정체성」, 『창작과비평』 2008년 봄호 53면(국사

도 대한민국은 헌법 제3조의 영토조항이 지켜지지 않는(따라서 국제적으로 공인된 국경선에 중대한 공백이 있는) 결손상태를 겪고 있다.

결손국가와 **불량국가**는 별개의 개념이다. 결손가정이 반드시 불량가정은 아닌 것과 같은 이치다. 다만 내가 보건대 4·19혁명 이전의 대한민국은 **결손국가인 동시에 불량국가**였다. 이승만(李承晚) 대통령이 독재를 해서만이 아니라, 그 정권이 독재정권으로서도 무능하고 지리멸렬한 정권이었으며 이 시기의 대한민국 자체가 국가세입의 큰 부분을 미국 원조에 의존하면서 국가운영도 미국 고문관들의 현장개입에 좌우되기 일쑤였기 때문이다.

그 점에서 박정희시대에 대한 나의 평가는 좀 다르다.[12] 5·16은 민주헌정을 파괴한 군사정변임이 분명하고 박정희는 1972년의 두번째 쿠데타를 통해 이승만보다 훨씬 엄혹한 독재로 치달았지만, 5·16이 무능하고 부패한 자유당정권에 대한 4·19의 단죄를 계승한 면도 없지 않았다. 실제로 4·19 이전에 박정희 소장 스스로 반이승만 쿠데타를 계획했던 것으로 알려져 있기도 하다. 어쨌든 그는 군대복귀 약속을 뒤집기는 했지만, 1963년에 친정이 복원된 상태에서 직접선거를 거쳐 **대통령이 되었으며**, 선거기간에 '색깔공세'를 편 것은 오히려 윤보선(尹潽善) 후보였다. 물론 제3공화국 아래서도 인권탄압과 용공조작 등 불량정치가 자행되었지만, 유신선포 이후와는 다른 수준이었고, 경제발전과 통치체계 정비 등으로 대한민국이 불량국가의 티를 어느정도 벗어난 것은 이 시기가 아니었나 생각된다. 박정희시대 및 박정희 나름의 이러한 업적을 오히려 흐려가면서 박

편찬위원회 간행 『자료 대한민국사』 7권, 1974, 811~39면을 근거로 제시했음).
[12] 이에 관해 졸고 「박정희시대를 어떻게 생각할까」, 『한반도식 통일, 현재진행형』, 창비 2006 및 백낙청·안병직 대담 「한반도의 미래에 대한 국민통합적 인식은 가능한가」, 『時代精神』 2010년 봄호 298~301면의 이승만과 박정희에 대한 비교 참조.

정희와 이승만을 한 묶음으로 찬미하는 경향은 박정희시대의 이데올로기가 아니었고 이명박과 박근혜의 시대, 길게 잡아도 이른바 뉴라이트가 대두하던 시기의 특징적 현상이다.

대한민국의 획기적 개량은 물론 6월항쟁을 통해 이루어졌다. 그 결과로 87년체제라는 한결 나아진 사회가 출범했다. 그러나 이때도 결손국가의 결손상태에 대한 '근본적인 수리'는 행해지지 않았다. 이처럼 개량은 되었지만 여전히 위태로운 체제가 제때에 새로운 전환을 이룩하지 못하고 이명박과 박근혜 정권 아래 역주행을 거듭하면서 불량국가의 면모가 다시 두드러지게 된 것이 오늘의 현실이다. 세월호참사 이후 '도대체 이것이 나라냐'라는 물음이 퍼진 것은 국민이 이를 실감하고 있음을 말해준다.

이 물음에 대한 나의 답을 짧게 요약한다면 세마디가 될 것이다. 첫째, 원래 별로 나라답지 못하던 나라를 국민이 피 흘리고 땀 흘려 한결 살 만하게 만들어놨다. 둘째, 그것이 근년에 와서 도로 망가진 면이 많아졌다. 셋째, 그래도 아직 더 망가질 여지가 충분히 있는 나라다.

따라서 이제는 바닥을 쳤다고 안도할 일도 아니고 구제불능이라고 절망할 일도 아닌 것이다.

4. '3대 위기' 재론

이명박정부 첫해를 거치면서 김대중 전 대통령은 '민주주의의 위기, 중산층과 서민경제의 위기, 남북관계의 위기'라는 3대 위기를 경고했다. 이를 두고 '보수정권'에 대한 '진보' 쪽의 파당적 비판이었다는 시각도 있겠지만, 이명박정부가 노태우·김영삼 정부 같은 '보수정부'라기보다 87년체제의 큰 흐름을 되돌리는 '반동의 시대'로 들어서고 있음을 간파했다고 보는 게 옳을 듯하다. 불행히도 그의 경고는 적중했다. 게다가 이른바 '4대강 살리기 사업'에 의한 전대미문의 국토파괴라는 제4의 위기도 겹쳤다. 박근혜정부에 들어와서 이들 위기가 얼마나 나아졌는지, 또는 도리어 가중되고 있는지를 냉정히 파악하는 일이야말로 시대가 요구하는 적공의 일부라 생각된다. 그러한 현실진단과 함께 우리의 대응책에서 단기·중기·장기 과제를 배합하는 일에 초점을 두고 살펴볼까 한다.

민주주의의 위기와 '진영논리'

한국 민주주의의 위기는 박근혜정부 2년차를 통과하면서 더욱 심화되었다는 것이 많은 사람의 진단이다. 공정한 법집행과 국민의 기본권 존중 등 민주주의의 초보적인 원칙마저 날로 훼손되고 있다. 박근혜 대통령과 이명박 대통령 중에 누가 더 잘못하고 있느냐를 따지려는 게 아니다. 박근혜정부는 이명박정부 5년을 통해 자유와 민주주의의 훼손이 한껏 진행된 결과를 딛고 출발했기에 앞선 정부보다 한결 수월하게 반민주적 행태를 자행하게 된 것이다.

그러한 행태를 하나하나 열거할 필요는 없으리라 본다. 그보다는 87년체제가 이룩한 불충분한 민주주의마저 이곳저곳에서 역전되는 현실인데도 어째서 '민주 대 반민주'의 구도가 한국정치에서 작동하지 못하는가를 살펴봄직하다. 이 구도가 힘을 잃은 지는 오래며, 오히려 야당에 '독약'이 되고 있다는 진단이 나온다. "민주당이 수십년째 신봉해오고 있는 '민주 대 반민주'라는 신념이자 구호는 민주당에 '독약'이 되고 있다. 설사 이런 이분법 구도에서 민주 쪽에 속한 사람일지라도, 민주당을 지지하면 '민주'요 반대편을 지지하면 '반민주'라는 도식은 시대착오적인 정도를 넘어 속된 말로 '찌질'하다고 생각한다."[13]

강준만(康俊晚) 교수 자신도 예의 대립구도를 전면 부정하는 것은 아니다. 다만 이 구도가 통하는 경우에조차 민주당(새정치민주연합) 지지가 곧 '민주'라는 발상은 청산해야 한다는 것이며, 이 자기만족적 발상에서 온갖 '싸가지 없는' 행태가 나와서 선거에서의 잇따른 패배를 자초한다는 것이다. 이는 야당 집권전략의 치명적 약점을 찌른 말이다. 다만 예절과 '싸가지'의 문제로 접근해서 해결책이 나올지는 의문이다. 강교수도 지적하듯이 싸가지 없는 행태는 상당부분 잘못된 구도에서 파생하는데 그것이 어떻게 얼마나 잘못된 구도이며 어떤 대안이 가능한지를 더 정밀히 따져볼 필요가 있다.

'민주 대 반민주' 구도가 선거패배에 오히려 기여한다면 적어도 단기전략으로 잘못 설정된 구도임이 분명하다. 그러나 이는 여당(새누리당) 인사들이 곧잘 주장하듯이 우리가 민주화를 벌써 이루었으므로 이제는 오로지 '민생'을 챙길 일만 남았기 때문이 아니라, '민주 대 반민주'의 내용이 '독재타도 대 독재유지'에서 '민주화의 새로운 진전 대 민주주의 퇴보'로 바뀌었기 때문이다. 따라서 '민주'에 해당하는 세력도 과거의 반독재운동가들이나 반독재투쟁 전통의 계승자를 자처하는 오늘의 야당과 동일시할 수 없고, '민주'의 방법 또한 훨씬 다양하고 유연하며 '싸가지'가 있어야 하게 되었다. '민주'의 그러한 재정의와 재편(및 확장)이 없이는 '정쟁 대 민생'이라는 기만적 프레임 앞에서 번번이 패퇴하기 마련이다.

'민주 대 반민주' 구도가 호응을 못 받는 또 하나의 이유는 국민이 일체의 '편가르기' 또는 '진영논리'에 식상해 있기 때문이다. 바로 그 까닭에 반민주적 행태를 규탄하는 정치인보다 아무런 적공도 전환의지도 없이 '사회대통합' '100% 국민통합' 따위를 호언하는 정치인이 득세하기 일쑤다. 2007년의 이명박 후보가 그랬고 2012년의 박근혜 후보가 그랬으며, 민

---

13 강준만 『싸가지 없는 진보: 진보의 최후 집권 전략』, 인물과사상사 2014, 200면.

주세력이 '반민주'의 문제를 달리 제기하는 방안을 찾아내지 못하는 한 앞으로도 그런 거짓 공약으로 당선된 이가 사회분열을 더욱 심화시키는 현상이 지속될 것이다. 이런 경우야말로 단기·중기·장기 과제를 정확히 식별해서 슬기롭게 배합하는 일이 절실한 예다.

먼저, '100% 국민통합'은 허상일 뿐 아니라 위험한 발상이다. 아주 장기적인 비전으로는 (대한민국이나 한민족이 아닌) 인류사회의 조화로운 삶, 그런 의미로 100%는 아니지만 꽤 높은 수준의 통합을 꿈꿀 수 있다. 이는 여러가지 여건을 감안한 종합적이고 원대한 설계를 요하는바, 정치인도 자기 나름의 원대한 꿈을 갖고 한국사회의 일정한 사회통합을 제창할 수는 있다. 그러나 현존 87년체제, 특히 그 말기국면에서 그것을 당장 실행하는 길은 없다는 사실을 직시해야 한다. 한국사회의 통합은 새로운 대전환을 수반할 중기적 과제로 설정하는 것만이 정직하고 현실적이다. 『만들기』에서 사회통합을 우리 사회의 절실한 현안으로 제기하면서도 본격적 통합은 당장에 실현할 과제라기보다 '2013년체제의 숙제'로 남겨둘 수밖에 없다고 했던 것도 그런 뜻이다. 하지만 그러다보면 사회통합에 반대하고 권력쟁취에 급급한 싸움꾼으로 몰리는 난관에 부닥친다. 말하자면 일종의 진영대결에서 이겨야 비로소 통합의 숙제를 풀 수 있는데, 그 싸움이 '진영논리'에 빠진 싸움이 아니며 추진자들이 "싸우기만 하고 선거에서 이길 생각만 하는 집단이 아니라 통합을 능히 이룩할 세력임을 미리 보여줄 수 있어야 하는 것이다."[14]

실제로 우리 사회의 '진영' 문제는 정말 제대로 따져볼 사안이다. 오늘날 진영논리가 비판받아야 하는 이유가 우리 사회에 진영이랄 것이 없기 때문이라 믿는다면 그것이야말로 엄청난 착각이다. 결손국가이자 분단

---

[14] 졸고 「사회통합, 불가능한 일은 아니다」, 창비주간논평 2013. 12. 27; 『근대의 이중과제와 한반도식 나라만들기』 406면.

체제의 일환인 한국사회는 '정상적'인 사회들이 보여주는 '보수 대 진보'의 대립구도가 성립되기 이전의 상태인 대신에, 분단체제의 수구적 기득권세력이 상당수의 진정한 보수주의자마저 포섭해서 막강한 성채를 구축하고 있는 특이한 현실이다. 그 정치적 집결체인 새누리당은 현직 대통령과 국회의원 과반수 등 선출직은 물론, 관료와 군부, 검찰과 사법부 등의 비선출 권력기구와 경제계, 언론계, 종교계, 법조계, 학계 등 사회의 유리한 고지를 대부분 선점하고 있다. 여기서 간과하지 말아야 할 점은 이들이 단순한 국내세력만이 아니라는 사실이다. 세계자본과 직접 연계된 대기업들은 더 말할 나위 없고, 심지어 학계처럼 객관적인 진리탐구를 표방하는 영역에서도 미국의 주류학계와 그들이 전파하는 각종 이데올로기의 영향력이 압도적이다. 이는 연구비나 출세기회에 매달려 학자의 양심을 파는 (결코 드물지 않은) 행태와도 또다른 문제로서, 이런 현실에 대한 분석과 대응 또한 시대가 요구하는 적공·전환의 일부다.

여기서 '극우세력' 문제를 잠시 들여다볼 필요가 있다. 수구·보수동맹이, 수구세력이 진성 보수주의자들마저 포섭한 거대카르텔이라고 할 때, '수구'는 이념상의 '극우'와 구별되어야 한다. 수구세력 대다수는 이념을 초월하여 자신의 기득권을 지키는 데 골몰한 인사들이지, 극우 이념의 진정한 신봉자는 소수라 봐아 하기 때문이다. 다만 분단이 고착화되는 과정에서는 극심한 이념대립이 극우분자에 대한 기득권층의 의존도를 높였고, 87년체제의 말기국면에 이르러 색깔공세 말고는 기득권 수호의 명분이 희박해졌다. 극우가 '장사가 되는' 세월이 다시 찾아온 것이다. 이에 이념적 극우 이외에 생계형 또는 출세지향형 극우마저 창궐하게 되었다.

그렇다면 이에 맞설 진영을 어디서 찾을까? 무엇보다 긴요한 것은 이 수구·극우·보수동맹의 거대진영에 맞서 일대일의 '진영대립'을 구성할 만한 다른 진영이 없다는 점을 인식하는 일이다. 저 막강한 성채에 균열이라도 일으키라고 국민이 차려준 진지 몇개가 여기저기 있는 정도다. 그런 지형에서 지지조차 없는 대중이 광장이나 SNS에 모여 이따금씩 함성을 지르고 때로는 개인으로나 사회단체를 통해 목소리를 내고 있다. 그런데도 야당이 마치 자기네도 하나의 진영을 갖춘 듯이 편가르기로 나서다가는 국민의 빈축을 사기 십상이며, '진영논리를 벗어나 국민통합을 이룩하자'는 기득권진영의 그럴듯한 구호 앞에 깨지기 마련이다. 더 나쁘게 보면, 그나마 진지를 보유한 처지에 안주하여 싸움을 피하거나 건성으로 싸우는 국민배신 행위가 된다. '민주당도 기득권화되었다'는 말이 파다한 것도 그 때문인데, 새정치민주연합의 입장에서 이런 비판을 상쇄해줄 최대의 무기로 '민주 대 반민주' 구도가 동원되는 것이다. 그러나 야당의 '기득권화'를 두고 그들이 곧 성채 안으로 들어가 수구세력과 공동지배를 하고 있다고 보는 것 또한 착각이다. 어디까지나 성채 언저리의 부차적 기득권집단이요, 그런 집단으로서의 알량한 기득권을 대단한 것인 양 생각하는 딱한 인사들이 너무 흔할 따름이다.[15]

제1야당 말고도 싸움을 제대로 못해서 ─ 더러는 싸우지 말아야 할 때와 상소를 골라 싸움을 쉼으로써 ─ 수구세력을 오히려 돕는 사례가 많다. 대기업이나 공기업 노조들이 영세 자영업자와 비정규직의 삶에 무관심한 채 자기네 기득권 지키기 싸움(및 담합)에 열중한다든가, 과격한 단순논리로 무장한 일부 '진보정당' 또는 '진보논객'들이 국민으로부터 외면당하면서 수구·보수진영의 지배를 오히려 거들어주는 경우가 그런 예일 것이다. 다만 이 경우에도 거대한 진영을 갖춘 정통 수구세력과 이들을 동일시할 일은 아니다. 그들이 어떻게 결과적으로 수구적인 작용을 하는지에 대한 정교한 분석과 적절한 대응이 요구되는데, 이때 수구·보수동

---

[15] 물론 생계형, 출세지향형은 극좌에도 있다. 지금이 그들의 세상이 아닐 뿐이다.

맹 외에는 따로 진영이랄 것도 없게 된 분단한국 특유의 현실에 대한 과학적 인식이 요구된다.

과격하고 편협한 진보가 도리어 보수의 헤게모니 연장에 일조하는 사태는 물론 어느 나라에나 있다. 그러나 한반도에서는 공산주의와 반공주의를 각기 표방하는 남북의 지배세력이 대결하는 가운데 내부 지배력을 서로 강화해주는 묘한 공생관계가 작용하는데다 남쪽에서는 진보주의가 북한에 대한 태도를 중심으로 분열하면서 제각각의 단순논리로 치닫는 현상이 발생했다. 곧, 한편으로 북측 정권도 분단체제의 일익이라는 인식이 결여된 채 그들이 표방하는 자주통일노선을 진보의 최고 척도로 보는 '민족해방'의 논리가 있는가 하면, 북측의 현실이 같은 분단체제 속에 사는 우리에게 남의 일이 아니라는 인식 없이 그 반민주·반민중적 면모를 강조하고 분단 안 된 선진국들의 '좌파적' 의제에 몰두하는 또다른 단순논리가 성행한다. 그리하여 둘다 '의도와 달리' 분단체제의 기득권세력을 굳혀주는 '수구적' 효력을 발휘한다. 그러나 이런 통찰이 거대야당과 군소야당, 진보운동 들의 다양한 자살골을 느긋하게 즐기며 그때그때 유도하기도 하는 진짜 수구진영의 존재에 대한 인식을 흐려놓아서는 안 될 것이다. 남한 현실의 파악에서 세계적인 시각과 더불어 한반도적 시각이 중요한 까닭이기도 하다.[16]

이 싸움에서 단기적 과제와 중기적 과제를 혼동하지 말아야 할 예로 최근 부쩍 눈길을 끄는 개헌문제를 들 수 있다. 87년 헌법을 시대의 요구에 맞게 개정하는 일이 87년체제극복의 중요한 일부임은 더 말할 나위 없다. 그러나 이는 최소한 2016년 총선을 통해 '87년체제 이후'로의 전환에 대

---

[16] 김대호 사회디자인연구소장 인터뷰 「진보, 의도와는 달리 수구반동, 이 사실 모르는 게 비극」, 『오마이뉴스』 2014. 10. 6(http://www.ohmynews.com/NWS_Web/View/at_pg.aspx?CNTN_CD=A0002039894) 참조.

한 국민적 의지가 확인되었을 때나 실현 가능한 과제로, 지금 상황에서 '제왕적 대통령'을 견제한다는 명분으로 87년체제 최대의 기득권집단 가운데 하나인 국회의원들끼리 추진하는 개헌이라면 기득권자들의 담합 이상이 되기 어렵다. 현행 헌법 아래서도 가능하고, 헌법개정을 할 때 반드시 수반되어야 할 선거제도 개혁은 외면한 채 이원집정제 또는 내각제 개헌을 하자는 발상이 바로 그렇다. 그것보다는 승자독식제 완화와 대통령의 임의적 인사권 행사 견제, 국회 개혁, 지방분권 강화 등에서 당장에도 가능한 성과를 내도록 최선을 다해야 하고, 그러면서 한층 민주적인 권력구조를 향한 여러 방안을 공론화하여 2016년 총선 이후에 제대로 된 헌법개정을 한다는 중기적 목표를 세우는 것이 정도(正道)일 것이다.[17] 반면에 중기적 과제로서의 개헌을 지금 논의하는 것조차 대통령이 방해하는 것 또한 '제왕적'(또는 '제왕 지망적') 작태를 다시 한번 보여주는 것밖에 안된다.

요약하자면 '더 좋은 대의정치'를 통해 민주주의를 증진하고 사회통합을 추구하는 작업이 중기적 목표가 되고, 그동안 진행된 민주주의의 역전을 시정하며 새로운 민심을 끌어낼 기회를 삼는 일이 단기적 숙제가 되는 셈이다. 효율적인 싸움을 위해 단기·중기 목표의 식별과 적절한 배합이 필요함을 강조했는데, 덧붙일 점은 **장기적** 목표를 올바로 설정하고 이를 중·단기 과제와 결합하는 일도 못지않게 중요하다는 것이다. 예컨대 이상적인 대의민주주의가 최종적인 목표인지 아니면 그보다 더 발본적인 '민(民)의 자치', 곧 전지구적 차원의 전면적 주민자치를 지향할지를 숙고할 일이다.

이것이 절박한 싸움터에 공연히 원대한 이야기를 끌어들이는 한가한

---

[17] 이런 주장의 한 예로 김남국 「개헌은 언제 무엇을 위해 필요한가?」(『한겨레』 2014. 11. 3) 참조.

짓거리로 비칠지 모른다. 그러나 무엇을 최고의 지향점으로 잡느냐에 따라 단기적으로 벌어지는 여러 노력에 대한 평가도 달라진다. 예컨대 지방자치의 실질화를 위한 각종 풀뿌리운동은 '민의 자치'가 이상적 대의민주주의의 보완재(補完財)라기보다 인류가 공유할 꿈이라고 할 때 더욱 힘을 얻게 마련이다. 밀양송전탑 반대운동이나 제주도 강정마을의 주민운동도 국가권력에 대한 일부 주민의 과도한 반발과는 전혀 다른 의미를 띠게 된다. 다만 '이상적인 대의정치'보다 '민의 자치'가 왜 더 바람직한지, 바람직하더라도 어떻게 가능할지, 그 가능성을 열어주는 세계체제 차원의 어떤 변화가 진행 중인지 등에 대한 독실한 연마가 뒷받침해줘야만 한다. 그럴 때 '주민참여의 상대적 확대'와 '더 나은 대의정치 구현'이라는 중기적 목표와의 한층 착실한 결합도 가능해질 것이다.[18]

민생의 위기와 '민생 프레임'

박근혜 후보가 애시당초 정치적 민주주의에 대해 별 관심이 없었던 데 비해 민생위기 해결과 '경제민주화'는 그의 핵심 선거공약이었다. 그만큼 김대중 전 대통령이 경고한 '중산층과 서민경제의 위기'가 이명박시대에 심각해졌다는 증거일 것이다. 그런데 취임 이후 그의 잇따른 공약파기 탓도 있지만, 어쨌든 서민경제가 나아진 조짐은 없고 이명바식 '대기업 프렌들리' 정책으로의 전환에도 불구하고 이제는 수출전망을 포함한 한국 경제의 전체적 위기를 염려하는 목소리마저 들리게 되었다. 이 경우에도 딱히 박근혜 개인이 이명박보다 더 반민생적이어서라기보다 전환이 이루

---

[18] 굳이 부연한다면 '단기' '중기' '장기'는 상대적인 개념들이다. 예컨대 당장에 이룰 수도 있는 과제를 '단기'라 부르고 인류 차원의 궁극적 목표를 '장기'라 부르면 그 중간의 모든 것이 '중기'에 해당하지만, 당장은 아니고 수년의 적공을 통해 이룩할 만한 것들을 '중기'로 한정한다면 그 이상의 과제는 여러 다른 차원의 '장기' 과제가 된다.

어질 시기에 그것을 이루지 못하면 현상유지가 아닌 사태악화가 도래한다는 교훈에 해당할 것이다.

경제와 복지정책에 문외한인 나로서 그 문제들을 자세히 거론할 생각은 없다. 그보다는 본고의 논지대로 민생의 위기가 다른 위기들과 유기적으로 연관됨을 인식하며 장·중·단기 목표를 배합하고 한반도와 동아시아 지역 및 지구 전체를 동시에 생각하는 자세의 중요성을 강조하는 데 치중하고자 한다.

박근혜정부의 경제민주화 포기가 민주주의 전반에 대한 경시와 역행에 밀접히 연관됨은 새삼 설명할 필요가 없다. 민의와 민주적 절차를 존중하는 정부라면 이처럼 공공연하고 일방적으로 경제정책을 바꾸면서 '믿거나 말거나' 식의 둘러대기로 넘어가지 못했을 것이다.[19] 민생의 악화는 남북관계의 위기와도 직결된바, 남북경협과 유라시아대륙으로의 진출이라는 한국경제 고유의 가능성이 대북 강경노선(내지 관리능력 부재)에 여전히 막혀 있고 천안함사건 이후 5·24조치의 자해(自害) 효과가 지속되고 있다.

동시에 한국경제의 현황은 한반도 차원뿐 아니라 동아시아 지역, 나아가 세계경제 차원과 직결되어 있다. 세계경제의 파급효과는 정부 당국에서도 서민경제 위기의 책임을 전가하거나 대기업 위주의 정책을 변호하는 논리로 곧잘 들먹이곤 한다. 물론 전혀 근거없는 이야기는 아니다. 그 점마저 무시한 채 매사를 정부 책임으로 돌린다든가 경제는 제쳐두고 민주주의만 외쳐대서는 '민생을 외면한 정쟁'이라는 역공에 걸려들게 마련

---

19 87년체제가 '정치적 민주주의'를 이루었지만 '경제사회적 민주주의' 달성에 실패했다는 일부 진보파 논객의 주장은 그러한 유기적 연관성을 놓치고 '정쟁보다 민생'이라는 프레임을 도리어 강화하는 면이 있다. 87년체제는 정치적 기본권 신장에 크게 기여함으로써 — 87년 7·8월 노동자대투쟁과 일련의 이후 상황 전개에서 보듯이 — 경제의 민주화와 지속적 발전에도 획기적인 전환점을 마련했다.

이다. 따라서 단기적으로 서민생활의 어려움 가운데 어디까지가 세계적 불황 탓이고 어디까지가 예컨대 중국의 성장둔화(또는 기술경쟁력 강화) 탓이며 어디서부터는 그런 세계적·지역적 여건 속에서도 정부와 기업 및 여타 경제주체들이 능히 타개할 수 있는 것조차 못하는 탓인지를 정밀하게 분석해야 한다. 나아가 타개를 위한 중기적 전략을 세우면서 장기적으로는 어떤 경제생활, 어떤 지구적 경제를 지향할지를 아울러 연마할 필요가 있다. 이와 관련해서 나는 한국인의 입장에서 경제성장 자체를 부정하기보다 "현존 세계체제에 대한 적응과 극복의 '이중과제' 수행이 요구하는 만큼의 적당한 성장, 그런 의미에서 공격적이라기보다 방어적인 성장으로 패러다임을 바꾸어나가야"[20] 한다고 주장한 바 있는데, 전문성을 갖춘 분들에 의한 진지한 토론이 있기 바란다. 다만 성장을 위해 전력투구를 해도 모자랄 판에 처음부터 '적당한 성장'을 겨냥해서 무엇이 되겠느냐는 반론이라면, 정신없이 전력투구만 해대는 것이 장기적으로 허망한 전략일 뿐 아니라 중·단기적으로 현명한 선택을 하는 데도 불리함을 상기시키고자 한다.

　물질적 불평등 문제와 관련해서도 발본적이면서 복합적인 시각이 요구된다. 한국에서 빈부의 양극화는 단기적으로 높은 자살률과 실업률 등 심각한 민생문제를 낳을 뿐 아니라 내수경제의 둔화 등 경제성장에도 역효과를 내고 각종 사회비용을 키우고 있다. 그런데 이것이 한국뿐 아니라 일본이나 중국같이 비교적 성공적인 경제를 이룩한 지역국가들과 여전히 세계경제의 중심인 미국에서도 벌어지는 현상이라면, 중기적으로 한국이 국내정책뿐 아니라 국제무대에서 신자유주의의 대세에 순응하는 길을 택할지 말지를 심각하게 고민하지 않을 수 없다. 나아가 자본주의 세계체제

---

[20] 『만들기』 77면. '이중과제'에 관해서는 이남주 엮음 『이중과제론: 근대적응과 근대극복의 이중과제』, 창비담론총서 1, 창비 2009 참조.

가 도대체 양극화를 막을 수 있는 체제인지, 적어도 일정정도 이상의 빈부격차가 있어야 작동하는 그 체제가 자신의 붕괴를 피할 만한 수준에 빈부격차를 묶어둘 능력을 보유하고 있는지,[21] 만약에 아니라면 우리는 어떤 대안사회를 지향하고 설계할지 등 궁구하고 연마해야 할 장기적 과제에 마주치게 된다.

길게 봐서 균등사회가 이상(理想)이라고 말하는 것은 쉽다. 그러나 완전한 평등이 실현되는 사회가 과연 가능한가, 가능하더라도 만족스러운 문명사회가 될 것인가 등은 쉽게 답할 질문이 아니다. 나는 물질적 평등이야말로 온전한 민주주의와 인간 개개인의 자기발전에 필수적이지만 동시에 "민중이 스스로 다스리는 대안적 질서 내지 '체계'에 대한 경륜"[22]이 마련되지 않고는 평등을 위한 싸움이 성공하기 어려움을 역설한 바 있는데, 여기서는 이러한 장기 전망과 경륜을 갖는 것이 중·단기적 과제의 수행에도 도움이 됨을 강조하고자 한다. 원대한 장기적 과제로 가는 길의 멀고 복잡함을 인식할수록 중·단기 싸움에서 더 유연하고 슬기로워질 수 있다. 섣불리 '무조건 평등'을 외쳐대거나 일국 차원의 평등사회 실현을 내걸 때 당장에 먹고사는 일이 급한 대중의 외면을 받고 기득권진영의 '민생 프레임'을 오히려 강화해주기 때문이다.

남북관계와 자주, 평화, 통일

이명박정부가 조성한 위기를 박근혜정부가 개선할 수 있을지 조금 더

---

[21] 이에 대한 찬반논의를 두루 담은 저서로 Immanuel Wallerstein et al., *Does Capitalism Have a Future?*, Oxford University Press 2013 (한국어판 『자본주의의 미래가 있는가』, 창비 2014) 및 부정적인 전망을 각도를 달리해 제시한 Wolfgang Streeck, "How Will Capitalism End?," *New Left Review* 87, May/June 2014 참조.

[22] 졸고 「D. H. 로런스의 민주주의론」, 『창작과비평』 2011년 겨울호 408면; 졸저 『서양의 개벽사상가 D. H. 로런스』, 창비 2020, 479면.

지켜볼 만한 대목이 남북관계다. 아직까지는 레토릭의 풍성함에 비해 이룬 것은 별로 없다. 그러나 김대중정부와 노무현정부가 상대적으로 잘하던 분야에서 거의 급전직하의 퇴행을 보이고 드디어 5·24조치라는 초헌법적 조치로 노태우정부 이래 20여년의 흐름을 뒤집은 채 나머지 임기 2년 반을 허송세월한 것이 이명박 대통령이다. 따라서 후임자가 전쟁을 시작하지 않는 한 더 악화시킬 여지도 많지 않고 더이상의 악화는 주변 강대국들도 심려하는 바가 되었다. 약간의 개선은 그리 어려운 일도 아닌 형국이다.

그런데도 아직껏 진전이 없는 것을 정부나 여당은 북측의 책임으로 돌리고 있고, 또 남북관계가 악화될수록 북측 책임론이 여론에 쉽게 먹히는 것이 현실이기도 하다. 남한에서 반민주적 정치가 위세를 떨치면서 유독 남북관계만 획기적 진전을 이룰 수 없다는 것은 분단체제론의 오랜 주장이다.[23] 따라서 박근혜정부가 남북관계를 획기적으로 진전시키거나 제대로 복원이라도 해주리라는 기대는 접는 것이 낫다. 다만 북한 때리기로 여론지지도를 높이는 방식도 다분히 심드렁해졌고 무엇보다 남북경협이 없이는 한국 자본주의의 미래가 암담하다는 인식이 기득권세력 내부에도 퍼진 만큼 다소간의 개선은 가능할지 모른다.

이때 국내 민주주의와 별도로 ─ 민주주의와 결코 무관하진 않지만 ─ 또 하나의 문제가 있다. 남북문제를 국가 간의 관계로 다루건 통일을 전제한 특수관계로 접근하건 문제를 자주적으로 풀겠다는 의지와 능력이 필요한데, 이 대목에서 박근혜정부는 이명박정부보다 더욱 한심한 선택을 한 것이다. 노무현정부가 미국과 2012년으로 합의했던 전시작전

---

[23] 그런데도 이명박정부 초기에 나 자신 대북경협만은 '실용주의자답게' 잘해줄지 모른다는 기대를 일시 품었던 데 대해 자기비판을 한 적이 있다(「2009년 분단현실의 한 성찰」, 『어디가 중도며 어째서 변혁인가』 267~68면).

권 환수를 이명박정부가 한차례 연기했는데 박근혜정부는 이를 거의 무기한으로 연기하는 새 결정을 내렸다. 이를 두고 공약파기라는 비난이 이는 건 당연하지만, 공약파기 차원에 국한할 문제가 결코 아니다. 좋건 싫건 국가가 있는 한은 주권이 있어야 하고 국가의 주권에는 유사시 자기 군대의 움직임을 통제할 수 있는 권한이 핵심적인데, 그러한 군사주권이 회복되기로 예정되었던 것을 국회 및 국민의 동의도 없이 일방적으로 번복한 것은 6·25전쟁의 와중에 이승만 대통령이 작전통제권을 통째로 미국에 넘겨준 것보다도 더욱 심각한 주권양도 행위라 하지 않을 수 없다.[24] 이제 한국은 남북 간 협상테이블이나 6자회담에 나가서도 온전한 당국자로 행위하기 어렵게 되었고, 더 큰 문제는 온전한 행위자가 될 의지조차 없는 군부에 대해 문민정치가 별다른 통제권을 발휘하지 못하는 현실이다.

우리 사회에서 자주성 문제가 이렇게 심각한데도 그에 대한 진지한 논의가 태부족인 실정 또한 분단체제와 무관하지 않다. 알려졌다시피 '자주'는 북측 체제의 최대 자랑거리이고 '우리 민족끼리 자주통일'을 당장의 실행목표로 내거는 일부 통일운동세력의 주된 관심사이기도 하다. 그러나 한반도 분단이 외세에 의해 강요되었기에 분단체제가 본질상 비자주적인 체제인 이상, 한쪽은 민족해방을 기다리는 식민지인데 다른 쪽은 자주의 표상이라 보는 것은 분단체제의 복잡성을 간과한 논리다. 조선민주주의인민공화국의 경우 군통수권을 자국 지도자가 보유함은 물론 외국군의 주둔도 없고 외교·군사정책에 대한 타국의 간섭이 잘 안 먹힌다는 점에서 '자주노선'을 자랑할 만은 하다. 그러나 자주성의 개념을 넓게 잡

---

[24] 이 점에서도 박근혜정부는 박정희시대보다 차라리 이승만시대를 닮아가는 면모를 보여준다. 박정희 대통령은 비록 이승만이 양도한 군사주권을 되찾아오지는 못했으나 그럴 의지가 강했고 수시로 공언하기도 했다. 이런 대조에 대해 김종구 칼럼 「부끄러움 모르는 '박정희 키즈' 군 수뇌부」(『한겨레』 2014. 11. 4)가 통렬하다.

아서, "개인이건 집단이건 진실로 자신에게 필요하고 자신이 소망하는 바를 남들의 간섭 없이 성취할 수 있는 상태가 자주라고 한다면, 조선민주주의인민공화국과 그 주민들이야말로 오늘날 (누구의 잘못 때문이든) 매우 심각한 자주성의 제약을 겪고 있다고 보아야 한다."[25] 또한 '자주통일'은 7·4공동성명과 6·15공동선언 제1항에 거듭 천명된 원칙이지만 이는 어디까지나 외세에 의존한 통일을 하지 말자는 **원칙적 선언**이요 구체적인 통일방안 합의를 담은 것은 6·15선언 제2항이다. 그럼에도 선언적 조항을 구체적 방안인 듯 내두르는 것은 점진적·단계적인 '한반도식 통일'을 추진할 의지나 경륜의 부족 탓이 아닐 수 없다. 그러다보니 자주성 자체를 '친북적' 의제로 보는 정서마저 낳게 되었다. 하지만 남북관계 발전과 평화 및 통일을 논할 때 빼놓지 못할 주제로 되살려야 할 의제가 자주성이다.

실은 통일문제 자체가 근년의 선거에서 특별한 쟁점이 되지 못했다. 이는 평화통일을 염원하는 세력이 그것을 국민의 생활문제와 밀착된 현안으로 제시하지 못한 탓도 있지만,[26] 내가 강조하고 싶은 것은 선거에서 어떻게 유권자를 설득하느냐 하는 문제와 별도로 분단체제극복이라는 중기적 목표를 정확히 설정하는 일의 중요성이다. 그렇게 할 때 국민이 통일에 무관심하니 '통일'보다 '평화'로 승부를 걸자는, 선거전략으로도 '도망가는 피칭'에 해당하고 이론적으로도 허술한 주장의 유혹에서 벗어날 수 있을 것이다.[27]

---

[25] 졸고 「분단체제의 인식을 위하여」, 『분단체제 변혁의 공부길』, 창작과비평사 1994, 19면.
[26] 세교포럼에서 김연철 인제대 교수와 권태선 허핑턴포스트코리아 대표가 모두 이 점을 지적했다. 특히 김교수는 병역연령 인구가 급속히 줄어들고 이른바 '관심사병'이 병사의 대다수를 차지할 전망이 우세한 한국 현실에서 모병제로의 전환이 젊은이와 그 부모들을 동시에 움직일 수 있는 의제임을 설명했는데, 나도 대체로 공감했고 그런 식으로 개발할 수 있는 의제들이 얼마든지 더 있으리라고 생각한다.
[27] 물론 원론적으로는 평화가 통일보다 보편성이 높은 개념이다. 그러나 분단된 한반도에서 평화를 실제로 구현하고자 할 때, '통일'을 절대시해서 평화를 위험에 빠뜨려도 안 되지만

그러나 **장기적**으로는 역시 통일보다 평화다. 단순한 전쟁부재가 아니라 인류가 고르게 화합해서 잘 사는 상태로서의 평화이며, 그때는 국가도 지금 우리가 아는 형태는 사라질 터라 '국가의 자주성'도 중·단기적 목표 이상이 되기 어려울 것이다. 하지만 그리로 가기 전에 한반도 주민과 한민족은 분단체제극복이라는 중기과제를 먼저 수행해야 한다.[28] 이를 위해 당장에 가능한 남북관계 개선작업과 자주·평화 통일과정의 진전을 도모하고 장·중·단기 과제의 적절한 배합을 이루어내야 함은 물론이다. 『만들기』에서 '포용정책 2.0'을 제의하는 등 이 문제를 비교적 상세히 논했으므로 본고에서는 줄이기로 한다.

5. '더 기본적인 것들'

상식, 교양, 양심, 염치… 그리고 교육

「'2013년체제'를 준비하자」에서도 나는 정치나 경제 문제보다 '더 기본적인 것들'에 주목했다.

분단체제극복의 과제를 외면하고 평화에만 골몰해서도 평화가 실현되지 않는다. 이에 관해서는 졸고 「한반도에 '일류사회'를 만들기 위해」, 『창작과비평』 2002년 겨울호(『한반도식 통일, 현재진행형』 제10장); 서동만 「6·15시대의 남북관계와 한반도 발전구상」, 『창작과비평』 2006년 봄호 219~22면; 유재건 「역사적 실험으로서의 6·15시대」, 같은 책 288면 및 같은 저자의 「남한의 '평화국가' 만들기는 실현 가능한 의제인가」(창비주간논평 2006. 8. 22) 등 참조.

28 주 18에서 말했듯이 '중기'는 상대적 개념이다. 세계체제의 변혁보다 앞선다는 의미로 '중기'라고 했지만 87년체제로부터의 전환을 이루면서 국가연합 — 그중에서도 현실성이 있는 '낮은 단계의 연합' — 으로 나가는 작업을 '중기'로 설정한다면, 분단체제극복은 거기서 더 나아가야 한다는 의미로 한층 장기적인 목표가 될 수밖에 없다.

그런데 2013년체제의 설계에는 남북연합이니 복지국가니 동아시아 공동체니 하는 거창한 기획보다 훨씬 기본적이고 어쩌면 초보적이랄 수 있는 것이 포함되어야 한다. 인간의 사회생활에 기본이 되는 것들을 되살리는 시대가 되어야 한다는 것이다. 예컨대 대통령을 비롯한 고위공직자와 지도적 정치인 들이 너무 터무니없이 거짓말을 하지 말아야 한다는 것. 물론 정치인이 모두 성인군자가 되라거나 국정운영을 완벽하게 공개하라는 말은 아니다. 다만 너무 자주 너무 뻔한 거짓말을 한다거나 너무 쉽게 말을 바꿔서는 곤란하다는 것이다. 이래서는 사회가 제대로 돌아갈 수 없고 정상적인 언어생활마저 위협받게 된다. (『2013년체제 만들기』 27면; 본서 87면)

크게 보면 이 모든 것이 상식과 교양 및 인간적 염치의 회복이라는 문제로 돌아온다. (『2013년체제 만들기』 31면; 본서 91면)

박근혜 후보의 당선에는 그가 적어도 이런 기본, 곧 개인적 정직성과 교양을 어느정도 갖춘 후보라는 이미지가 크게 기여했다. 그런데 대통령이 된 후에는 국민과의 약속을 뒤집고 말바꾸기를 해대는 사태가 잇따랐고, '거짓말을 않는 정치인'이라는 이미지가 '거짓말을 일삼는 장사꾼'의 이미지보다 국민기만에 오히려 더욱 효과적으로 작용한 면마저 있다. 게다가 뻔히 거짓말을 하고 국민을 우롱하는 고위공직자들을 곁에 두고 감싸줌으로써 힘있는 자는 그래도 된다는 분위기를 사회 전반에 확산시켰다. 이 문제가 정치권만으로 해결될 수 없는 성질임이 분명하지만,[29] 대통령

---

[29] "그리고 그것이 정권교체나 정치권 주도의 노력만으로 될 일이 아님은 명백하다. 몇몇 인사들의 무교양과 몰상식 그리고 부도덕에서만 문제가 비롯되었다기보다 국민들 다수의 생명경시 습성과 정의감 부족, 그리고 비뚤어진 욕망에 뿌리를 둔 것이기 때문이다. 하루이틀에 바로잡힐 일이 아니며, 세상과 자신을 동시에 바꿔나가는 노력을 각자의 삶에서 꾸준히 진행할 필요가 있는 것이다." (『만들기』 31~32면; 본서 91면)

이 어떤 행태를 보이고 그의 치하에서 어떤 사람들이 득세하느냐가 막대한 영향을 미친다는 점을 실감하지 않을 수 없다. 세월호 유가족을 무자비하게 모욕하고 조롱하는 정치권 안팎의 수많은 행태가 실증하듯이, 요즘처럼 몰염치한 인간들이 자신의 몰염치를 뻔뻔하게 과시하는 시절은 없었던 것 같다. 독재시대에는 훨씬 강력한 물리적 타격과 강압이 자행되었지만 그래도 대다수 사람의 마음속에는 그것이 잘못되었다는 정서가 있었던 것으로 기억한다.

그렇다고 다음 대통령선거를 치르는 일에 지금부터 몰입하는 정치중독증, 선거중독증은 이런 사회풍조를 키우는 요인이 될 뿐이다. 진은영(陳恩英)이 말한 "선거로만 수렴되지 않는 정치적 활동"의 일상화를 포함해서 더 근본적이고 다각적인 대응을 연마해야 한다. 이때 직접적으로 큰 영향을 미치는 분야로 언론이나 시민운동을 생각할 수 있지만, 길게 보면 교육과 문화·예술을 통해 사회의 체질을 바꾸는 일이 중요하지 싶다.

그중에서도 학교교육은 국가의 막대한 재정투여가 이루어지는 분야고 중학교까지는 의무교육이기 때문에, 나라의 장래를 설계함에 있어 포괄적이면서도 정교한 교육구상이 필수적이다. 뛰어난 인재 배출을 최종적으로 좌우하기로는 훌륭한 대학의 존재가 결정적이지만, '기본적인 것'을 생각하는 마당인 만큼 초·중등교육을 중심으로 생각해볼까 한다.

그동안 여야가 모두 이렇다 할 비전을 내놓은 바 없는 것이 교육 분야이므로 학교교육 정상화의 획기적 방안이 나올 때 선거승리의 중대 변수가 될지 모른다는 기대감을 2013년체제론에서도 표명했었다. 물론 어느 후보도 2012년 선거에서 그런 방안을 내놓지 않았고 교육이 중요 쟁점이 되지도 못했다. 하지만 2014년 지방선거에서 이른바 진보교육감이 대거 당선됨으로써 새로운 국면이 펼쳐질 조짐이다. 교육 영역에서는 유권자가 정치권의 여야대립과는 다른 차원으로 접근한다는 사실이 확인되었고 교육이야말로 풀뿌리 민생문제에 해당한다는 인식이 공유되기에 이르렀다. 또한 앞으로 3년여에 걸친 교육감들의 실험과 행적이 교육의제의 정리와 구체화에 더없이 소중한 자료가 될 것이다. 예컨대 2008년 촛불시위를 촉발한 여중생들의 '밥 좀 먹자, 잠 좀 자자'는 절규가 일부 교육청에서 반향을 일으키기 시작했는데, 내 자식이 밥 좀 덜 먹고 잠 좀 덜 자더라도 경쟁에서 이기는 꼴을 봐야겠다는 학부모들을 얼마나 설득할 수 있을지 두고 볼 일이다. (등교시간 늦추기에 대한 찬반을 이렇게만 정리할 수 있다는 건 아니고, 우리 교육현실에서 학생들의 복지와 다수 학부모들이 대표하는 현행 교육이데올로기 사이에 모순이 존재한다는 뜻이다.) 아무튼 교육감과 교육청 차원에서 할 수 있는 일, 좋은 중앙정부에 좋은 교육부 수장이 나서야 가능한 일, 그리고 온 사회가 힘을 모아서 장기적으로 추구할 일 들을 식별하고 한층 치밀하게 추구하는 작업이 가능해진 형국이다. 2017년 대선에서야말로 '교육을 잡는 자가 대권을 잡는다'는 명제가 성립할지 모른다.[30]

 교육현실의 세부적 점검과 의제의 구체화 작업은 경험과 식견을 갖춘 이들에게 맡기고 나는 의제설정에서 단기·중기·장기 과제들의 정확한 식별과 적절한 배합이 필요함을 다시 한번 강조하고 싶다. 예컨대 전교조와 일부 진보적 교육운동단체가 제시하는 '평등교육'의 이념도 상이한 시간대별로 검증할 필요가 있다. 먼저 그 단기적 의의는 점점 더 기득권층 위주의 경쟁으로 일그러져가는 교육현실을 반대하는 명분일 텐데, 그 효과가 반드시 유리한 것만은 아니다. 이념편중의 떼쓰기라는 반박에 쉽게 노출되기 때문이다. (실제로 지난번 교육감선거에서 전교조 출신 후보들조차 '평등교육' 대신 '혁신교육'을 표방했다.) 중기적으로는 예컨대 핀란

---

[30] 이기정 『교육을 잡는 자가 대권을 잡는다』, 인물과사상사 2011. 같은 저자의 『교육대통령을 위한 직언직설』(창비 2012)도 일독에 값한다.

드처럼 한국보다 훨씬 평등하면서도 학습 성취도가 높은 교육체제를 도입하자는 주장이 될 수 있고 이는 충분히 설득력을 갖는 주장이다. 다만 핀란드와 크게 다른 한국의 현실에 맞게 설계된 방안을 내놓는 숙제가 안겨진다.

'더 기본적인 것'과 교육의 긴밀한 연관은 인성교육의 중요성이 요즘 부쩍 다시 강조되는 데서도 엿보인다. 인성교육을 빌미로 민주시민교육을 약화시키려는 여당 일각의 움직임은 그들이 생각하는 인성의 수준을 짐작하게 할 뿐이려니와, 참된 인성의 문제가 도덕시간 수업이나 교사에 의한 훈화로 해결될 수 없음은 자명하다. 그렇다고 인문학자들이 곧잘 강조하는 인문학 독서도 온전한 답은 아닐 것 같다. 전통적으로 인격완성의 과정에서 인문학 고전의 독서를 가장 중시한 것이 유교지만, 유교에서도 예(禮)와 악(樂)을 더욱 기본으로 보았고 고전학습의 출발이 된 『소학(小學)』을 통해 몸가짐을 바로 하는 데 초점을 두었다. 내 생각에 현대의 초·중등교육에서는 어린 시절 학교 와서 건강하고 즐겁게 뛰노는 경험이 기초를 이루며, 여기에 학생 각자의 소질과 취향에 맞는 예술교육, 실용적 신체활동 과업을 통해 일을 존중하는 정신과 일을 감해내는 소양을 키우는 노작교육이 적당한 분량으로 가미되어야 할 것이다. 그리고 학년이 올라가면서 조금씩 늘려가는 지식교육이 합세하되, 현재처럼 시험점수를 높이는 고정된 지식의 습득보다 인문적 독서가 한층 큰 비중을 갖는 게 옳다.

이만큼만 돼도 우리 사회는 큰 전환을 이루고 '기본'을 갖춘 인간들의 삶터가 될 것이다. 하지만 단기적으로 가능한 일은 아니다. 특히 결손국가를 보정(補正)하는 분단체제극복 작업이 수반되지 않고 남한에서만 전환을 이룰 수 있다고 믿는다면 이 또한 '후천성 분단인식결핍증후군'[31]의 전형적인 예가 될 것이다. 또한 역으로 분단체제극복의 과정 자체가 이런 적공과 전환을 요구하기도 한다.

적어도 장기적으로는 완전한 평등사회 속의 평등교육을 목표로 삼는 것이 진보주의자의 당연한 자세라 생각할 수 있다. 물론 지금과 같은 불평등교육은 당연히 시정되어야 한다. 그러나 앞서 말한 대로 민중이 스스로 다스리는 온전한 민주사회에 과연 어떤 위계질서가 허용 또는 소요될지의 문제를 떠나서,[32] 적어도 교육의 경우에는 무엇이든 더 잘하는 사람에게서 배우고 덜 잘하는 사람을 가르치는 수직적 관계의 개입이 불가피하다. 그런데 이렇게 배우고 가르치는 내용에는, 일체의 물질적 또는 신분적 불평등이 배제된 사회를 건설하고 유지하기 위해 필요한 지혜의 편차를 인지하고 존중하는 습성이 포함되어야 하지 않을까. 따라서 교육기회의 불평등을 극복하는 작업이 평등 자체를 최선의 장기 목표로 삼을지는 숙고해볼 문제다. 아무튼 교육의제의 설정에서도 그런 여러 차원의 검토와 성찰을 거쳤으면 한다.

'돈보다 생명'

세월호사건을 겪으면서 큰 울림을 얻은 구호가 '돈보다 생명'이다. 여기에는 여러 종류의 욕구가 담겨 있는바, 그중 어느 하나만을 절대화해서는 구호의 호소력이 손상되기 쉽다.

일차적으로 그것은 신체적 생명의 안전이야말로 민주니 복지니 통일이니 하는 것에 앞선 '기본'에 해당한다는 깨달음이요 절규다. 이 기본조차 지켜주지 못하는 사회와 국가에 대한 분노의 표출이기도 하다. 이에 정부

---

[31] 이는 '후천성 면역결핍증후군'(Acquired Immune-Deficiency Syndrome, 약칭 AIDS)에 빗대어 내가 지어낸 신조어다. 영어로 한다면 Acquired Division-Awareness Deficiency Syndrome, 약칭 ADADS가 되겠다. 졸고 「2009년 분단현실의 한 성찰」, 『어디가 중도며 어째서 변혁인가』 271~72면 참조.
[32] 주 22에 언급한 졸고 「D. H. 로런스의 민주주의론」 참조.

와 정치인들은 너도나도 '안전한 사회'를 약속하고 있지만 아직껏 별로 실효성이 감지되지 않는데, 실은 '안전'에만 몰두하는 것이 정답도 아니다. 안전사고는 줄일 수 있을지언정 근절되기 힘든 것이려니와, '생명' 또한 아무리 목숨의 보존이 기본이라 해도 모험을 감내함으로써 생명다워지는 면을 지녔고 때로는 더 큰 뜻이나 '영원한 생명'을 위해 목숨을 버릴 수도 있는 것이다.

바로 그렇기 때문에 '무조건 안전'이 아니라 **돈보다 생명**이다. 곧, 무의미한 생명손실을 초래하는 개인 및 기업의 탐욕에 대한 거부다. 그러나 돈에 대한 인간의 욕망을 무턱대고 죄악시할 일은 아니며, 세월호참사의 책임을 온통 '신자유주의'로 돌리는 것도 '돈보다 생명'의 공감대를 오히려 축소하는 길이다. 세월호참사의 경우 기업가의 탐욕과 신자유주의적 규제완화, 금전만능 풍조에 물든 사회의 타락과 책임회피가 원인이 된 것은 분명하다. 그러나 뒤이어 드러난 윤일병 사건 등 참혹한 병영사건들이 신자유주의보다 해묵은 군사주의 문화의 소산이며 세월호 문제를 외면하는 대통령의 태도가 차라리 전근대적 권위주의를 상기시키듯이, 신자유주의는 복잡한 현상을 분석할 때 동원할 여러 개념도구 중 하나에 불과하다.

신자유주의의 비중이 한층 확연한 안전문제로는 빈번한 노동현장에서의 안전사고와 파업노동자들을 이른바 손배소가압류 따위로 압박하여 자살사건을 야기하는 사태를 들 수 있겠다.[33] 또한 의료민영화에 따른 의료비 인상도 가난한 사람들의 생명과 안전에 대한 심각한 위협이다. 그러나 이들 경우에도 '신자유주의 반대'만으로 효과적 투쟁이 가능할지는 재고

---

[33] "노동자가 돈과 고립에 눌려 스스로 목숨을 끊는 사회에서는 누구도 안전하지 않다. 핵 사고의 전례 없는 죽음이 두렵긴 하지만 일상에서 서서히 죽어가는 것도 두렵다."(하승우 「세월호 참사 이후 한국의 안전 담론」, 『실천문학』 2014년 가을호 98면)

할 일이다. 생명의 손실은 정규직, 비정규직을 안 가리고 참담하지만 근로현실은 정규직 여부에 따라 엄청 다른데, 모든 노동문제를 기업의 탐욕으로 돌린다거나 비정규직의 근절을 외쳐대서는 다수 국민의 공감을 얻기 어렵다. 의료문제도 현재의 진료관행과 의료체계, 나아가 현대의학의 한계에 대한 성찰을 생략한 채 모든 국민이 현행 의료의 혜택을 누리게 해주는 것이 공공성이라고 주장해서는 현실적인 답이 나올 리 없다.

안전과 관련해서 특히 유념할 일은 당장에 눈에 들어오는 사건·사고들 외에, 서서히 임계점을 향해 가다가 한번 터지면 수습이 거의 불가능한 대형참사가 되는 원전사고에 대비하는 문제다. 그동안 원전 당국 및 관련업계가 보여준 무책임과 부정직성, '생명보다 돈' 우선 사상 및 그로 인한 적폐는 사고의 개연성을 착실히 높여가고 있으며, 부산, 울산 등 대도시 인근의 원전 밀집구역에서 한번 사고가 터지면 일본의 후꾸시마 참사가 무색한 대참극이 벌어질 판이다. 이런 원전문제야말로 단·중·장기 대책의 배합을 자연스럽게 요구한다. 단기적인 일로 한국수력원자력, 원자력안전위원회 등의 투명성과 책임성 확보, 노후 원전의 연장가동 금지, 삼척시처럼 주민 반대가 뚜렷한 곳에서의 원전건설 저지 등이 있겠고, 조금 더 길게는 모든 원전의 신규건설을 포기하고 점차 원자력발전에서 탈피하는 일, 그리고 더욱 장기적으로는 인류사회가 생태친화적인 삶으로 전환하는 과제가 동시에 주어져 있는 것이다.

생태친화적인 삶으로의 대전환에 원칙적인 합의라도 해낼 필요가 절실한 것은, 예컨대 기후변화로 인한 지구적 재앙은 원전사고보다 더 먼 일처럼 느껴지기 쉽지만 한번 임계점을 넘으면 인간의 능력으로 도저히 어찌해볼 수 없는 것이기 때문에 당장의 행동이 시급하다. 하지만 그럴수록 기후변화의 실상에 대해 과학적으로 알아낼 수 있는 만큼 알아내면서 앎이 부족하면 부족한 대로 그때그때 필요한 행동을 하는 지혜의 연마가 요구된다. 아울러 생명의 개념 자체도 바뀌어야 한다. 비록 인간에게는 인간의 목숨이 우선이고 따라서 '인간중심적'인 각종 행위가 불가피할 수 있지만, 사람은 또한 지구상의 모든 생명체와 공동운명인 측면이 있으며 실제로 모든 생명체가 동포이고 인간이 무생물의 은덕마저 입고서 생존한다는 사상이 절실해진다. '돈보다 생명'이라는 구호는 필경 이런 차원의 생명사상, 생태운동으로까지 전환되어야 그 온전한 뜻이 살아날 것이다.

'돈'의 문제도 결코 단순치 않다. 돈에 대한 욕망이 어디까지가 재화에 대한 생활인의 정당한 욕구고 어디부터가 '탐욕'에 해당하는지 구별이 쉽지 않다. 물론 자본의 무한축적을 기본원리로 가동되는 사회체제는 '생명보다 돈'이라는 거꾸로 된 원리를 추구하는 체제임이 분명하지만,[34] 자본주의 세계체제 속에 기왕 던져진 사람들은 그 원리를 무시하고 살아가기가 어렵다. 그러기에 자본주의 근대세계에 적응하되 극복을 위해 적응하며 극복의 노력이 적응 노력과 합치하는 예의 '이중과제'가 긴요해지는 것이다.

성차별 철폐와 음양의 조화

앞서 노동현장에 만연한 사고위험을 언급했지만, 요즘 가장 절박한 신변안전 문제 중 하나는 여성들이 마음놓고 길거리를 걸어다니기조차 힘든 현실이다. 심지어 어린아이와 초등학생마저도 강간과 성적 폭력에 항시적으로 노출되어 있고 그 과정에서 살해되기도 한다. 이는 우리 사회에

---

[34] 이러한 자본주의 자체의 문제를 '신자유주의'로 규정하는 것은 문제의 핵심을 비껴가는 일이기 쉽다. 물론 "자본주의의 인간화를 위한 노력이 결국은 단편적이고 한시적인 것일 수밖에 없음을 어쩌면 솔직하게 고백하고 나온 것이 신자유주의"라는 점에서 그것을 '인간의 가면을 벗어던진 자본주의'라고 말할 수는 있다(졸고 「다시 지혜의 시대를 위하여」, 『한반도식 통일, 현재진행형』 104면). 아무튼 주된 공부거리는 자본주의이고 신자유주의 연구는 그 일환으로 자리매겨져야 한다.

서 여성차별 문제가 심각함을 보여주는 동시에[35] 성평등 문제의 특이한 성격을 암시하는 사례다. 이럴 때의 안전문제는 기업의 탐욕이나 개인의 물욕과 직접 관련이 없는 경우가 많은 것이다.

성차별의 내용도 다양하다. 성범죄 피해자의 압도적 다수가 여성이라는 사실 이외에 노동자에 대한 억압도 여성근로자 차별이 가중되어 이루어진다. 게다가 성과 관련된 차별은 딱히 남녀 양성의 문제만이 아니다. 성적 정체성과 지향을 달리하는 여러 개인의 문제가 있고, 이성애자 간에도 미혼모나 혼외 동거자에 대한 차별 문제가 있다. 이러한 여러 문제 사이에 우선순위를 어떻게 정하며 어떤 방법으로 해결할지는 많은 연마와 적공을 요한다.

중단기적으로 상당정도의 개선이 이루어지더라도 성평등사회의 실현은 쉽지 않을 전망이다. 남녀평등은 서구 계몽주의의 중요한 유산이고 자유주의 정치사상의 일부를 이루지만, 빈부격차를 자신의 존재조건으로 삼는 자본주의체제는 그 본질상 성별과 인종, 지역 등 각종 차이를 차별의 근거로 전용함으로써 빈부격차를 유지하며 호도하는 체제이기에 자본주의 아래서 성차별주의의 폐기는 불가능하다는 시각이 있다.[36] 나아가

---

[35] 특히 국가의 경제력이나 국민의 교육수준에 비해 한국의 여성지위가 터무니없이 열악하다는 점은 세계경제포럼의 2014년도 세계남녀격차지수(Global Gender Gap Index)에서 — 이것이 무슨 절대적인 척도일 수는 없지만 — 대한민국이 142개국 중 117위에 올랐다는 사실에서도 실감된다(http://reports.weforum.org/global-gender-gap-report-2014/rankings/). 유네스코 교육통계자료에서 한국의 '인간개발지수'가 32위인 반면 '성별권한척도'는 73위를 기록한 1997년의 시점에서 나는 이런 기형적 사태 역시 분단체제와 무관하지 않다고 주장한 바 있다(「분단체제극복운동의 일상화를 위해」, 『흔들리는 분단체제』, 창작과비평사 1998, 45~52면).

[36] 예컨대 이매뉴얼 월러스틴 『유토피스틱스: 또는 21세기의 역사적 선택들』, 백영경 옮김, 창작과비평사 1999, 37~42면 '민족주의·인종주의·성차별주의의 대두'(Immanuel Wallerstein, *Utopistics: Or, Historical Choices of the Twenty-first Century*, The New Press 1998, 20~25면) 참조. 여성해방도 이중과제론의 시각으로 접근할 필요성을 제기한 글로는 김영희 「페미니즘과 근대성」, 이남주 엮음, 앞의 책 118~37면 참조.

성차별은 자본주의 이전의 먼 옛날부터 존재했던 것이기에 계급철폐보다 훨씬 뒤에야 가능한 것이 성평등이라는 주장도 있다.

내가 특별한 연구도 없이 이 주제를 언급하는 것은 우리의 궁극적인 목표를 어디에 두느냐 하는 '더 기본적인' 물음을 던지는 것이 특히 중요해지는 대목이라 믿기 때문이다. 위에 열거한 각종 차별의 철폐는 당연히 추구해야 하지만, 계급 자체의 철폐를 최종 목표로 삼는 계급운동과 달리 성평등운동은 성별의 철폐를 목표로 삼을 수 없다. 또한 남녀의 결합 없이 따로 살자는 '분리주의'도 여성주의운동 일각을 넘어 보편화될 수가 없다. 고등동물의 종족보존 과정에서는 암수의 결합이 필요하며(물론 예외가 있지만), 인간세계에서의 행복한 삶에는—이 경우 더욱 많은 예외를 인정하고 충분히 배려해야겠지만—남녀의 조화로운 관계가 막중한 비중을 차지한다. 오늘날 한국을 포함한 세계 여러곳의 삶이 그러한 조화로운 관계와 거리가 먼 것이 남녀 간 권리의 차이, 또 이로 인한 힘의 차이, 다시 말해 대부분의 경우 여성에 대한 부당한 차별 탓임을 인정한다면, 성평등사회의 추구라는 과제가 단기적 현안을 넘어서는 큰 일임이 분명하나. 다만 궁극적인 목표를 '성평등'에 둘지 '남녀의 조화로운 관계'에 둘지는 논의의 여지가 있으며, 그 결과에 따라 단기 및 중기 과제의 설정과 추진방식에도 상당한 차이가 발생할 수 있다. 성평등을 지상목표로 삼을 때 무엇이 '차별'이고 무엇이 '차이'인가에 대한 논쟁이 끊이지 않기 십상이며, 자신의 성숙과 행복을 위해서도 여성해방에 기여해 마땅한 남자들을 설득하는 데도 불리할 수 있기 때문이다.

여기서 '남녀'보다 '음양(陰陽)'이라는 동아시아의 전통적 개념을 동원해보면 어떨까 한다. 현실적으로 존재해온 전통사회가 가부장적 질서였던 것과 별도로, 태극(太極)의 음과 양은 지배·피지배가 없는 상보관계이며, 대체로 양이 승한 것이 남자요 음이 승한 것이 여자이긴 하지만 양자

각기 음양 두면을 다 지녔고 음양의 조화를 통해서만 생명이 지속되는 것이라고 이해된다. 따라서 성평등 자체보다 음양의 조화가 구현되는 사회를 궁극적 지향점으로 삼을 때 음양의 조화를 저해하는 성차별에 대한 싸움은 그것대로 당연히 펼치면서 평등이 해당되지 않는 대목에조차 평등을 고집할 우려가 줄어듦에 따라 조화를 증진할 방안을 남녀가 함께 추진할 여지도 넓어질 것이다.

음양조화의 개념을 진지하게 도입하다보면 인간세계를 뛰어넘는 훨씬 큰 문제에 가닿는다. 알다시피 음양(또는 음양오행)은 인간관계뿐 아니라 우주 전체에 적용되는 개념이다. 따라서 질량과 운동 등 양적 특성 외에 다른 특성을 인정하지 않는 근대과학의 우주관과 모순된다. 이 모순을 우리는 어떻게 생각할 것인가? 근대교육을 받은 많은 지식인들이 여기서 벽에 부딪히곤 하는데, 정작 현대과학의 세계에서는 뉴턴에서 아인슈타인에 이르는 기계적 우주관이 심각한 도전에 직면했고 '세계에 다시 주술을 걸기'(reenchantment of the world)가 요청되고 있다.[37] 프리고진 등의 이 개념이 곧바로 동아시아의 음양론으로 통하는 것은 물론 아니다. 반면에 '복잡계 연구'(complexity studies)라는 그들의 새로운 과학 또한 '세계에 다시 주술을 걸기'의 첫걸음에 불과한 만큼 중성적이지만은 않은 시공간이 어떤 특성을 갖고 운행되는지에 대해 추후 많은 연구가 필요할 것이다. 어쨌든 우주관 자체가 변화하고 인간과 자연의 조화로운 삶이 모색되고 있는 오늘날, 인간사회에서의 음양조화에 해당하는 남녀관계의 추구

---

[37] 이 문구는 Ilya Prigogine and Isabelle Stengers, *Order Out of Chaos: Man's New Dialogue with Nature* (Flamingo 1985; 원저는 *La nouvelle alliance*, Gallimard 1979)에 나왔고, 근대 세계체제의 변혁을 이끌 새로운 학문의 정립을 강조하는 월러스틴이 곧잘 인용하는 표현이다(예컨대 이매뉴얼 월러스틴『지식의 불확실성: 새로운 지식 패러다임을 찾아서』, 유희석 옮김, 창비 2007, 154면; Immanuel Wallerstein, *The Uncertainties of Knowledge*, Temple University Press 2004, 125면).

가 동아시아적 우주관의 잠재력을 끌어내는 노력과 합쳐질 때 세계관의 전환이라는 인류사적 과제에 이바지함과 동시에 목전의 성차별 철폐 및 성평등 구현에도 힘을 실어줄 수 있지 않을까 한다.

6. 무엇이 변혁이며 어째서 중도인가

결론을 대신하여 변혁적 중도주의에 관해 몇마디 덧붙이고자 한다. '변혁적 중도주의'는 2009년의 졸저 『어디가 중도며 어째서 변혁인가』의 열쇠말이나 다름없었다. 그런데 앞서 말했듯이 선거의 해에 낸 『2013년체제 만들기』에서는 잠복하다시피 했는데, '변혁'과 '중도'의 일견 모순된 결합이 당장에 다수 유권자를 설득할 수 없을 것이기 때문이었다. 그 점은 여전히 사실이고 현장의 선수들이 적절한 방도를 찾아야 할 테지만, 우리가 큰 적공, 큰 전환을 꿈꿀수록 전지구적인 원대한 비전과 한국 현장에서 당면한 과제들을 연결하는 실천노선으로서 변혁적 중도주의 말고 무엇이 있을지 집기히기 힘들다.

'변혁'은 딱히 '중도'와 묶이지 않더라도 오늘의 한국에서 쉽게 받아들여질 말이 아니다. 전쟁발발 같은 급격한 변화가 경계의 대상임은 물론, 남북이 공존하는 가운데 남한만이 혁명 내지 변혁을 이룩한다는 주장도 공감하기 어렵기 때문이다. 실제로 그런 주장을 펼치는 소수세력이 없지 않지만 이는 공상에 가깝고 예의 '후천성 분단인식결핍증후군'의 혐의가 짙다.

이렇게 남북한 각기의 내부 문제가 한반도 전체를 아우르는 분단체제 속에서 작동하고 있고 이 매개항을 빼놓고는 전지구적 구상과 한국인의 현지 실천을 연결할 길이 없다는 것이야말로 분단체제론의 요체이다. 따라서 우리의 적공·전환 과정에서 이러한 한반도체제의 근본적 변화, 곧 남북의 단계적 재통합을 통해 분단체제보다 나은 사회를 건설하는 작업이 핵심적이기에 '변혁'을 표방하는 것이다.[38] 그리고 이를 위해 남한 단위의 섣부른 변혁이나 전지구적 차원의 막연한 변혁을 주장하는 단순논리를 벗어날 때 광범위한 중도세력을 확보하는 '중도주의'가 성립할 수 있다는 것이다.

실제로 그것이 가능할까? '다 좋은 말씀인데 그게 가능할까요?'라는 물음은 내가 토론모임 같은 데서 수없이 마주치는 질문이다. 그럴 때 나는 '물론 불가능하지요, 여러분이 그렇게 묻고만 있다면'이라고 답하곤 하지만, 살펴보면 변혁적 중도주의는 절실히 필요할뿐더러 유일하게 가능한 개혁과 통합의 노선이다.

졸고「2013년체제와 변혁적 중도주의」(『근대의 이중과제와 한반도식 나라만들기』제8장)에서는 '변혁적 중도주의가 아닌 것'의 여섯가지 예를 번호까지 붙여가며 열거했는데, 그런 식으로 이것저것 다 빼고서 무슨 세력을 확보하겠느냐는 반박을 들었다. 있을 법한 오해이기에 해명하자면, 그것은 배제의 논리가 아니라, 광범위한 세력 확보를 불가능하게 만들거나 진지한 개혁을 이룰 수 없는 기존의 각종 배제의 논리들을 반대하되 각 입장의 합리적 핵심을 살림으로써 개혁세력을 묶어낸다는 **통합의 논리**였다. 다만 변혁적 중도주의가 이러저러한 것이라는 정의를 정면으로 내세우기보다 무엇이 변혁적 중도주의가 **아닌지**를 적시함으로써 각자가 스스로 깨닫도록 하는 불교『중론(中論)』의 변증방식을 시도해본 것이다. 다만『중론』의

---

38 '변혁적 중도주의'나 '중도적 변혁주의'를 별 생각 없이 섞어 쓰기도 하는데, 이는 용어의 생소함 탓이겠지만 변혁적 중도주의가 그 나름의 엄밀성을 지닌 하나의 **개념**임을 놓치게 만드는 일이다. 남한 현실에서의 실천노선으로서 변혁적 중도주의는 변혁주의가 아닌 개혁주의인데, 다만 남한사회의 개혁이 분단체제극복운동이라는 중기적 운동과 연계됨으로써만 실효를 거둘 수 있다는 입장인 것이다.

방식에 진정 충실하려면 변혁적 중도주의자로 자처하는 사람도 자신의 생각을 끊임없이 성찰하면서 스스로 고정된 이데올로기에 빠지지 않도록 부정(否定) 작업을 계속하는 자세가 필요하겠다.

여기서는 먼젓글을 안 읽은 독자를 위해 예의 1~6번을 간략히 소개하면서 약간 부연하고자 한다.

1) 분단체제에 무관심한 개혁주의: 대체로 이런 성향을 지닌 국민이 비록 개혁의 내용이나 추진의지는 천차만별이더라도 전체의 대다수지 싶다. 여기에는 새누리당 지지자의 상당수도 포함될 테며, 이른바 진보적 시민단체도 다수가 이 범주에 속한다. (물론 특정한 개혁의제를 채택한 활동가가 편의상 거기 집중하는 것을 '후천성 분단인식결핍증후군' 환자로 몰아붙일 일은 아니다.) 어쨌든 1번은 사회의 다수를 차지한 만큼이나 자기성찰에 소극적일 수 있는데 변혁적 중도주의의 성공을 위해서는 이들을 최대한으로 설득하는 작업이 긴요하다.

2) 전쟁에 의존하는 변혁: 한반도의 현실에서 전쟁은 남북 주민의 공멸을 의미하기 때문에 당연히 배제되는 노선이다. 그런데 전쟁불사를 외치는 인사들도 내심 '전쟁이 안 일어나리라'는 생각들이고 스스로 한국군의 작전권을 행사하여 전쟁을 치를 생각은 더욱이나 없음을 감안하면, 2번을 실제로 추구하는 사람은 극소수라고 봐야 한다.

3) 북한만의 변혁을 요구하는 노선: 이 부류도 '북한혁명' 또는 '북한 인민 구출'을 적극 추진하는 강경세력으로부터 북한체제의 변화를 소극적으로 희망하는 사람들까지 스펙트럼이 넓다. 후자는 1번과의 경계선이 모호한 경우도 많다. 그런데 전자의 경우도 2번과 마찬가지로 현실성을 지니지 못하기 때문에 남한의 개혁을 막는 명분으로나 작용하기 십상이다.[39]

---

[39] "실현가능성이 거의 전무한 이런 구상(2번 또는 3번)이 일정한 위세를 유지하는 것은 그런 식으로 남북대결을 부추기는 일이 남한 내에서의 기득권을 수호하는 데 도움이 되기 때

하지만 변혁적 중도주의는 2번 또는 3번의 **노선**에 반대할 뿐, 그 추종 **인사**들이 노선의 편향성을 자각하고 '중도'를 잡게 될 수 있으리라는 기대를 처음부터 접을 일은 아니다.

4) 남한만의 독자적 변혁이나 혁명에 치중하는 노선: 1980년대 급진운동의 융성기 이후 계속 영향력이 감소해온 노선이지만, 아직도 추종하는 정파나 정당이 없지 않고 특히 지식인사회의 탁상 변혁주의자들 사이에 인기가 상당하다. 어쨌든 "이는 분단체제의 존재를 무시한 비현실적 급진 노선이며, 때로는 수구·보수세력의 반북주의에 실질적으로 동조하는 결과가 되기도 한다."(같은 책 194~95면) 반면에 세계체제와 한반도의 남북 모두를 변혁의 대상으로 삼고 계급문제의 중요성을 환기한다는 점에서, 이들이 분단체제의 변혁을 핵심 현안으로 인식만 한다면 중도를 찾을 여지가 있다.

5) 변혁을 '민족해방'으로 단순화하는 노선: 이 또한 1980~90년대 운동권에서 성행했고 근년에 영향력이 대폭 줄어들었는데, 다만 일제 식민지에서는 민족해방이 당연한 시대적 요구였고 8·15 이후에도 '민족문제'가 엄연한 현안 중 하나였다는 점에서 그 뿌리가 한결 튼실하다. 다만 분단체제 아래 북녘사회가 겪어온 퇴행 현상들에 눈을 감고 심지어 주체사상을 추종하는 일부 세력이[40] 진보세력의 연합정당이던 민주노동당과 통합진보당을 장악했다가 진보진영의 분열을 야기하면서 자주와 통일 담론 전체가 약화되는 상황을 초래했다. 그러나 '후천성 분단인식결핍증후군'과

문이다. 다시 말해 북한의 변혁은 명분일 뿐, 실질적으로는 분단체제의 변혁과 그에 필요한 남한 내의 개혁을 막는 데 이바지하고 있는 것이다."(「2013년체제와 변혁적 중도주의」 29~30면; 『근대의 이중과제와 한반도식 나라만들기』 202면)

[40] 이들에게 '종북'의 혐의가 씌워지는 것도 그 때문이지만, '종북'이라는 모호한 표현보다 '주체사상파'라는 정확한 개념을 사용하는 게 옳다는 주장이 설득력을 갖는다(이승환 「이석기사건과 '진보의 재구성' 논의에 부쳐」, 『창작과비평』 2013년 겨울호 335면).

줄기차게 싸워온 인사들이 온통 한묶음으로 매도당해서는 안 되며, 이들이 강조해온 자주성 담론을 분단체제에 대한 원만한 인식에 근거하여 변혁적 중도주의로 수렴하는 노력이 진보정당 안팎에서 이루어지기 바란다.

6) 평화운동, 생태주의 등이 "전지구적 기획과 국지적 실천을 매개하는 분단체제극복운동에 대한 인식"(같은 책 195면)을 결여한 경우: 이들도 각양각색이지만 전인류적 과제로서의 명분과 현지 실천에 대한 열의를 지녔다면 예의 '매개작용'에 대한 인식의 진전을 통해 변혁적 중도주의에 합류 또는 동조하는 일이 얼마든지 가능할 것이다.

이런 식의 논리전개를 『중론』에 빗대었지만, 더 속된 어법으로 바꾸면 선다형(選多型) 시험에서 틀린 답을 지워나감으로써 정답을 '찍는' 방식과 흡사하다. 실제로 현장에서 갖가지 극단주의와 분파주의에 시달리면서도 더 나은 사회를 만들려는 열정을 포기하지 않은 활동가일수록 변혁적 중도주의의 취지를 금세 알아차리기도 한다. 정작 어려운 문제는 정답을 맞히는 일보다 정답에 부응할 중도세력을 만들어내는 일이다. 이것이야말로 각 분야의 현장 일꾼과 전문가가 연마하고 적공할 문제인데, 여기서는 선거를 좌우하는 정당정치의 현실에 관해 한두가지 단상을 피력하고 넘어갈까 한다.

한국사회의 대전환을 위해서는 전환을 막으려는 세력의 힘을 일단 부분적으로나마 꺾어야 하는데, 87년체제 아래 국민의 최대 무기는 6월항쟁으로 쟁취한 선거권이 아닐 수 없다. '1원 1표'가 아닌 '1인 1표'가 작동하는 드문 기회이기 때문이다.[41] 그렇다면 기존의 야당, 특히 제1야당인 새정치민주연합을 어찌할 것인가. '웬만만 하면' 찍어줄 텐데도 지금으로서

---

[41] 세교포럼 토론에서 박성민 대표는 수구·보수 카르텔의 "가장 약한 고리"가 선거임을 강조하면서, 현재 야당이 인기가 너무 없지만 국민은 "웬만만 하면" 야당을 찍어줄 준비가 되어 있다고 주장했다.

는 도저히 찍어줄 마음이 안 난다는 사람들이 대다수가 아닌가.

이에 대한 답이 내게 있을 리 없고, 변혁적 중도주의론이 그런 차원의 물음에 일일이 답을 주는 담론도 아니다. 다만 몇가지 오답을 적시하는 기준이 될 수는 있다. 예컨대 야당의 낮은 지지율을 요즘 젊은 세대의 '보수화' 탓으로 돌리는 경향이 있는데, 물론 사회풍토의 변화로 젊은 세대가 유달리 개인적 '성공'에 집착하고 가정교육에서도 사회적 연대의식이 경시된 면이 없지 않다. 여기다 87년체제의 말기국면이 지속되면서 냉소주의가 만연하고 사람들의 심성이 더욱 황폐해진 것도 사실이다. 하지만 소수의 예외를 빼고는 젊은이들이 기성현실에 대해 지금 이대로 살 만하다고 긍정하거나 정부·여당의 낡은 작태가 '웃기다'고 생각하지 않을 정도로 보수화된 건 아니다. 오히려 지금과는 다른 세상에 대한 목마름이 간절하다고 보며, 게다가 저들은 앞세대에 비해 훨씬 식견이 넓고 발랄한 기상을 지녔다. 그런 젊은이들에게 야당이 '민주 대 반민주' 구도를 들이대며 자기 편을 안 들어준다고 보수화 운운한다면 점점 더 외면받는 게 당연하다. 차라리 변화에 대한 저들 자신의 욕구에 맞추는 일을 '진보'의 척도로 삼고 그에 걸맞은 정책의제를 제시한다면 오히려 그들이 너무 과도한 반응을 보여서 나이든 세대의 적당한 견제가 필요해질지 모른다.

'변혁적 중도주의가 아닌 것'에 대한 설명을 원용한다면, 야당이 1번 노선에 안주하면서 '우클릭'을 통해 '보수화'된 젊은 유권자를 사로잡으려 해서는 여당과의 비교열세가 더욱 돋보이게 될 뿐이다. 그렇다고 혁신을 한답시고 4~6번 중 어느 쪽으로 '좌클릭'하는 것도 소수세력에나 매력을 지닐 따름이다. 다수 국민이 그렇겠지만 특히 젊은 세대로 갈수록 '변혁적 중도주의'라는 문자에는 무지하거나 냉담할지언정 1~6번이 모두 안 맞는다는 점만은 직감하고 있는 것이다.

이런 인식은 없이 새정치민주연합에 대해 과도한 혁신을 주문하거나 기대하는 것도 낡은 타성이다. 제1야당이 자체 혁신만 해내면 수구·보수 진영에 맞설 수 있는 독자적 진영을 이루고 있다는 환상이기 쉽고, 새정치민주연합이 곧 '민주'의 총본산이라는 고정관념에 사로잡힌 결과일 수도 있다. 제1야당의 혁신은 물론 필요하지만 혁신한다고 수구·보수 카르텔을 제압할 힘이 생기는 것은 아니며, 단기간에 변혁적 중도주의 정당으로 거듭날 처지도 못 된다. 카르텔의 거대한 성채에 약간의 균열부터 내는 일이 급선무인데, 이를 위해 나서야 할 광범위한 연대세력 중에서 가장 큰 현실정치 단위가 새정치민주연합이라는 인식을 갖고 그 몫을 수행할 만큼의 자체 정비와 혁신을 해내겠다는 겸허한 자세가 필요한 것이다. 본격적인 변혁적 중도주의 정당(들)의 형성은 일단 선거승리라도 이룬 다음의 일이지만,[42] 선거승리를 위해서도 변혁적 중도주의에 대한 지향성을 어느정도 공유해야 하고, 이를 위해 자신보다 현실적 힘이 약한 정파나 집단일지라도 변혁적 중도주의에 대한 인식이 더 투철하다면 그들의 목소리를 경청하는 자세가 있어야 할 것이다.

끝으로 변혁적 중도주의라는 남한 단위의 실천노선이 불교적 '중도' — 또는 유교의 '중용' — 같은 한결 고차원의 개념과 연결되어 있음을 상기하고자 한다. 이로써 본고가 동원한 여러 개념 사이에 일종의 순환구조가 성립한다. 곧, 근대 세계체제의 변혁을 위한 적응과 극복의 이중과제를 한반도 차원에서 실현하는 일이 분단체제극복 작업이고, 한국사회에서의 실천노선이 변혁적 중도주의이며, 이를 위해서는 집단적 실천과 더불어 각 개인의 마음공부·중도공부가 필수적인데, 중도 자체는 근대의 이중과제보다도 한결 높은 차원의 범인류적 표준이기도 하여 다른 여

---

[42] 2013년체제가 성립되더라도 변혁적 중도주의 세력을 총망라한 단일 거대정당이 아니라 기본적인 지향을 공유하는 다수 정당의 존재가 바람직하다는 점을 밝힌 바 있다(「2013년체제와 변혁적 중도주의」 30~31면; 『근대의 이중과제와 한반도식 나라만들기』 202~203면).

러 차원의 작업을 관통하고 있는 것이다. 굳이 이 점을 지적하는 까닭은 체계의 완결성을 기해서가 아니라, 지금 이곳의 우리에게 주어진 복잡다기한 적공·전환의 과제를 시간대와 공간규모에 따라 식별하면서도 결합하는 작업이 오히려 순리에 해당함을 강조하고 싶어서이다.

III. 촛불혁명과 진화하는 K민주주의

7. 촛불혁명과 개벽세상의 주인노릇을 위해

8. 성공하는 2기 촛불정부를 만들려면

9. 2023년에 할 일들: 살던 대로 살지 맙시다

10. 2024년 새해를 맞으며

11. 한반도정세의 새 국면과 분단체제

12. 시민의회 전국포럼 출범을 축하하며

7. 촛불혁명과 개벽세상의 주인노릇을 위해

촛불혁명이 시작된 후로 '주인노릇'에 대해 더 많은 생각을 하게 된다. 2016년 가을부터 이듬해 봄까지, 세계적으로도 유례가 드물게 많은 시민들이 자발적·평화적인 시위를 끈질기게 벌이며 스스로 나라의 주인이자 자기 삶의 주인임을 과시했기 때문이다.

대한민국이 민주공화국이라는 원칙은 제헌헌법에서, 아니 1919년의 상해임시정부 헌장에서 이미 선포한 바 있다. 군주의 신민(臣民)에서 주권자 국민으로의 전환이 이루어진 것이다. 하지만 직접민주주의가 아닌 대의정치가 어떤 식으로든 불가피한 근대국가에서 주권행사는 선거철의 유권자 노릇에 국한되기 일쑤였는데, 촛불대항쟁[1]은 그런 반쪽짜리 주인행세는 안 되며 아예 신민의 수준으로 되돌아가려는 나라는 더욱이나 안 될

---

[1] 우리 사회에는 2002년 효순·미선이 사건, 2004년 노무현 대통령 탄핵 저지, 2008년 광우병 소 수입반대 때에도 대규모 촛불시위가 있었고 2019년 검찰개혁을 위한 서초동 집회도 촛불항쟁의 이름에 값했다. 따라서 2016~17년의 가장 크고 결정적이었던 촛불을 '대항쟁'이라 불러 특화할 필요를 느낀다. 이는 촛불대항쟁을 촛불혁명의 시발점이 아니라 혁명 그 자체로 설정하여 혁명이냐 아니냐를 따지는 입장과 분명한 거리를 두는 이점도 있다.

다고 분명히 못박았다. 따라서 '촛불'이 대통령 탄핵과 정권교체로 끝난 일회성 항쟁이 아니고 세상과 나라를 크게 바꾸는 촛불**혁명**이 되려면 시민들이 어떻게 주인노릇을 하느냐가 그 어느 때보다 중요해진 것이다.

문제는 촛불대항쟁으로 시민들이 새로운 차원의 주인의식을 갖게 되었더라도 일단 선거가 끝나고 새로운 집권자들이 들어서면 명목상 머슴집단인 후자는 막강한 권한과 조직을 갖는 데 비해 주인은 너무나 많은 사람들이 권한을 나눠 갖고 있기 때문에 머슴(들)을 뜻대로 부리기가 힘들어진다는 점이다. 어떻게 주인노릇을 제대로 하는 주인이 될지 진지하게 고민하지 않을 수 없다.

촛불대항쟁, 촛불혁명, 촛불정부

구체적인 답을 찾기 전에 '촛불'이 과거지사가 아니라 진행 중인 '혁명'일 가능성에 대한 고민이 없이는 기본적인 사실마저 오인할 수 있음을 지적하고자 한다. 처음부터 혁명이라고 규정해놓고 출발하자는 게 아니다. 대항쟁은 2016~17년으로 한정된 사건이지만 그것을 어떻게 기억할지, 이후의 진전에 혁명의 면모가 있다면 어떤 것인지를 줄곧 성찰하면서 살아가자는 말이다. 불교적 표현으로 촛불혁명을 '화두'로 붙들고 살자는 것인데[2] 그럼으로써만 시국을 올바로 진단하고 적절히 대응할 수 있기 때문이다.

문재인정부가 '촛불정부'를 자임하는 데는 스스로 촛불 덕에 집권했다는 엄연한 사실에 더해 나라다운 나라를 만들라는 시민들의 요구를 실현

---

2 『근대의 이중과제와 한반도식 나라만들기』 제4부 16 「촛불혁명이라는 화두」 참조.

하겠다는 다짐이 포함되어 있다. 하지만 세월이 흐를수록 그러한 다짐이 흐려지고 ─ 집권세력 중 대다수는 처음부터 진정어린 다짐이 아니었을 수도 있다 ─ 요즘은 촛불정부라는 호칭 자체가 가당치 않다는 평가조차 많아진 형국이다.

문재인정부의 탄생이 촛불에 힘입었음은 자타가 공인하는 바다. 그러나 대항쟁이 아니었으면 이른바 3기 민주정부의 성립이 거의 불가능했으리라는 점을 얼마나 실감들 하는지는 의문이다. 물론 국민이 박근혜정권을 끝까지 참아줬으리라는 가정은 우리 국민을 과소평가하는 일일뿐더러 역사적 사실에 반하는(영어로 counter-factual이라고 하는) 가설이므로 일종의 사고실험 이상이 되기 어렵다. 그래도 점점 많은 사람들이 촛불이라는 화두를 내려버리는 지금의 상황에서는 유용한 사고실험이며 2016년 당시의 상황을 되새겨보는 방편이기도 하다.

이명박·박근혜 정부의 공통된 정치기획은 87년체제가 열어놓은 정권교체의 기회를 원천적으로 봉쇄하여 한국정치를 1987년 이전으로 되돌리려는 '점진 쿠데타' 내지 '신종 쿠데타'였다.[3] 이명박의 사익편취나 박근혜의 국정농단은 그들 체질의 자연스러운 표출이긴 했지만 점진 쿠데타 프로젝트를 위해서는 교란요인이 되는 면이 컸다. 어쨌든 그 기획이 촛불시민의 대대적인 봉기 없이 2017년 12월의 대선 때까지 진행되었더라면 민주당 후보가 누구든 간에 정권을 탈환할 확률은 극히 낮지 않았을까. 2012년에도 극도로 편향된 언론상황에 더해 국정원, 기무사 등이 동원된 조직적인 선거부정이 저질러졌음이 훗날 밝혀졌지만, 2017년 12월까지의 시간이 주어졌다면 훨씬 대대적이고 치밀한 공작이 수행되었으리라는 점은 의문의 여지가 없다.

---

3 이남주 「역사쿠데타가 아니라 신종 쿠데타 국면이다」, 『창작과비평』 2015년 겨울호 '책머리에' 2~5면.

현실에서는 촛불대항쟁으로 저들의 시간표가 완전히 어그러졌다. 하지만 민주당정부 역시 '얼떨결'에 등장할 수밖에 없었다. 대항쟁은 어떤 의미로 문재인정부 성립의 필요조건을 넘어 거의 충분조건이었다고 할 수 있다. 민중혁명의 과정에서 시행되는 선거는 위험한 국면일 수 있는데 2017년 대선의 선거과정 역시 여러모로 촛불정신을 후퇴시키는 양상을 보였다. 그럼에도 1968년 6월 프랑스 총선에서와 같은 역전을 허용하지 않은 것은 승리한 후보나 정당의 역량보다 촛불시민의 위력에 주로 힘입었다고 봐야 할 것이다.[4]

준비가 부족하기로는 시민사회도 마찬가지였다. 대항쟁에서 수많은 시민들이 특별한 조직이나 지휘체계 없이 자발적 행동과 수평적 연결만으로 거대한 변화를 이끌어낸 점을 자랑하는 것은 백번 타당하다. 하지만 수평주의에 항상 따르는 위험은, 성공 후에 그 열매를 가로채기 당할 가능성이다. 4·19혁명도 그랬다. 흔히 4·19로 성립한 민주당정권이 5·16쿠데타로 무너진 사실만을 언급하지만, 민주당의 집권 자체가 일종의 가로채기였고 신·구파 모두 일찌감치 4·19의 정신에서 멀어졌던 정권이 군부의 무력에 다시 가로채기를 당한 것이었다. 4·19가 학생조직 외에는 조직이랄 게 없는 민중봉기였기에 보수야당과 군부에 의한 연속 가로채기를 막지 못한 것이다. 촛불대항쟁의 수평주의도 똑같은 위험에 노출되어 있었다. 그러나 촛불의 위력이 워낙 대단했기에 촛불혁명을 완수하겠다는 충정을 가진 후보가 선거에서 당선되었고 이후 대통령 본인의 능력과 준비 부족 등 온갖 한계에도 불구하고 우리가 여전히 촛불혁명을 말할 수 있는 상황이 존속되고 있는 것이다.

문정부를 평가할 때 잊지 말아야 할 또 한가지는, 그 실적이 아무리 기

---

4 프랑스 5월혁명과의 대비는 『근대의 이중과제와 한반도식 나라만들기』 제4부 13 「'촛불'이 한반도 평화를 만들어낼까」 442면 참조.

대에 못 미쳤다 해도 촛불이 낳은 정부가 아니고서는 설혹 문재인보다 훨씬 역량이 뛰어난 인물이 나섰더라도 도저히 못 했을 일들을 해냈다는 사실이다. 이명박·박근혜 두 전직 대통령과 삼성 총수의 구속, 70여년 만에 처음 성취된 검찰의 기소독점권 폐지, 여순항쟁 관련 특별법 제정을 비롯한 각종 피맺힌 역사에 대한 신원(伸冤)작업의 진행 같은 일들을 촛불 없이 '정상적'으로 집권한 중도보수정당 대통령 누가 해냈을 것인가. 마찬가지로 2018년의 획기적인 남북관계 진전을 촛불혁명이 아니고서는 김대중 전 대통령의 준비와 개인기를 갖춘 인물이라 해도 과연 이뤄낼 수 있었을 것인가. 이런 것들을 두고 '누가 해도 그 정도는 했을 것'이라고 대수롭지 않게 넘기고 정부비판에만 열을 올리는 태도는 현실에 대한 극도의 무감각을 말해줄 뿐이다.

사실은 이 정부에 대한 정당한 분노의 표출이나 심지어 제1야당 등 기득권세력의 결사저항 역시 본질적으로 촛불의 '자장(磁場)' 안에서 벌어지고 있음을 유의해야 한다.[5] 분노한 목소리들에 귀를 막자거나 비판을 자제하라는 말이 아니다. 비판하고 질타하더라도 어디까지나 촛불혁명의 **주인노릇**의 일환으로 하시는 것이니. 주인은 평론가가 아니다. 물론 주인노릇을 제대로 하자면 세상과 노복들에 대한 비평을 게을리하지 말아야 하지만, 본질상 일을 되게 만드는 것이 주인의 몫이다. 그래서 옛말에도 주인은 종의 종노릇을 해야 된다고 했고, 불가(佛家)에서는 수처작주(隨處作主)라 하여 언제 어디서나 자기가 처한 위치에서 주인노릇 할 것을 다짐하기도 한다. 민주사회의 주인이 정부가 아니고 시민이며 촛불혁명의 시

---

[5] "냉정하게 생각해보면 당연한 사실은 현재 정부여당의 지지율 하락도 촛불혁명의 자장 안에서 진행되고 있다는 점이다. 퇴행적 이슈가 아니라 성평등, 주거권 보장, 소득불평등 해소 등 앞으로 나아갈 수 있는 의제에서의 미흡한 대응이 지지율 하락을 촉발하고 있기 때문이다."(이남주 「촛불혁명의 초심으로」, 『창작과비평』 2020년 가을호 4면)

대에는 더욱이나 그래야 한다면, 못난 일꾼을 욕하더라도 잘 부리기를 고민하는 자세로 욕할 일이요 여차하면 궂은일을 몸소 해낼 각오도 필요하다. 머슴은 일을 못했을 때 벌을 받거나 정 감당이 안 되면 도망가도 그만이지만 주인은 그럴 수가 없는 것이다.

1기 촛불정부 기간에 달라진 세상

현 정부의 잘잘못 문제를 떠나 세상은 1기 촛불정부 4년여 동안에 엄청나게 달라졌다. 그런데 이 나라가 온통 망가지고 '빨갱이' 세상이 되었다는 수구세력의 공격과는 대조적으로, 진보적이라는 인사들 사이에는 '아무것도 달라진 게 없다'는 개탄이 자주 들린다. 자신이 특별히 주창하고 소망하던 분야에서 이뤄진 게 없다는 뜻이겠지만 이 또한 온전한 주인노릇은 아니다. 선거철에 각자의 판단과 이해관계에 따라 투표하고 나머지 기간은 평론에 열중하는 촛불 이전의 낡은 행태인 것이다. 어쩌면 촛불 이전부터 가장 진보적인 입장을 취했고 지금도 그렇다는 은근한 자기과시일지 모르겠는데, 이런 이들은 주권시민보다는 '주권을 가진 소비자', 심한 경우에는 일종의 '지상고객'일 수도 있다.

기후위기의 심화라든가 미·중 대결 같은 것은 정부의 잘잘못 차원에서만 따질 수 없는 전지구적 생태계 또는 지정학적 차원의 문제이다. 또, 나중에 다시 언급하겠지만 4차 산업혁명이라 일컬어지는 현대사회의 급속한 변화 역시 일국 차원에 국한할 수 없는 문제다. 그러나 결국 이들 현실에 대한 대응의 성패는 촛불시민의 주인노릇에 크게 좌우되게 마련이다.

다른 한편, 촛불 이전에 대두했던 국내의 현안들이 촛불혁명으로 새로운 양상을 띠게 된 경우도 많다. 예컨대 우리 사회의 생명경시, 특히 노동자의 안전과 목숨을 가볍게 보는 폐습은 유구한 역사를 지녔으나 이에 대한 시민들의 민감성과 극복의지는 한결 다른 차원에 도달했다. 물론 아직 충분한 변화는 아니고, 중대재해기업처벌법의 처리가 국회에서 지연을 거듭하다가 대폭 약화된 채 통과된 과정을 보면 촛불시민들이 허탈감을 느낄 법도 하다. 하지만 직장에서 또는 사업자 간에 행해지는 '갑질'이 사회적인 쟁점으로 부각되는 현상들에서도 촛불로 인한 사회적 체질의 변화를 실감할 수 있다.

촛불 이후 새로운 차원에 달한 것이 성평등 문제, 특히 여성에 대한 차별과 혐오, 여성의 신변안전 문제 들이다. '미투(MeToo)운동'만 해도 2016년에 이미 문단의 성폭력 사례들이 주목을 끌었고 '미투'라는 용어 자체는 외국에서 만들어진 것이지만, 대항쟁 현장에서 부각되던 성차별 반대 움직임이 그후 촛불혁명의 일환으로 사회적 대세를 이루게 되었다. 지금은 성평등운동이 '미투'라는 고발운동에 한정되는 것을 오히려 경계하며 운동방식의 한계를 성찰하고 성평등운동의 보편적 지평을 확대하려는 문제의식이 일어나는 수준으로까지 진화한 것으로 보인다. 군대 내의 성폭력과 이에 대한 군조직의 거듭된 은폐도 새롭게 부각되었는데, 이는 김영삼정부의 하나회 청산 이래 군사쿠데타를 다시 일으키기는 힘들어졌지만 여전히 문민통제를 제대로 받지 않는 군이라는 특수조직이 지닌 좀 다른 차원의 문제들과 함께 따로 검토할 심각한 사안이다.

그밖에도 열거할 문제야 많지만 나는 우리 사회 적폐세력들의 민낯이 세상에 드러나고 있는 것이야말로 촛불혁명의 최대 성과 중 하나라고 본다.[6] 전모가 드러나려면 물론 아직 멀었다. 특히 예의 민낯들이 개인으로 또는 특정 집단으로만 존재하는 게 아니라 여러 분야에 걸쳐 강고하고 거

---

6 『근대의 이중과제와 한반도식 나라만들기』 제4부 18 「세상의 민낯을 본 뒤에 무엇을 할까」.

대한 다업종 카르텔을 형성하고 있는 현실은 온 천하에 보이기 시작한 데 불과하다.

이처럼 누적된 폐해가 드러나고 새로운 개혁과제가 제기될수록 2기 촛불정부의 성립 여부야말로 우리 역사의 분기점이 될 것임을 실감한다. 2017년 대선은 대항쟁의 결과로 예정된 수순을 밟은 거나 다름없었지만, 이후 수구세력이 재정비의 시간을 가졌을뿐더러 한번 민낯을 드러낸 장본인들은 수단·방법을 안 가리고 죽기 살기로 싸우게 마련이다. 내년의 대통령선거야말로 건곤일척의 대회전(大會戰)일 수밖에 없는 것이다.

개벽을 말하는 이유

이 싸움에서 '2기 촛불정부'와 민주당의 정권 재창출을 동일시하는 것은 정확하지도 바람직하지도 않다. 물론 현실적으로 민주당정권이 아닌 2기 촛불정부를 상정하기는 힘들다. 또, 민주당의 경선과정에서 대선후보들이 '4기 민주정권'을 외쳐대는 것은 불가피했고 후보로 확정된 이재명 지사의 수락연설에서도 그 표현이 사용된 것을 탓할 일은 아니다. 그러나 4기 민주**당**정권을 곧 4기 **민주**정권이라 부르는 것은 부정확할 뿐 아니라 일종의 오만일 수 있으며 촛불혁명에 대한 인식을 흐려놓을 위험이 있다.[7]

87년체제 첫 민주당정권인 김대중정부의 성립이 종전 10년으로부터의 의미있는 전환을 뜻하는 것은 사실이다. 그러나 한국의 민주화가 1987년의

---

7 1기 촛불정부를 3기 민주정부로 부르는 것이 부당하다는 지적은 같은 책 제4부 14 「촛불혁명과 촛불정부」 449면 참조. '민주당정부'와 '민주정부'의 부당한 동일시와 이것이 이명박·박근혜 정부의 역진적 성격을 호도할 위험에 대해서는 촛불혁명 이전에도 비판한 바 있다(같은 책 제9장 「큰 적공, 큰 전환을 위하여」 221면; 본서 117면).

6월항쟁으로 시작되었다고 한다면 김대중정권을 민주화시대의 세번째 정권으로 보는 것이 논리적이며, 실제로 첫 문민정부인 김영삼정권은 물론 5공화국과의 연속성이 한결 두드러졌던 노태우정권조차 국민들이 쟁취한 새 헌법 아래 탄생했고 남북관계와 북방외교에서 획기적인 변화를 가져왔다.[8] 그런 마당에 민주당정권만이 민주정권인 양 말하는 것은 87년체제 기득권의 일부를 착실히 누려온 더불어민주당 특유의 오만이며 촛불혁명이라는 역사적 분기점을 흐려버리는 효과마저 있다. 오늘의 촛불 대 반촛불 전선은 여야의 전선과 겹치지 않으며 이른바 진보 대 보수의 '진영대립'과도 일치하지 않는다. 실제로 수구세력 가운데는 ─ 정권을 다투는 일을 본업으로 삼는 정당이며 어차피 전체 기득권세력의 전략지휘부로서의 위상을 잃어버린 '국민의힘'을 넘어 더 넓게 보면 ─ 촛불정부 2기만 아니면 '민주정부 4기'도 감내할 수 있다는 속내가 한결 뚜렷하다. 아니, 민주당 내부에도 그런 전선이 그어져 있음을 이번 대선후보 경선과정에서도 실감할 수 있었다. 하기는 '4기 민주정부'라는 목표를 공유하기에 본선에서 어느 수준의 당내 협업이 성사되겠지만, '2기 촛불정부'에 대한 경계심과 거부감이 민주당 내부는 물론 '진보진영' 곳곳에 퍼져 있음을 촛불시민은 눈 부릅뜨고 직시해야 한다.

그런데 촛불정부 논의에 굳이 '개벽'을 끌어들이는 이유가 무엇인가?

첫째, 촛불혁명의 위력이 갑자기 생긴 것이 아니라 이 땅에 깊은 뿌리를 지녔다는 자긍심과 자신감을 갖기 위해서다. 촛불대항쟁 이전에 2002년, 2004년, 2008년 등의 예행연습이 있었음은 물론 4·19, 5·18, 6월항쟁 등의 오랜 민중운동이 전개되었음은 알려진 사실이다. 더하여 6·25의 폐허에서 나라 경제를 다시 일으킨 국민적 노력, 4·19의 평화통일운동을 끈

---

[8] 이런 인식은 노태우·김영삼의 보수적 정권과 이들의 성과마저 허물어간 이명박·박근혜의 '점진 쿠데타' 정권을 구별하기 위해서도 긴요하다.

질기게 이어받아 드디어 6·15시대를 연 민족의 저력도 생략할 수 없다. 더 긴 시간대에서는 3·1운동이 '백년의 변혁'에 시동을 걸었고,[9] 더욱 길게 보면 1860년대 수운(水雲) 최제우(崔濟愚)의 동학에서 비롯된 한반도 후천개벽운동의 물줄기가 3·1까지 그리고 이후로도 이어진 것이었다.[10]

둘째로, 수운이 '다시개벽'을 제창한 배경에 이미 장기간 누적된 병폐가 있었음을 상기하면서 촛불혁명의 과정에서도 섣부른 낙관과 절망을 모두 경계하자는 뜻이다. 조선왕조에 의한 임진·병자 두 난리의 대응과 뒷수습이 지혜롭지도 정의롭지도 못했던데다 정조(正祖)의 마지막 개혁 시도마저 그의 급서로 좌절되었다(그가 더 오래 살았더라도 개혁이 성공했을지는 장담 못하지만). 그사이 다산(茶山) 정약용(丁若鏞)을 비롯한 우국적 유학자들의 모색도 적폐세상을 바꾸지 못한 상황에서, 개혁이 아닌 **개벽**을 향한 사상적·실천적 돌파가 이루어진 것이다. 이에 부응해 벌어진 대규모 민중투쟁이 1894년의 동학농민전쟁이었고 그 패배로 1910년의 국권상실, 35년에 걸친 이민족지배, 일제패망과 동시적으로 이루어진 국토분할과 뒤이은 6·25전쟁, 1953년의 정전협정 이래 성립한 분단체제와 남북 기득권세력의 적대적 공존 등의 괴로운 역사가 지속되었다. 촛불혁명이 청산해야 할 적폐가 얼마나 뿌리깊고 완강한 현실인지를 뼈저리게 인식하며 싸움에 임할 필요가 있다.

셋째로, 시야를 지구 차원으로 넓혀서 근대 세계체제 자체가 말기국면에 진입한바 한국과 한민족이 앞장서 이 현실을 타개하고 새세상을 열어갈 전망을 공유하자는 의미가 있다. 16세기 서유럽의 한 모퉁이에서 발생한 자본주의체제가 19세기에는 동아시아마저 아우르는 전지구적 현

---

[9] 백영서 엮음 『백년의 변혁: 3·1에서 촛불까지』, 창비 2019.
[10] 같은 책에서 백낙청, 임형택, 백영서, 정혜정 등의 글 참조. 더 최근의 논의로는 김용옥·박맹수·백낙청 특별좌담 「다시 동학을 찾아 오늘의 길을 묻다」, 『창작과비평』 2021년 가을호.

실이 되었다가 20세기 말에 혼란기에 접어들었음은 이매뉴얼 월러스틴(Immanuel Wallerstein) 등이 일찍부터 지적해왔다. 21세기에 와서는 이른바 선진국들의 정치적 퇴행과 경제적 부진이 더욱 두드러지게 되었고, 최근의 코로나19 대유행마저 겹쳐 패권국 미국과 전세계적 기득권세력의 민낯도 드러날 대로 드러났다.

한국사회의 민낯 또한 곳곳에서 노출됐고 지금도 계속 드러나고 있음을 앞서 지적했지만, 세계적 지평에서 보면 한국과 한반도가 뜻밖의 저력을 보여주는 면도 눈에 뜨인다. 코로나 방역만 해도 전반적으로 동아시아가 비교적 성공하고 있는 가운데 한국은 민주시민들의 자발적인 협조에 힘입은 결과라는 점에서 동아시아에서도 예외적인 사례다. 경제지표를 보더라도 국가경제는 OECD 국가 중에서도 가장 순항하는 나라에 속하며 국가신인도가 미국이나 일본보다 높다. 물론 이것이 마냥 자축할 일만은 아니다. 빈부격차의 확대, 낮은 출산율, 높은 자살률과 노인빈곤율 등 기득권세력에 짓눌린 민초들의 고난을 딛고 이룩된 성과이기 때문이다. 특히 K방역의 성취가 물류업계 노동자들의 과다노동과 거듭된 과로사, 소상공인들의 폐업과 자살 같은 댓가를 치른 결과임을 잊어서는 안 된다. 다만 촛불혁명으로 나라가 완전히 망가졌다는 가짜뉴스에 흔들리지 말자는 것이며, 이런 현실에 대한 대중의 깨달음이 급속도로 확산되고 있는 데서 희망을 찾자는 것이다.

어쨌든 한국의 국가위상 상승은 단지 경제력만이 아니라 K방역 외에도 K팝, 드라마, 영화, 웹툰 등 K문화에 의해 뒷받침되고 있고, 미얀마 시민항쟁에 보낸 한국민의 남다른 성원도 촛불시대 특유의 현상이다. 그렇다고 이런 현상들이 곧 개벽의 징표라 단정할 수는 없다. 그러나 한반도식으로 평화를 정착시키고 새로운 나라만들기를 진행함과 동시에 현대 세계가 당면한 난제의 해결에 한국의 사상적 기여 가능성이 보태진다면 한반도가 전지구적 후천개벽의 진원지가 될 전망도 지녀볼 수 있다.

그에 대한 본격적 검토를 여기서 할 수는 없다. 다만 본서(이 글 본문에서의 '본서'는 『근대의 이중과제와 한반도식 나라만들기』를 가리킴)의 중요 열쇠말인 '근대의 이중과제'를 생각하더라도, 그것은 자본주의 근대의 변증법적 극복을 주창해온 서구 진보사상을 이어받은 면이 있지만, '물질개벽에 상응하는 정신개벽'이라는 한반도 고유의 사상을 수용함으로써만 원만한 성취를 이룰 수 있는 성격이다.[11] 예컨대 점점 심각해지는 기후위기라는 전지구적 문제의 경우 자본주의로부터의 일대 전환 없이는 해결이 불가능하다는 인식이 점차 공유되고 있는데, 이러한 대전환 역시 개벽에 미달하는 차원의 사유로 추동할 수 있을지 의문이며 전환의 과정에서 이중과제론 특유의 현실적인 대응을 요하지 않을까 한다.[12] 이른바 4차 산업혁명 문제도 개벽의 맥락에서 접근할 필요가 있다. '4차'냐 '3차'냐 하는 호칭의 차이를 두고 학자들 간에 논란이 분분하며 몇차라고 번호를 다는 것 자체에 대한 반론도 없지 않다. 사실 자본주의의 역사에서 보면 18세기 말 영국의 산업혁명 자체가 16세기 영국의 자본주의적 영농의 성립으로 이미 자본주의 시대가 진행 중인 도중에 일어난 사태이며 물질개벽의 전

---

[11] 앞의 좌담에서 도올과 나는 '물질이 개벽되니 정신을 개벽하자'는 소태산 박중빈이 원불교 개교표어에 대해 의견을 달리했다(116~21면). 곧, 도올은 소태산이 '물질개벽'을 바람직한 방향으로의 물질환경 변화로 이해하면서 그것을 뒤따라가는 '정신개벽'을 제창했다고 본 데 반해, 나는 소태산이 물질개벽을 전적으로 부정적인 현상으로 본 것은 아닐지라도 세상을 망치고 인류를 도탄에 빠뜨릴 수 있는 위협적인 현상으로 파악하여 그 위협을 이겨낼 만한 정신의 개벽을 이룩해야 함을 주장했다고 해석했다. 동시에 원불교의 개교표어가 수운의 '다시개벽' 사상의 연장선에 있음을 강조했다. 사실 소태산에 의한 한반도 개벽사상과 불교의 결합이야말로 세계사적 사건이라는 것은 나의 지론이며, "벌써 1세기 반이 넘는 이 땅의 자생적 후천개벽운동의 연장선에서 '불법을 주체로' 출발한 원불교가 인류가 찾는 맥을 바로 짚어 앞서 나간 면이 있다"(백낙청 『문명의 대전환과 후천개벽』, 박윤철 엮음, 모시는사람들 2016, '지은이 후기' 389면)고 말하기도 했다.
[12] 『근대의 이중과제와 한반도식 나라만들기』 제13장 참조.

개과정의 일부였다고 할 수 있다. 그렇다 해도 그 과정 내부에 특별한 변곡점들이 존재했음이 사실이며, 오늘날 디지털기술 등의 발달로 물질개벽이 한층 급격히 가속화되고 있음은 의문의 여지가 없다. 이에 대한 인류의 대응이 종래의 기술문명 따라가기 또는 기술개발 앞서가기와 전혀 다른 성격이어야 함을 인식하기 위해서도 개벽에 대한 연마가 불가결해졌다. 물질개벽만 더욱 눈부시게 되고 인심과 정신은 상응하는 개벽을 이루지 못한다면 '민주주의'니 '주인의식'이니 하는 것 자체가 마음에 어른이 없는 애물들만 양산되어 스스로 주인이라 착각하면서 오히려 기술과 자본에 지배당하는 노예생활을 초래하게 마련인 것이다.

 끝으로 본서의 또다른 주제인 '한반도식 나라만들기' 역시 촛불혁명과 개벽세상의 주인들이 나서야 하는 과업임을 강조하고자 한다. 조선왕조가 무너지면서 본격화된 새로운 나라만들기는 한반도 특유의 후천개벽운동과 함께 진행되었고 운동의 부침에 따라 파란곡절을 겪어오다가 민족의 대참사인 동족상잔의 국제전쟁까지 겪었다. 그 후과로 성립한 분단체제는 동학과 3·1이 꿈꾸었던 범한반도적 나라만들기를 70년 가까이 막아왔는데, 이 길고 쓰라린 경험을 바탕으로 세계적으로도 새로운 나라만들기를 진전시킬 가능성을 열어준 것이 촛불혁명이다. 이에 대해서는 책의 본론이 비교적 상세히 다룰 것이므로 여기서 더이상의 언급은 아끼고자 한다.

8. 성공하는 2기 촛불정부를 만들려면

 현재 촛불혁명이 진행 중이라는 게 사실인가? 사실이라면 어째서 대선 국면에서 이를 호명하는 후보가 거의 전무한가? 아니, 한때 촛불대항쟁에 깊이 관여했던 시민단체들마저 촛불혁명을 인식하며 활동하는 경우가 어찌 이리 드문가?
 이유 중 하나는 '촛불혁명'을 2016~17년의 '촛불대항쟁'과 동일시해서 5년 지난 과거지사로 여기는 경향 때문이리라. 더 중요하게는 1기 촛불정부를 자임한 문재인정부에 대한 실망과 분노가 팽배해 촛불혁명을 들먹이는 것이 '남는 장사'가 못 되기 때문일 것이다.

1기 촛불정부는 실화

 그래도 문정부가 촛불정부인 건 엄연한 사실이다. 촛불 아니고는 집권이 불가능했을 뿐 아니라 통상적인 민주정부라면 아무리 정치력이 뛰어난 대통령이 나섰어도 해내지 못했을 엄청난 일들을 촛불의 기운을 타고 해냈기 때문이다(신간 졸저 『근대의 이중과제와 한반도식 나라만들기』 '서장' 「촛불혁명과 개벽세상의 주인노릇을 위해」 14~15면).

　하지만 촛불정부라는 사실은 축복인 동시에 독배이기도 했다. 평화적으로 집권했기 때문에 혁명과업도 기존의 헌법과 제도를 존중하며 수행할 수밖에 없었던데다, 촛불시민들의 기대는 너무나 크고 다양하여 누구라도 감당하기 힘들게 마련이었다. 게다가 2020년 총선에서 국민들이 벼르고 벼르던 야당응징을 드디어 해내고 집권당에 압도적인 의석을 마련해주었지만, 정부·여당이 보인 자세는 촛불정신과 너무도 거리가 멀었다. 그 후과로 오히려 정권교체의 여론이 한때 압도적이었고 여전히 만만치 않다. 이러다가 내년 대선에 국민의힘이 승리한다면 1기, 2기를 따질 것 없이 촛불혁명은 5년 만에 끝장난 '미완의 혁명'으로 역사에 남을 판이다.

똑똑한 사람들이 왜 자꾸 이상해지나

　그렇더라도 지금도 여전히 혁명의 과정이라 볼 수 있는 것은 이른바 2030의 '반란'도 촛불을 들었던 세대의 이반이요 반촛불세력의 결사적 반격도 여기서 촛불혁명을 끝내지 않으면 자기네가 끝장이라는 절박감의 표출이기 때문이다. 사실 우리 사회 폐습들의 민낯을 드러낸 것이야말로 혁명적인 변화라 할 수 있다.

　똑똑하기로 이름난 사람들이 자꾸 이상해지곤 하는 것도 요즘 세상의 두드러진 특징이다. 그냥 똑똑한 게 아니라 진취적이라는 명성마저 얻었던 이들도 많다. 특히 머리 좋고 학벌 좋은 사람들의 변화가 눈을 끄는데, 극우세력이나 할 법한 소리를 어느새 내뱉기 시작하는가 하면 교묘한 양비론으로 쟁점을 흐리고 민중의 기운을 빼곤 한다.

　이런 현상을 나는 불가에서 말하는 '중근(中根)'의 고비 내지 '중근병'의 일부로 규정한 바 있지만(「세상의 민낯을 본 뒤에 무엇을 할까」, 『한겨레』 및 창비주간논평 2020. 12. 30; 같은 책 471~72면), 그것이 개인 차원의 문제라기보다 '능력주의'를 절대시하고 그런 '능력'을 넘어서는 지혜와 깨달음을 향한 수행을 교육과정과 사회의 운행원리에서 원천적으로 배제하는 근대세계의 본질 문제라는 점이 중요하다. 똑똑한 사람들이 자꾸 이상해지는 현실 하나만 봐도 혁명기의 급격한 변화를 따라가지 못하면 그냥 정체하는 게 아니라 퇴행하게 마련이라는 진실을 실감케 되며, 설혹 2기 촛불정부가 탄생하더라도 그 앞길이 얼마나 험난할지 짐작할 수 있다.

2기 촛불정부의 전망과 성공 가능성

물론 2기 촛불정부를 탄생시키는 일이 선결과제다. 현실적으로 민주당 정권이 아닌 촛불정부를 상정하기 어려운 만큼 여당의 정권재창출을 포기할 수는 없지만, 다수 유권자는 4기 민주당정부 수립에 냉담하거나 오히려 적대적이라는 난제가 가로놓여 있다.

다행스러운 것은 여당 후보 자신이 그런 난제를 아는 것으로 보인다는 점이다. 촛불혁명이 아니고는 애당초 민주당 공천을 받을 가능성이 희박한 인물이기도 했지만, 민주당 후보답게 정권재창출을 외치면서도 자신의 당선이 여야 간 교체 이상의 변화가 될 것임을 설득하려 애쓰고 있다.

촛불혁명의 진로에서 또 하나 다행이라면 다행인 게 있다. 반촛불세력의 정권탈환 욕망이 워낙 간절한 나머지 눈에 헛것이 보이는 경지에 이른 것 같다는 것이다. 노련하고 비교적 흠결이 적지만 승리를 자신할 수 없는 후보 대신에, 제1야당은 우리 국민이 바보가 아닌 이상 끝까지 지지할 가능성이 없는 인사를 굳이 택해버린 형국이다.

이재명 후보가 당선되더라도 '성공한 2기 촛불정부'가 될지는 전혀 다른 문제다. 그의 개혁성과 추진력이 상당정도 검증되었다고 하지만, 우리 역사에 깊이 뿌리내렸을 뿐 아니라 선진국들에서의 민주주의 후퇴라는 대세마저 업은 적폐세력의 실체를 그가 얼마나 깊이 통찰하고 준비를 갖쳤는지는 두고 볼 문제다. 예컨대 그는 자신이 성남시 공무원을 장악하는 데 2년이 걸렸는데 경기도에서는 1년이 소요됐으며 중앙정부의 공무원은 6개월이면 되리라고 자신한 걸로 알려졌다. 그러나 국회와 언론, 군부와 외국 정부 등의 갖가지 압력에 더해 단임 제한마저 안고 가는 대통령에 비하면 지방자치단체 내부에서 단체장이 갖는 권력은 실로 '제왕적'이라 할 만하다. 그런데도 화천대유 사태를 통해 드러났듯이, 중앙의 정치권력과 금융·법조·언론 등 각계의 적폐세력이 지자체의 사업에 일단 작심하고 달려들면 장악력이 제법 강한 시장도 거의 속수무책이 되기 십상인 것이다.

국내 언론을 통해서도 알려졌지만 미국의 정치학자 마이클 존스턴(Michael Johnston) 교수는 한국의 독특한 부패구조를 '엘리트 카르텔형'으로 분류한 바 있다. 관료, 정치인, 청와대, 군, 동일 지역 또는 동일 학교 출신 엘리트 들이 뭉쳐서 권력기반을 유지하고 부패를 통한 이익을 추구하는 유형이라는 것이다. 그런데 지방공무원들과 달리 중앙관료(적어도 간부직 이상의 관료)는 '엘리트 카르텔형 부패'의 몸통의 일부이다. 대통령의 관료장악 시도는 바로 정계와 법조·언론·군부·학계를 망라하는 다업종 카르텔과의 전면전이 될 수밖에 없는 것이다.

존스턴 교수는 엘리트 카르텔형 부패의 또다른 예로 이딸리아를 들었는데 우리는 한국과 이딸리아의 결정적 차이에도 유의할 필요가 있다. 곧 한국은 분단국이며 분단이 체제화한 사회라는 점이다. 그 결과 한국의 엘리트 카르텔은 분단체제에 힘입어 한결 악성적으로 작동하는가 하면, 분단체제 없이 엘리트층 부패가 뿌리내린 이딸리아에 비해 한층 불안정한 카르텔이고 가변적인 현실이기도 하다. 남북관계 발전과 분단체제의 완화 내지 해소에 따라 크게 흔들릴 소지가 없지 않은 것이다. 더구나 우리는 이딸리아와 달리 촛불혁명을 일으킨 국민 아닌가. 한국의 적폐세력이 남북의 화해·협력에 기를 쓰고 저항하며 촛불에 대한 전면적인 반격전에 나선 것도 무리가 아니다.

2기 촛불정부가 성공하려면 이런 현실에 대한 치열한 성찰과 면밀한 준비가 필수적이다. 어차피 5년 임기의 대통령이 완수할 수 있는 과제에 한계가 있다는 냉정한 인식을 갖고, 스스로 임기 내에 끝낼 수 있는 일과 촛불혁명의 지속을 위해 일단 준비작업이라도 해놓을 일을 식별해서 진행하는 지혜도 필요하다.

무엇보다 그 일을 정부에만 맡기지 않고 시민들 스스로 개인으로서나 다양한 집단을 통해 세상의 주인노릇을 하는 일이 관건이다. 당장에 내년 대선에서도, 마치 백화점에 쇼핑 나온 고객처럼 누구는 이래서 안 되고 누구는 저래서 안 된다고 '높은 안목'을 과시하기보다 역사의 큰 흐름에서 이번 선거가 어떤 건곤일척의 대회전인지 직시할 일이며, 선거 이전부터도 '성공하는 2기 촛불정부' 만들기에 자기 나름의 최선을 기울여야 할 것이다.

9. 2023년에 할 일들
살던 대로 살지 맙시다

여러해째 나는 세밑에 '신년칼럼'을 발표해왔다. 이번 칼럼은 종전대로 '창비주간논평'으로 내보냄과 동시에 '백낙청TV'를 통해서도 송출했다(2022. 12. 30). 지난해에 내가 유튜브 방송을 시작했기 때문이다. 더러 일간지에 동시 게재하던 것은 이번에 포기했는데 신문사 내부의 반응에 신경 쓰고 싶지 않았던 면도 있지만 무엇보다 한층 넉넉한 지면이 필요하다고 느꼈던 것이다.

신문 지면보다 덜 엄격하다 해도 '주간논평'이나 유튜브 동영상 역시 너무 긴 분량은 바람직하지 않다. 그런 제약 때문에, 또 나의 역량 부족 때문에, 미처 못한 이야기의 일부를 『창작과비평』의 지면이 허락된 김에 다소나마 보완하고자 한다. 1부는 신년칼럼을 원문대로 실었고 2부는 일종의 덧글에 해당하는데, 칼럼의 주제와 연관되지만 스쳐 지나가거나 아예 언급 없이 넘어갔던 대목을 소략하게나마 다루려 한다.

1. 신년칼럼 「살던 대로 살지 맙시다」

나라의 주인이신 시민 여러분, 백낙청TV 시청자와 창비주간논평 독자 여러분. 연말이면 '신년칼럼'이라는 것을 써왔습니다. 이번 칼럼은 제가 얼마 전에 유튜브 방송을 시작했기에 동영상으로도 올립니다. 아무쪼록 새해에 모두 건강하시고 보람찬 날들이 많으시기를 기원합니다.

여러분, 지금 나라꼴이 말이 아닙니다. 어쩌다 이 지경이 되었습니까. 더구나 촛불혁명이 진행 중이라고 자랑하던 나라가 말이지요.

촛불이 일으킨 변칙적 사건

바로 촛불혁명이 진행 중이기 때문에 전대미문의 사태들이 벌어지게 마련이라고 저는 주장해왔습니다. 윤석열정권의 등장이 촛불혁명이 아니고는 도저히 일어날 수 없는 '변칙적 사건'이라는 말도 했습니다. 우리의 촛불혁명은 세계사적으로도 독특한 혁명이기에 그것이 지금 진행되는 역사라는 사실을 얼핏 몰라볼 수 있습니다. 하지만 그걸 빼고는 설명이 안 되는 일이 너무나 많습니다.

윤정권에 대한 판단도 바로 그런 경우입니다. 촛불이라는 역사의 격변이 아니고서 어떻게 이런 정권이 태어났겠습니까. 문재인정부가 해낸 것이 적지 않은데도 촛불정부를 자임했었기에 제대로 못한 부분으로 인한 시민들의 분노는 통상적인 수준을 훨씬 넘었습니다. 반면에 촛불정부가 한번 더 들어서면 자기네는 끝장이라는 기득권집단의 절박감도 남달랐습니다. 집권에 성공하자마자 지리멸렬하게 갈라진 여러 인사들이 선거 때는 필사적으로 대동단결하지 않았습니까. 후보가 무능하고 무개념이면 어떠냐, 당장에 유권자를 속이는 데 가장 유리한 인물이라면 '악마면 어떠냐'는 것이 그들의 공감이었습니다.

그에 비해 민주당의 절박감이 태부족이었음은 자타가 공인하는 바입니다. 이것도 촛불을 빼고는 온전한 설명이 불가능합니다. 촛불 대 반촛불의 전선은 지난날 여야의 대립 또는 '진보 대 보수'의 대치선과도 달랐습니다. 민주당 내부에도 전선이 그어진 것입니다. 그나마 촛불시민들의 열정으로 2기 촛불정부를 꿈꾸는 대선후보가 선출되었지만 대다수 국회의원들은 민주당의 정권 재창출만 생각했고, 심지어 2기 촛불정부보다는 차라리 정권교체를 감수하겠다는 정서가 드물지 않았습니다. 결과적으로 우리 국민은 뜻밖의 난관에 직면했고 새 정부 집권 1년차에 이미 '이게 나라냐' '이대로는 못 살겠다'라는 함성과 신음이 들려오게 되었습니다.

있어야 할 데는 없고 하지 말아야 할 일에는 민활한 국가

최근에 159명의 젊은 생명이 희생된 10·29 이태원참사만 해도 이명박·박근혜 정권 때와 차원이 다른 양상입니다. 세월호참사의 전례가 쉽게 떠오릅니다만 그때는 서울 시내 한복판의 길거리에서 일어난 참사는 아니었습니다. 정부의 대처가 무능했고 책임을 감추려고 유가족에 대한 온갖 탄압을 하기는 했지만, 주무장관인 해양수산부장관이 일찌감치 사의를 표했고 대통령은 진심이든 아니든 눈물을 흘리며 사과했으며 해경 해체라는 극단적 조치까지 발표했습니다. 촛불대항쟁이 벌어지기까지 2년여의 시간이 걸렸던 것은 진상규명에 대한 방해공작뿐만 아니라 그런 '성의 표시'나마 있었기 때문일 겁니다.

10·29참사의 경우 국민의 안전과 생명을 돌볼 국가가 없는 정도는 훨씬 심했습니다. 반면에 사람들이 죽고 다친 뒤 국가는 실로 놀랄 만큼 신속하고 민첩하게 움직였습니다. 가족들이 희생자의 시신이 어디 있는지도 몰라서 여기저기 찾아다니며 지옥의 시간을 보내도록 만들었고, 유족들끼리라도 소통하며 서로를 위로할 기회를 철저히 봉쇄했습니다. 자식을

잃은 부모로서 그런 꼴까지 겪어야 했던 억울함과 분노를 누가 감히 필설로 형언하겠습니까.

정부의 이런 패륜적인 대응은 세월호참사의 교훈을 그들 나름으로 숙지했기 때문입니다. 세월호가 정권에 어떤 치명타가 되었는가를 기억하면서 그들은 어쩌면 겁에 질려 있는지도 모릅니다. 그래서 나름의 민활한 대응을 했고, 손바닥으로 하늘을 가리지는 못하지만 수많은 공권력의 손으로 유가족의 입을 막고 눈을 덮는 데 한동안 성공했습니다. 하지만 이런 얄팍한 짓거리가 언제까지 계속될 수 있었겠습니까. 결국 더 큰 분노와 비난을 사는 단계가 오고 말았습니다.

여당과 언론은 왜 저 모양인가

정부는 그렇다 치고 국민의 표를 얻어야 하는 정당인 국힘(국민의힘)당은 왜 저 모양일까요? 저는 우리 사회에서 촛불혁명으로 가장 많이 변한 집단 중 하나가 지금의 여당이라고 생각합니다. 촛불대항쟁으로 크게 깨진 뒤 그들은 물불 안 가리고 자기 잇속이나 챙기는 집단으로 바뀐 것입니다. 수십년을 특권과 반칙으로 먹고살아온 세력으로서 여전히 '살던 대로 살자'는 것 말고는 다른 생각이 없어진 겁니다. 오랜만에 정권을 되찾은 김에 최대한으로 챙겨야 하는데, 국고에 들어온 돈을 풀어주고 '좋은 자리'를 나눠주는 것은 대통령이 장악한 행정부입니다. 국힘당 인사들이 희생자와 유가족을 상대로 입에 담을 수 없는 말을 태연하고 빈번하게 해대는 것도 국민이 아닌 대통령의 심기에 맞춘 소리지요.

언론은 왜 또 그 모양인가요? 검찰왕국의 칼춤이 군사독재 시절의 탄압에 비할 바는 못 되는데도 '알아서 기는' 언론이 그토록 많은 현실 또한 음미해볼 일입니다. 소위 레거시언론의 이런 행태 역시 촛불시대의 특징입니다. 이 경우에도 전선은 '조·중·동 대 진보적 신문'에서 조·중·동보다 좀 낫다는 언론사들의 내부로까지 이동했고, 더 뚜렷하게는 촛불시민들이 몸소 언론활동에 나선 유튜브, SNS 등 풀뿌리언론과 기성언론 사이에 그어졌습니다. 물론 레거시언론에도 좋은 분들이 있습니다. 그러나 언론사 자체로 보면 독자를 확보하기 위한 사실보도 경쟁보다 광고계의 큰 손을 잡는 사업이 주안점이 되었습니다. 옛날 같으면 신문사마다 남이 못하는 '특종'을 하고자 열중했고 기사를 놓친 타사 기자들은 '낙종'했다고 데스크한테 깨지곤 했습니다. 그러나 지금은 유튜브에 어떤 단독보도가 나오든 일치단결해서 무시하면 아무도 낙종을 안 한 셈이 됩니다. 이른바 '침묵의 카르텔'이 형성된 것이지요.

지금은 정계와 언론계뿐 아니라 우리 사회 곳곳에 낮도깨비들이 총출동한 형국입니다. 그게 원래 없던 존재가 아니라 음습한 데 숨어서 활동하다가 양지로 나왔으니 이것도 촛불의 위력이라면 위력입니다. 다만 그런 성과를 내세우기만 하고, 낮도깨비들을 퇴치하고 제도하지 못한다면 루쉰(魯迅)이 말한 '정신승리'의 극치가 되겠지요.

'퇴신'의 송류와 경우의 수들

세월호참사는 박근혜정권 2년차에 일어났는데 이태원참사는 윤석열정권 첫해에 발생했습니다. 참사 후 2년 넘게 지나서야 박근혜 퇴진을 요구하는 촛불시위가 본격화된 반면, 이번에는 퇴진운동이 이미 벌어지고 있던 상황에서 참사가 일어났습니다. 그러니까 윤석열 퇴진이 박근혜 퇴진보다 더 확실하다고 단정하려는 것이 아닙니다. 2016~17년 대항쟁의 '리바이벌'을 기대하는 것은 시대마다 새로운 해법을 찾아야 하는 과제를 소홀히 하는 태도일 수 있습니다. 다만 나라다운 나라를 만들기 위해 윤석열 대통령이 반드시 물러나야 한다고 믿는 사람이라면 그의 퇴진 문제도 상상력을 한껏 펼쳐가며 연마할 필요가 있다는 것입니다.

퇴진이라는 것도 여러 종류지요. 박근혜 대통령처럼 탄핵에 의해 강제 퇴진당한 경우가 있는가 하면 이승만 대통령처럼 자진해서 하야한 경우가 있습니다. 애초에 박근혜씨도 시위군중이 하야를 요구했는데 끝내 안 들으니까 헌법절차에 따라 파면했던 것입니다. 이승만은 자진해서 물러났지만, 경찰의 발포로 유혈사태가 벌어진 뒤에 이루어진 하야이므로 그런 경로를 우리가 답습해서는 안 되겠지요.

외국의 사례로 임기 도중에 사임한 닉슨 미국 대통령이 있습니다. 그는 워터게이트사건으로 탄핵이 확실시되자 미리 물러나는 선택을 했습니다. 그런데 이때 그는 자기 살길을 마련해놓고 나간 점이 특이합니다. 제럴드 포드 부통령이 대통령직을 승계하면서 닉슨을 사면해준 것입니다. 그 후폭풍으로 포드는 재선에 실패하지만 어쨌든 대통령 하야의 또 한가지 사례로 남았습니다. 미국과 한국은 제도가 다르기 때문에 이것도 하나의 참고자료에 불과하지요. 그러나 '윤석열 퇴진'을 정말 이뤄내고 말겠다는 사람이라면 퇴로를 열어주면서 퇴진시키는 방식이 과연 바람직한지, 다시 말해 촛불시민들의 동의를 얻을 수 있을지, 그렇더라도 누가 주도하여 조율하고 어떻게 실현할 수 있을지, 여러 가능성을 차분하게 연마해볼 일입니다.

'언제'냐에 따라 '어떻게'도 달라지게 마련입니다. 2027년이면 임기만료로 윤석열 퇴진은 저절로 이뤄집니다. 어떤 분들은 그것이 정상적이며 바람직하다고 생각하겠지요. 그때까지 참고 견디는 수밖에 달리 길이 없다고 체념하는 분들도 있습니다. 그러나 체념하는 분들이 '이렇게는 못 살겠다'는 아우성의 절박함을 나라의 주인으로서 판단한 것인지, 살던 대로 4년을 더 살면 세상과 나라가 어떤 꼴이 되어 있을지를 성찰해본 건지는 물어봄직합니다.

조기퇴진 논의도 실사구시의 정신으로

박근혜시대로 치면 탄핵이 이루어진 4차 연도에 해당하는 것이 2026년입니다. 그런데 한번도 안 가본 길을 어렵사리 열어서 뒤늦게나마 정권퇴진을 이룩했을 때와 이미 탄핵을 해본 역사 속의 시간표는 다릅니다. 1년차부터 퇴진을 부르짖다가 3년차까지도 성공 못했는데 4년째 들어가서 곧 물러갈 사람을 두고 퇴진행동이 불붙기는 어렵겠지요.

그래서 더 앞당겨 2025년에 희망을 거는 이들도 있습니다. 2017년이 20대 총선 이듬해였듯이 2025년은 22대 총선의 다음 해가 됩니다. 총선에서 야권이 크게 이겨 탄핵 정족수를 확보하거나 여당의 분열로 퇴진이 성사되리라고 기대하는 거지요. 하지만 촛불시민들의 요구를 그때까지 실현하지 못한 야권이 총선에서 크게 이길지는 의문입니다. 게다가 재선에 성공하여 2028년까지 꿀단지 하나씩을 확보한 국회의원들이 촛불혁명의 전진에 얼마나 열성을 보일지도 모를 일이지요.

2024년 총선의 해에 기대를 품는 분들도 적지 않은 것 같습니다. 이는 2025년 대망론과도 통하는 발상이지요. 그런데 역사적으로 선거라는 이벤트는 혁명에 독이 되기 일쑤였습니다. 물론 독세가 아주 심한 상황에서 '선거혁명'이라는 게 일어나기도 합니다만, 압도적 다수 의석을 가진 야당이 2024년까지도 성과를 못 내다가 한 이삼십석만 더 주시면 꼭 퇴진시키겠노라고 했을 때 국민들이 과연 얼마나 귀엽게 봐줄까요? 이 문제도 실사구시의 정신으로 접근할 일입니다.

촛불시민들의 직접행동으로 말하면, 2016년에는 그해 12월에 정점에 달하여 국회의 탄핵결의를 끌어냈습니다. 이어서 헌법재판소가 탄핵을 인용할 때까지 시민들이 추운 겨울을 버텨냈지요. 2022년의 촛불행동은 그 수위에까지 도달하지 못한 채 혹한을 만났습니다. 결의에 찬 시민들이 이 고비를 넘겨 시위의 열기를 지켜낸다면 새해 봄쯤 최고조에 달할 가능성이 있습니다. 하지만 열기가 2023년을 넘어 총선국면으로까지 지속되기는 힘들 것이고 자칫 지루한 대치상태가 뒤따를지 모릅니다.

2023년만 돼도 총선 말고 다른 생각이 없는 이들이 부쩍 늘어날 겁니다. 이럴 때 선거가 촛불혁명에 독이 되는 대신 어떻게 촛불과 상승작용을 일으키게 할지 지혜를 모아야 합니다. 유리한 점 하나는 민주당에 2기 촛불정부 건설을 꿈꾸는 대표가 있다는 점이고, 국민의힘에서도 오히려 선거를 앞둔 상태기 때문에 윤석열 간판으로 자신이 당선될 수 있겠는가 고민하는 의원이 많아지리라는 것입니다. 불 보듯 뻔한 경제위기의 본격적 도래와 서민 살림의 극한적 추락이 어떤 영향을 미칠지는 예단하기 어렵습니다. 대체로 혁명은 경제가 최악의 상태를 벗어나 조금씩 나아지기 시작할 때 일어난다는 게 정설입니다. 그러나 이미 촛불혁명을 일으켜서 추진 중인 시민들이 경제마저 망가뜨리는 반촛불 정권을 응징하는 문제는 차원이 다른 사안이지요.

개벽세상의 문턱에서

세계적인 경제위기와 점점 실감되는 지구생태계의 위기 앞에서 너무 국내정치에 열중한다는 비판을 하실 수도 있겠습니다. 더 넓은 세상의 큰 일들도 당연히 생각해야지요. 당장에 한국이 당면한 국제적인 어려움만 하더라도 미·중 갈등이라는 난관을 어떻게 헤쳐나갈지, 미국과 일본 따르기에 골몰하는 정권 아래서 막막하기만 합니다. 한반도의 군사적 긴장 역시 2017년보다 오히려 더 위태로운데, 현 정부는 반전을 이뤄낼 능력은 물론 의지조차 없어 보입니다.

아무튼 지금 우리가 발 딛고 사는 땅에서 벌어지는 참담한 현실을 제쳐두고 벌이는 거대담론이나 거시적 전망은 한담에 불과합니다. 실제로 이 땅에 나라다운 나라를 세우는 일은 한국사회에 국한된 일이 아니라, 현존 세계체제로서도 관건적 사안입니다. 한반도의 분단체제는 세계체제의 핵심적 일부이자 약한 고리거든요. 따라서 촛불혁명은 기존 세계의 대세를 거스르는 작업이며 나라 안팎을 막론하고 기득권세력들이 용납하기 어려운 사태입니다. 윤석열정부의 등장이 변칙적인 사건이라지만, 체제화된 분단현실과 그것을 뒷받침해온 강대국 기득권층의 동조라는 나름의 토대가 있어서 발생한 사고인 것입니다. 우리가 하던 대로 생각하고 살던 대로 살아서는 결코 이겨낼 수 없습니다. 분단체제는 힘이 셉니다.

그러나 우리 민중과 민족도 지혜롭고 끈질기며 힘이 셉니다. 조선왕조 몰락기에 동학이라는 새 사상이 나와서 이 땅의 후천개벽운동을 출범시켰고, 1894년의 동학혁명이 비록 막대한 희생을 치르며 패배했으나 민중의 각성과 헌신을 보여주었으며, 식민지 아래서의 3·1혁명 같은 변혁 노력이 분단시대에도 지속되어 드디어 남한에서 촛불혁명을 일으키고 만 성취의 역사가 있습니다. 행인지 불행인지 우리는 촛불혁명의 와중에 변칙적으로 대두한 정권과의 대결이라는 비교적 선명한 목표를 갖게 된 상황입니다. 한반도와 인류사회 전체의 대혁신, 대전환에 결정적으로 기여할 복된 시기를 사는 영광을 누리고 있는 것입니다.

새해에 여러분 모두 건강하시고 보람찬 나날 보내시기를 다시 한번 기원합니다.

2. 추가적 단상 몇개 (2023. 2)

살던 대로 살지 말자는 주장은 자칫 말꼬리를 잡힐 소지가 있다. 선량하고 성실히 살아온 사람더러 이제부터는 악하고 불성실한 삶으로 전환하라는 말인가! 맥락을 무시하고 이렇게 읽는 독자는 드물 테지만, 칼럼의 제목은 어떤 의미로 계간 『창비』가 1996년에 30주년을 맞아 채택한 표어 '한결같되 날로 새롭게'의 연장선에 있음을 상기하고 싶다. 실은 당시 표어의 전문은 '한결같되 날로 새롭고/날로 새롭되 한결같이'였다. 그것을 2023년의 급박한 상황을 맞아 '살던 대로 살지 맙시다'로 표현해본 것이다.

하지만 아래 글에서는 칼럼처럼 국내정치 논의에 초점을 맞추기보다 어찌 보면 더 거대한 주제 서너가지를 살펴보려 한다. 물론 본격적인 논의는 아니고 내가 기왕에 제기했던 의견을 단상(斷想)의 형태로 부연할 것인바, 이런 주제들에 대한 논의와 연마가 부족했던 점도 촛불혁명의 원활한 진전을 이루지 못한 원인의 하나가 아닐까 하는 문제의식도 갖고 있다.

살던 대로 살 수 없게 된 지구

적어도 최근 수년간의 기후변화 등 지구생태계의 위기는 '살던 대로'가 더는 통하지 않는다는 실감을 더해주었다. 그럼에도 너무나 엄청난 규모의 위기요 과제이기 때문에 실제로 무엇을 어떻게 해야 할지 막막할 때가 많다. 탄소배출을 줄여야 한다는 점에는 이제 과학자들뿐 아니라 일반시민들도 대체로 동의하게 되었지만 각자가 할 수 있는 일, 해야 할 일은 과연 무엇인가?

이에 대해 나는 각자가 할 수 있는 일은 무엇이든 하되 중도 내지 중용을 놓지 말자는 제안을 하고 싶다. 특히 단기적 과제에 매몰되거나 장기적 차원의 원론 제시에 머물지 말고 실효적인 최선의 해법을 찾는 데 지혜를 모을 필요가 있다. 또, 무엇이 최선이며 얼마나 실효적인지가 아직 뚜렷하지 않은 상황에서 중·단기적으로라도 도움이 되는 일이면 각자가 할 수 있는 만큼 일단 하고 보되 그것이 참된 '중도'에 해당하는지, 가장 바람직한 궁극적 해법으로 연결되는지에 대한 물음을 멈추지 말자는 것이다.

　친환경적 생활을 하려는 각자의 일상적 노력은 단기적 효과뿐 아니라 장기적이고 궁극적인 과제와도 직결된다. 나 하나의 일상적 노력이 별것 아닌 것 같아도, 할 수 있는 일을 정성껏 하고 보겠다는 마음가짐은 더 큰 사업을 위해서도 필수적이다. 설혹 큰 효과가 없더라도 옳은 일이니까 한다는 결기가 없이는 어떤 사업도 긴 성공을 기약하기 힘들기도 하다. 혼자만으로 이룰 수 없는 위기극복에 동지를 규합하기 위해서도 내가 안 하면서 남더러 함께하자고 해봤자 호응하는 이가 많지 않을 것이다. 더구나 생태계위기의 극복처럼 개인들의 노력이 합쳐 국가 정책과 제도의 변화를 끌어내고 국제적 협약의 체결과 이행으로까지 이어져야 하는 과업의 경우 특히나 그렇다.

　그러나 과제의 거대함에 비해 자신의 일상적 노력이 얼마나 부족한지를 인식하고 기억하는 공부 또한 필수적이다. 그것이 없을 때 자기가 대단한 일을 하고 있다는 '상(相)'에 사로잡히기 십상이며, 동조하지 않는 ― 또는 동조할 처지가 못 되는 ― 사람들에 대한 우월감과 심지어 적대감을 품게 되기 쉽고, 지칫 환멸과 분노에 치서 운동으로부터 이탈할 우려마저 있다.

　친환경적 기술의 개발과 실행에 따른 이득을 계산하는 개인이나 집단을 지나치게 배격하는 태도 역시 '중도'는 아니다. 이른바 케인즈주의적 생태주의라도 당장에 실질적인 도움이 된다면 일단 수용하면서 그에 따른 중·장기적 문제점은 그것대로 연마하고 비판해야지, 무엇이 실현 가능한 최선의 길인지가 아직 확정되지 않은 상태에서 원칙적인 입장에 너무 집착할 일은 아닌 것이다.

　덧붙여, 케인즈주의와는 전혀 다른 관점에서 내가 제기해온 '적당한 성장' 개념도 한층 폭넓고 진지한 토론의 대상이 되었으면 한다. 이는 탈성장이라는 궁극적 목표를 공유하되 그것을 달성하는 데 필요한 각 지역과 시기 나름의 적당한 성장, 곧 자본주의체제의 성장주의를 극복하는 전략이자 방편으로서의 성장이라는 개념으로서, 졸저 『근대의 이중과제와 한반도식 나라만들기』(창비 2021) 13장 「기후위기와 근대의 이중과제」에 비교적 상세하게 정리되었고, 유튜브 방송 백낙청TV의 「인간이 꿈꾸는 새로운 세상 이루어가는 실용주의 사상: 백낙청 교수의 '적당한 성장론'」(2022. 8. 27) 꼭지에서도 다룬 바 있다. 탈성장이 아무리 정당한 목표이고 지구를 파괴하는 자본주의체제와 국가 및 기업들과의 싸움이 아무리 급박하더라도 싸움의 성패는 결국 단·중·장기 목표를 얼마나 슬기롭게 배합해서 대중의 지지를 얼마만큼 얻어내느냐에 달린 것 아니겠는가.

여기서는 생태계위기를 말하면서 주로 기후변화를 거론했지만, 그밖에 생물종 다양성의 급감, 플라스틱 쓰레기의 범람, 원자력발전의 위험성과 원전 폐기물 처리의 지난함 등 인류의 생존을 위협하는 환경문제들이 많다. 디지털기술의 급속한 발전이 낳은 인공지능과 자동기기, 가상현실 등의 도전도 인간의 대응능력을 시험하고 있다. 이들을 뭉뚱그려서 '물질개벽'의 일환으로 파악하면서 그에 걸맞은 '살던 대로 살지 않는' 인간정신의 발본적 쇄신이 필요하리라는 것이 나의 소신인데 이에 관해서는 뒤에 다시 언급하고자 한다.

성평등과 평등사회

우리 사회의 성차별과 여성혐오가 심각한 상태라는 인식은 기후위기만큼 광범위한 합의를 끌어내고 있지는 못한 것 같다. 여성들의 절박감은 그만큼 더 크게 마련이며, 일부 남성과 기득권층 여성이 일으키는 '역풍'이라는 것도 따지고 보면 사태의 심각성을 방증할 따름이다. '살던 대로'가 안 통하는 또 하나의 사례이다.

여기서도 사태 해결을 위해 각자 할 수 있는 일을 다 하되 '중도'를 잃지 말자는 제안은 타당하다고 믿는다. 다만 당장에 무엇이 필요하며 각자 어떻게 살아야 할지에 대한 논란이 매우 격렬하고 '중도 잡기'가 훨씬 힘든 면이 있다. 80대 남성이라는 신원의 논자가 끼어들기는 심히 위태롭기조차 한 형국이기도 하다.

부담을 무릅쓰고 내가 던진 제언은, 중·단기적으로는 성차별 철폐에 매진하되 장기적으로는 성평등보다 '음양의 조화' 같은 좀 다른 차원의 목표를 설정하는 것이 좋지 않겠냐는 것이었다. 이런 주장을 처음 펼친 것은 「큰 적공, 큰 전환을 위하여」(『창작과비평』 2014년 겨울호; 백낙청 외 지음 『백낙청이 대전환의 길을 묻다』, 창비 2015에 수록 후 『근대의 이중과제와 한반도식 나라만들기』의 제9장과 본서 제6장으로 재수록)였는데, 여성운동가이자 여성학자인 조은 교수와의 대담에서 꽤나 비판적인 반응을 접했다(『백낙청이 대전환의 길을 묻다』, 조은 편 「새로운 세상과 만나는 여성운동」; 이에 관한 나의 뒷이야기로 백낙청 외 지음 『문명의 대전환을 공부하다』, 창비 2018, 255~58면 참조). 비판적 반응의 주된 원인은 물론 내 논지에 치밀함과 설득력이 부족했기 때문이지만, 근대주의적 교육을 주로 받은 현대 한국인이 '음양조화' 같은 개념을 깊이 이해하거나 그 표현에 쉽게 공감하기 힘든 실정도 작용했을 것 같다.

아무튼 공부의 화두를 던지는 게 아니고 운동의 목표와 구호를 제시하는 경우는 대중의 동조가 필수적인 만큼 '음양조화' 같은 용어를 고집할 이유는 없다. 다만 성차별 철폐는 가령 맑스주의의 계급철폐론이 지배계급의 소멸을 지향하는 것과 달리, 우리가 성별 자체가 사라진 세상을 추구할 수는 없고 남녀(및 성 정체성이 다양한 사람들도) 모두 고르게 잘 사는 세상을 꿈꾸는 것이므로 그런 원대한 지향에 걸맞은 목표설정이 여전히 필요하다고 믿는다. 아니, 평등사회 자체가 그때그때 지우(智愚)를 구별하는 일마저 제외한 무조건적 평등주의로는 달성될 수 없다고 할 때

'성차별이 사라진 평등사회' 구상에 나름의 새로운 개념과 호명방식이 필요할 것이다. 맑스 자신도 궁극적인 목표로는 평등보다 계급철폐로 자유로워진 개인들의 연합과 각자의 개성 내지 인격의 발달을 설정하지 않았던가. 남녀가 모두 자력(自力)이 부족한 상태에서 권리만 동등하다 해서 무엇이 얼마나 될 것이며, 지혜도 없고 마음에 어른도 없는 애물들이 판치는 세상이라면 모두가 함께 애먹는 세상일 따름일 게다. 물론 권리가 동일하지 못한 사회에서 자력양성이 순조로울 수 없으므로 이것이 성평등과 온갖 부당한 차별을 철폐하는 운동의 대의를 부정하는 말은 아니다.

아무튼 성차별을 포함한 불평등의 심화는 국가적 문제일 뿐 아니라 국가의 바탕을 이루는 사회 자체를 망가뜨리는 사태이기 때문에, '살던 대로 살지 말자'는 결심이 특히나 절실한 영역이다.

남북관계도 이대로는 안 될 시점에

촛불대항쟁으로 정권교체를 이룩함으로써 남북관계에도 전에 없던 발전을 이룬 것이 2018년이었다. 그러나 이듬해 하노이 북미정상회담이 결렬됨으로써 남북관계도 교착상태로 접어들었고 2022년 남한의 정권교체로 지금은 이명박·박근혜 시대보다 오히려 더 위태로운 상황을 맞고 있다.

남북대립이 격화될 때마다 흔히 나오는 것이 분단체제가 흔들린다더니 어찌 된 일이냐는 질문이다. 나의 일관된 답변인즉, 관계가 악화되었다 해서 분단체제 고착기의 상대적 안정이 복원된 건 전혀 아니고 오히려 분단현실의 불안정성과 위험성이 증대했을 따름이라는 것이었다. 윤석열정부의 등장으로 한반도는 그야말로 일촉즉발의 위기상황 — 전시작전권도 없는 정부가 무슨 '선제타격'으로 촉발한다기보다 우발적 사고가 전쟁으로 이어질 수 있는 위험 — 을 겪고 있다. 우리가 살던 대로 살다가는 모두가 다 죽을지 모르는 시기가 도래한 것이다.

 이때 촛불시민이 할 수 있는 것은 무엇일까? 북미관계나 남북관계에 직접 끼어들 틈새는 그 어느 때보다 협소하다. 그러나 내가 거듭 주장했듯이(예컨대 『근대의 이중과제와 한반도식 나라만들기』 제11장 「시민참여형 통일운동과 한반도 평화」) 통일과정에의 시민참여라는 게 북미관계·남북관계에 시민들이 직접 참여하는 일이 전부가 아니며, 오히려 "시민참여 중에서 최근 역사에서 가장 중요한 행위는 남북관계 발전을 저해하는 정권을 시민들이 들고일어나 쫓아낸"(같은 책 284~85면) 2016~17년의 촛불대항쟁이었던 것이다.

 정권이나 미국정부의 무지와 무책임을 연구자와 논객들이 지속적으로 밝혀주는 작업이 무의미하다는 말은 아니다. 다만 연구와 토론 역시 지금까지 하던 대로 해서는 큰 의미를 갖기 어렵다. 남북연합 건설의 의식적이고 체계적인 추진 없이는 한반도의 비핵화와 평화정착이 애당초 불가능하다는 인식에서 출발해야 하며, 촛불시민의 정치참여를 남의 일로 생각하는 것은 또 하나의 전문가적 타성이요 현실안주일 수 있음을 자각할 때라는 것이다.

개벽사상과 2023년

 하던 대로 할 수 없이 된 세상을 근본부터 바꾸고 새로 출발하는 역사를 19세기 중엽 이래 이 땅의 선각자들은 '개벽'이라 일컬어왔다. 수운(水雲) 최제우(崔濟愚)는 '다시개벽'을 말했고 해월(海月) 최시형(崔時亨)은 "선천은 물질개벽이요 후천은 인심개벽"(『해월신사법설(海月神師法說)』 37. '기타', 『천도교경전』 11판, 2020, 417면)이라는 말을 남겼다. 물리적 천지가 열린 태초의 개벽이 있었다면 이제는 인심 곧 사람들의 마음이 개벽되는 '다시개벽'이 이루어질 때라는 것이다. 소태산(少太山) 박중빈(朴重彬)은 '물질이 개벽되니 정신을 개벽하자'를 원불교의 개교표어로 삼았는데, 이때의 '정신개벽'은 해월의 '인심개벽'과 통하는 말이지만 '물질개벽'은 해월과 전혀 다른 의미로 사용되었다.

해월 자신도 "장차 물질발명이 그 극에 달하"(같은 곳)리라고 예측하면서 이에 따라 도심(道心)이 더욱 쇠약해지는 사태를 경고했다. 그러나 물질발명이 극에 달하는 현상 자체를 '개벽'이라 부르지는 않았는데, 소태산의 물질개벽론은 일찍부터 있던 '물질'(협의의 물질뿐 아니라 지식과 기술, 제반 환경 등을 포함)이 오늘날 개벽에 준할 정도로 새롭고 급격한 변화를 보여주고 있으니 그에 걸맞은 정신의 개벽이 절실하다는 주장이었다. 다시 말해 후천시대는 물질도 개벽하는 시대이며 물질개벽 자체를 반대하기보다 그로 인해 '물질'의 세력이 기하급수적으로 확장되는 가운데 인간의 정신이 쇠약해져 문명의 노예로 변하고 있는 상황을 정신개벽을 통해 넘어서자는 것이었다(원불교「정전」총서편 1장 '개교의 동기' 및 「대종경」 교의품 30 참조). 여기서 자본주의 근대에 적응하면서 극복하자는 이중과제론과 한반도 특유의 후천개벽운동이 원만히 만날 길이 열린 셈이다.

그렇다고 개벽이 이중과제보다 추상 수준이 높은 상위개념이라고 보는 것은 절반의 진실일 뿐이다. '개벽'이 자본주의 시대 이전까지 포괄하고 어떤 우주적 시운(時運)을 향해 열린 면이 있는 한에서는 개념의 외연 곧 적용범위가 더 넓은 것이 사실이다. 그러나 적용의 범위가 넓어진 동시에 구체성에서도 한걸음 더 나간 면이 있다. 이중과제의 실제 완수에 필요한 심법(心法)과 실천 요령에 관해 '근대' 논의에서 곧잘 간과되는 세세한 사항까지 챙기고 있는 것이 개벽사상이요 후천개벽운동이기 때문이다.

이 글에서 잠깐씩 논한 생태계위기라든가 성차별과 불평등 문제, 세계체제 속의 남북분단 같은 사안도 각자가 개벽세상의 진행이라는 차원에서 새겨볼 필요가 있다. 이들 문제를 우리가 과연 정신개벽·인심개벽이라는 세계사적 요구에 걸맞은 지공무사하고 알뜰한 마음가짐으로 대응하고 있는지 성찰해야 하는 것이다.

 2023년에 할 일들도 그런 차원에서 성찰하고 설정해야 한다. 예컨대 '퇴진' 문제만 해도 과연 그것이 바람직한지 아닌지, 바람직하다면 언제가 최적기인지를 자의적으로 정하거나 말로만 외치면서 자기 일처럼 실행하지 않는 것은 개벽일꾼과 촛불시민의 자세가 아니다. 정상적 퇴임과 중도퇴진 중 어느 것이 어째서 더 바람직하며 후자라면 언제 어떤 방식이 실현 가능성이 가장 높은지를 온갖 경우의 수를 상상하면서 실사구시의 정신으로 선택해야 한다. 또, 2023년을 목표로 정했다면 그것을 지금부터 주장하고 나서는 사람과 다른 선결과제에 일단 골몰하는 사람이 서로 자기가 옳다고 다툴 필요는 없다. 마음속으로 정리한 바가 일치하더라도 그 실행방법마저 처음부터 똑같아야 하는 건 아니기 때문이다.

 중요한 것은 어느 경우든 우리의 표준은 개벽세상이어야 하고 한국인의 경우라면 촛불혁명이기도 함을 되새기는 일이다.

10. 2024년 새해를 맞으며

여기 수록하는 자료 2점은 새해를 맞으면서 각기 다른 자리에서 발표된 것들이다. '신년칼럼'은 이번에도 '창비주간논평'과 유튜브 방송 '백낙청TV'로 동시 송출됐는데(2023. 12. 29), 동영상의 감량을 위해 생략했던 한 단락이 주간논평에 나왔던 대로 복원된 것 말고는 동일한 내용이다. 계간지에 수록하면서 두어군데 윤문을 했고 각주를 달았다.

또다른 자료는 한반도평화포럼의 신년토론회('2024, 희망에 대하여', 2024. 1. 15, 이후 1월 23일 백낙청TV에 녹화방영) 인사말인데 신년칼럼에서 가볍게 짚고 넘어간 한반도정세가 주요 관심사가 되었다. 하지만 워낙 소략한 내용이라 이번 기회에 '덧글'을 추가했다.

자료1. 신년칼럼 「2기 촛불정부와 22대 총선」

백낙청TV의 시청자 여러분, 창비주간논평 독자 여러분, 반갑습니다.

새해에 다들 건강하시고 좋은 일 가득하기를 기원합니다.

이번 신년칼럼의 제목을 '2기 촛불정부와 22대 총선'이라 했습니다. '2기 촛불정부'가 앞에 나오는 것은 그 성립이 총선 전일지 후일지 또는 동시가 될지 모르는 상황에서 양자의 선후관계를 예단하는 게 아니고, 어느 경우든 우리가 집중해야 할 과제는 2기 촛불정부임을 강조하기 위해서입니다.

지난해 신년칼럼을 저는 "나라꼴이 말이 아닙니다"라는 말로 시작했습니다. 1년이 더 흐른 오늘, 나라꼴은 더욱 참담해졌다고 말씀드릴 수밖에 없습니다. 그 일차적 책임은 무능하고 무도한 정권의 폭주에 있겠습니다만, 분단체제의 속성도 함께 생각해볼 필요가 있습니다. 즉 이 괴물 같은 분단체제를 퇴치하는 작업이 지체되는 순간, 나라꼴이 더 괴상해지고 우리 각자의 마음속에 자리 잡은 괴물 또한 위력이 더욱 커지게 마련인 것입니다.

시국이 요동치고 있습니다. 이런 세월을 맞아 체념하고 기죽어 지내는 대신 세상을 요동치게 만드는 것이야말로 우리 국민의 체질이며 전통입니다. 하지만 정확한 진단을 하고 알맞은 처방을 내놓기가 어려워진 선 분명하지요. 그럴수록 우리는 잘 알지도 못하는 정치공학적 디테일에 함몰되지 말고, 건전한 상식을 가진 시민들이 납득할 수 있는 기준을 세우고 거기 충실해야 하리라 믿습니다.

기준은 2기 촛불정부 수립

저는 우리의 최우선 당면과제가 '2기 촛불정부'를 만드는 일이고 다른 시국문제도 그 기준에 따라 판단해야 한다고 주장해왔습니다. 현행 헌법에 따르면 정부교체는 2027년에 일어나게 되어 있습니다. 하지만 그때까지 못 참겠다고, 아니 하루도 더 참지 못하겠다고 정권퇴진을 외치는 시민들이 촛불시위를 계속하고 있습니다. 저 자신은 퇴진이 언제 실현된다고 예언하기보다, 2023년에 못하면 총선국면으로 접어드는 2024년에는 더 어려워지리라고 진단했습니다(2023년 신년칼럼「살던 대로 살지 맙시다」, 창비주간논평 및 백낙청TV 2022. 12. 30). 바야흐로 그 2024년을, 퇴진이 실현되지 않은 채 맞이하게 되었습니다.

반면에 총선 논의는 정가는 물론이고 언론계, 학계에서도 유달리 일찍 시작해서 담론계를 거의 휩쓸어온 형국입니다. 대중의 퇴진운동이 일찍부터 시작된 만큼이나 '선거'라는 익숙한 프레임에 논의를 가두려는 시도였는지도 모릅니다. 그런데도 퇴진담론 역시 사그라들지 않았고 시민들의 촛불행동의 열기도 식지 않고 있습니다.

총선이 중요한 정치일정임은 엄연한 사실입니다. 또한 의정활동 참여를 꿈꾸는 이들이 총선 준비에 골몰하는 것을 나무랄 이유는 없지요. 문제는 2기 촛불정부 건설을 기준으로 총선에 접근하느냐는 것입니다. 기준을 그렇게 정하면, 2024년 총선에서 여당과 이준석 신당 등의 의석 합계가 과반을 넘기는 사태는 촛불혁명에 치명적이지만 그렇다고 야당의 총선승리만으로 촛불혁명이 재출범하리라는 보장은 어디에도 없습니다. 2020년에 더불어민주당이 총선승리에 '몰빵'해서 180석의 대승을 거둔 결과가 어땠습니까? 아니, 2022년의 대선도 2기 촛불정부보다 4기 민주당정부 수립을 우선 목표로 내걸었다가 '정권교체' 프레임에 몰려 패배한 것 아닙니까?

기준을 망각한 총선담론들

4기 민주당정부 수립 시도가 실패한 것은 촛불혁명의 진행이라는 시대의 흐름에 부응하지 못했기 때문입니다. 민주당의 총선승리가 곧 촛불정부의 성공으로 이어지리라는 환상 또한 시대의 주요 전선이 양대 정당 사이가 아니라 촛불 대 반촛불 사이에, 다시 말해 민주당 내부에도 그어져 있다는 사실을 놓치거나 얼버무린 오류였지요.

2기 촛불정부 수립이라는 기준에서 벗어난 야권의 총선담론에는 여러 종류가 있습니다. 가장 저열한 유형은 검찰독재의 본질을 외면한 채 총선 승리를 위해 '사법리스크'가 있는 이재명 대표를 교체해야 한다는 주장입니다. 이 터무니없는 주장을 여기서 길게 반박할 생각은 없습니다. 제가 강조하고 싶은 것은 반박하는 논리 또한 총선을 지상과제로 삼는 한에는 동일한 프레임에 묶인 입씨름을 거듭하게 되고 결국 '사법부의 판단'만 하염없이 기다리는 신세가 되리라는 겁니다.

신종 '몰빵'론도 있는 것 같습니다. 이재명 대표 중심으로 총선을 치르더라도 한석이라도 더 얻는 것 말고는 딴생각을 말자는 식이지요. 그러다 보면 어떻게든 '중도세력'을 더 잡아야 할 텐데 행여 누가 촛불혁명을 들먹이고 퇴진을 거론하는 등의 '강경발언'을 해서 '중도 표'를 놓칠세라 울렁증에 빠지게 됩니다. 만약에 이재명 대표마저 그런 기색을 보인다면 총선을 이기더라도 2기 촛불정부에서 도리어 멀어지는 '소탐대실'로 끝날 공산이 큽니다.

이른바 반명세력뿐 아니라 이대표에 우호적인 상당수의 인사들 가운데도 선거제도 문제에서 민주당이 소탐대실할 가능성을 우려합니다. 2019년에 민주당을 포함한 이른바 '4+ 연합'이 만든 '준연동형 비례대표제'를 이번에는 꼭 실행해야 한다는 것이지요. 저는 이 경우에도 2기 촛불정부 수립을 기준으로 삼는 논의가 관건이라 생각합니다.

사실 저는 이 기준에 따른 최선의 전략이 무엇인지를 제시할 능력이 없습니다. 2020년 총선을 앞두고는 "거대양당의 위성정당 놀음"을 분명히 비판했더랬습니다(「4·15총선, 누구를 어떻게 심판할까」, 창비주간논평 2020. 4. 1). 하지만 지금은 그때의 입장을 그대로 되풀이하기 힘든 사정도 없지 않습니다. 우선 2020년과 같은 '위성정당 놀음'이 그대로 재연될 가능성은 높지 않아 보입니다. 국민의힘(당시의 미래통합당)은 처음부터 선거법 개정에 반대했기 때문에 그때나 지금이나 위성정당 만들기에 거리낌이 없는 데 반해, 민주당이 그런 꼼수를 되풀이하는 것은 자멸에 가까울 것임을 스스로 알고 있을 겁니다. '비례연합정당' 논의도 있습니다만, 결국은 준연동형을 감수하지 않을 거라면 병립형에 가까운 제도를 만들려고 할 것 같습니다.[1] 그럴 경우 촛불시민이 얼마나 강하게 규탄해야 할지, 또는 이해하는 자세를 취해야 할지, 판단이 어렵습니다.

4년 사이에 달라진 사정도 적지 않으니까요.[2] 민주당은 선거법 개정에 협력했던 동지 정당들을 배신한 뒤 2022년 대선에서의 패배라는 댓가를 치른 바 있습니다. 박빙의 싸움에서 정의당의 협조를 끌어내기 위해 대선 도중에 이재명 후보가 '반성'을 말하며 꼼수를 되풀이 않겠다는 약속을 했지만, 심상정 후보로부터 냉랭하게 외면당했지요. 정의당의 이후 몰락이 주로 그것 때문이었는지는 알 수 없지만 이른바 '제3지대'에서 정의당의 존재감이 거의 사라졌고, 준연동형 시행의 주된 수혜자는 이준석이나 이낙연의 당이 될 가능성이 커졌습니다.

---

1 2월 5일 광주 5·18민주묘지를 찾은 이재명 더불어민주당 대표는 현행법상의 '준연동형'을 유지하면서 승리의 길을 찾겠다는 최종 결심을 발표했고 민주당 이외의 우호 정당들과 세력이 연합하는 '준위성정당'을 만들겠다고 했다. 이것이 2020년에 내가 비판했던 '위성정당 놀음'의 되풀이에 불과하다고 단정할 일은 아닌 것 같다. 국민의힘이 위성정당금지법 제정을 거부함은 물론, '권역별 병립형'에 소수정당 배려를 위한 별도 장치를 만들자는 민주당의 제안마저 거절한 데 따른 결정이기 때문이다. 앞으로 만들어질 비례연합정당이 국민의힘이 창당작업에 착수한 위성정당과 얼마나 차이가 나는 '준위성정당'이 될지는 지켜볼 일이지만, 신년칼럼에서 밝혔듯이 나는 민주당과 이대표에게 준연동형을 무조건 실행하라고 압박하는 데는 동조하지 않는다.
2 이는 훨씬 상세하고 냉철한 분석을 요하는 대목이다. 4년 전과 가장 큰 차이는, 그때는 문재인정권 시대였기에 새로운 정치제도 실험에 상대적으로 유리했다는 사실이다. 지금처럼 윤석열정부와 검사독재를 물리치는 일에 몰두할 시점은 아니었던 것이다.

의석수에 집착해서 약속을 가벼이 여기는 일은 촛불정부 수립 노력을 손상하게 마련입니다. 반면에 무조건 약속을 지키라는 다그침도 의석수 위주의 판단이어서는 도움이 안 됩니다. 입법부의 비례성 강화는 국힘당이 말도 못 꺼내게 하는 의원정수 확대 없이는 애당초 힘든 일이었습니다.[3] 촛불혁명의 진전을 통해서만 실현될 과제인 것입니다. 이런 복잡한 사안에 도덕적 판단을 과도하게 들이대는 것은 무리한 담론이 되겠지요. 연동형 비례제가 '원칙적으로' 더 훌륭한 선거제도라는 주장도, 총선우선론의 '점잖은' 버전이거나 총선·대선에 대한 현실적 관심보다 무엇이 이론적으로 최상의 제도인지를 가르치는 데 열중하는 태도이기 십상입니다.

이재명 대표가 어떤 결정을 내리든, 단순히 제1야당 대표가 아니라 2기 촛불정부를 내다보는 국가적 지도자로서 그것이 어째서 시대적 과제에 부응하는 최선의 길인지를 국민들에게 설득할 수 있어야 합니다. '멋지게 지면 뭐 하냐?'는 답이 아닙니다. 민주당이 2기 촛불정부에 대한 확고한 목적의식을 지니는 한 국민들은 결코 총선을 지게 내버려두지 않을 거라는 신뢰와 감사의 마음을 갖고, '그러나 이번에야말로 이기도 아주 크게 이겨야만 된다'는 사정을 정중히 설명해야지요. 더하여 그러한 지지를 받을 자격이 있는 정당이요 지도자임을 실행으로 보여줘야 할 것입니다.

기득권세력에 대한 정확한 평가에 기반한 전략을

2022년 대선을 앞두고 저서(『근대의 이중과제와 한반도식 나라만들기』, 창비

---

[3] 연동제 유지에 국회의원직을 걸겠다는 결단의 진정성을 인정하더라도, 민주당이 정작 직을 걸었어야 할 사안은 선거제개혁의 '첫 단추'에 해당하는 국회의원 정수 확대였다. 첫 단추가 국민의힘 프레임에 맞춰서 끼워졌는데 나머지 단추들이 가지런해지지 않는다고 민주당 압박에 몰입하는 것은 현명한 처사라 보기 어렵다.

2021)를 내면서 저는 촛불과 반촛불 세력간의 '건곤일척의 대회전'을 말했습니다(18면). 예단을 자제하긴 했지만 내심 촛불세력의 승리를 예상하기도 했습니다. 저의 현실진단이 부실했고 무엇보다 우리 사회 기득권세력의 힘을 과소평가했던 것입니다. 새해에는 퇴진운동이건 총선전략이건 그런 잘못을 되풀이하지 말아야겠습니다.

2018년의 남북·북미 정상회담의 성과가 2019년 하노이 북미회담의 실패로 인해 더는 진전되지 못한 것을 두고 남측 당국의 소심성이나 북측 당국의 핵무기 집착을 탓하기도 합니다. 물론 아주 틀린 해석은 아니지요. 그러나 근본 원인은 남이건 북이건 미국의 뿌리깊은 대북 적대노선과 한반도에 대한 분할통치 전략을 바꿔낼 실력이 부족했기 때문이었음을 인정해야 합니다. 또한 북측 정권의 대미자주성을 평가하더라도, 그들 역시 분단체제 속에서의 자기 생존을 최우선시하는 집단임을 인식해야겠지요. 그 점에서 북이 핵문제의 외교적 해결을 일단 접어두고 통일 대신 '국가 대 국가' 관계를 우선시하는 태도로 전환한 것이 우리의 시야를 정리해준 면이 있습니다. 아니, '우리 민족끼리 자주적으로' 통일하자는 그간의 북측 주장이 현실적인 방안이 못 되었던 만큼, '대한민국'이라는 국호를 사용하는 것 자체는 남북연합을 향한 하나의 전진이라 볼 수 있겠지요.[4]

무엇보다 우리 국민의 경우에는 대미·대북관계의 주요 전선이 바로 국내에 그어져 있다는 사실을 명심할 필요가 있습니다. 문재인정부가 들어선 뒤에도, 민주당이 국회의 압도적 다수 의석을 차지한 뒤에도, 분단체제의 기득권세력이 행정부와 입법부를 포함한 사회 곳곳에 얼마나 완강하게 둥지를 틀고 있는지를 더 열심히 연마할 일입니다.

이런 지형에서 1기 촛불정부의 출범 자체가 보수세력 일부의 협동에 힘

---

4 이하 '자료 2'와 그에 달린 '덧글' 참조.

입어 가능했다는 사실도 기억할 필요가 있습니다. 물론 촛불군중의 위력에 눌린 분열이었지만, 국회의 탄핵결의만 해도 박근혜 대통령이 살아나면 자신들은 다 죽는다는 위기의식이 상당수 여당 의원들의 이탈을 낳았고 촛불시위에 대한 기득권 언론들의 은근한 응원도 무시할 수 없습니다. 100만, 200만의 군중이 다시 나오면 윤석열 탄핵이 이루어질 거라는 희망적 기대는 금물입니다. 2016~17년의 대항쟁 같은 기적적인 사건이 역사에서 그대로 되풀이되는 일은 찾아보기 힘들 뿐 아니라, 탄핵으로 한번 망해본 수구세력의 대책 또한 똑같지 않을 것이 분명합니다. 총선에 관해서도, 대통령실이나 국힘당보다 훨씬 장기적이고 전략적으로 사고하는 집단들은 여당의 승리에 다 걸기보다 선거 후의 정계개편이라든가 여야를 망라한 기득권세력이 합작하는 내각제 개헌 같은 다양한 대책을 궁리 중이라고 보는 게 옳을 듯합니다.[5]

국제적 환경도 촛불에 결코 우호적이랄 수 없습니다. 팔레스타인 가자지구에서 세계 민중의 목소리에 귀를 닫은 채 미국의 지지 아래 자행되는 이스라엘군의 민간인 대량학살을 보나, 인류 전체의 생존을 위협하는 기후위기에 대한 자본의 교활한 회피책들을 보나, 세상의 강자들이 우리 사회의 변혁을 반길 리 없음이 뻔합니다. 그러나 한국 내부에 그어진 분단체제의 주요 전선 중 하나를 우리 국민이 돌파하는 것을 외국이 힘으로 막을 수는 없지요.

---

[5] 윤석열을 빼고라도 기득권세력의 집권을 연장하려는 '플랜B'는 이미 가동 중이라는 것이 나의 판단이다. 그러나 이는 4월 총선에서 국힘당이 궤멸적 타격을 면할 뿐 아니라 이준석, 이낙연 등 개헌 지지세력이 선전함으로써 기득권세력의 입지가 한결 넓어지는 상황에서나 실현 가능한 기획이다. 나는 우리 국민이 그것을 허용하지 않으리라고 확신하는 축이다. 물론 이재명 대표에 대한 정치테러가 성공했다면 어찌 되었을지는 상상하기 어렵다. 암살시도가 경찰과 검찰의 발표대로 아무런 배후가 없는 범행이었는지, 윤석열정권을 지키려는 플랜A 또는 앞에 말한 플랜B의 일환인지, 아니면 A-B 범용(汎用)의 '신의 한수'로 추진되었는지는 현재 나로서 알 수 없는 일이다.

후천개벽 과정 속의 2기 촛불정부

6년 전의 촛불대항쟁은 분명 국민의 엄청난 분노가 터져 나온 사건이었습니다. 동시에 그것은 대다수 참여군중이 '아, 이런 세상도 있구나'라는 실감을 처음으로 해보는 환희의 체험이기도 했습니다. 신동엽 시인의 표현대로 '하늘을 보았던' 거지요(2019년 신년칼럼「하늘을 본 뒤에 무엇을 할까」, 창비주간논평 2018. 12. 27).

대중의 분노로 말하면 오늘이 그때보다 심했으면 심했지 덜하지 않습니다. 다만 탄핵이든 '자의 반 타의 반' 사임이든 이번에는 광장의 촛불만으로 성취하기 어렵다는 것이지요. 지금은 한군데 광장으로 다 모이기보다 곳곳에서 동시다발적인 분노 표출이 이루어지는 형국입니다. 집권세력의 내부갈등도 오히려 더 심해진 것 아닌가 싶습니다. 다만 '구슬이 서말이라도 꿰어야 보배'라는 속담이 있듯이, 이런 힘들을 정교하게 뭉쳐내는 다중의 지혜와 유능한 정치적 리더십이 관건입니다. '2기 촛불정부' 수립은 또 하나의 안 가본 길을 가는 그야말로 개벽 차원의 거대한 역사적 과제인 것입니다.

실제로 이 땅에서는 19세기 중반에 수운 최제우 선생의 동학(東學)을 통해 새세상의 꿈과 설계가 이미 나온 바 있습니다. 그때 시작된 후천개벽운동은 1894년의 동학농민혁명, 1919년의 3·1운동, 도산 안창호 선생 등 독립운동가·혁명사상가들의 헌신, 소태산 박중빈 선생의 원불교 개창, 그리고 분단시대에 들어선 뒤로도 4·19와 5·18, 6월항쟁 등으로 면면히 이어졌습니다. 그 흐름이 우리 시대의 촛불혁명으로 크게 분출한 것입니다.

물론 이런 민중의 각성을 억누르는 적폐의 역사도 장구합니다. 유교국가의 본분을 되찾으려는 마지막 몸부림이었다고 할 정조(正祖)의 개혁이 실패한 뒤로 세도정치, 동학혁명군 탄압, 식민통치, 분단시대 등을 거치면서 나라는 멍들 대로 멍들고 백성들의 심성도 피폐해졌습니다. 그런데도 촛불대항쟁을 이루어내고 촛불정부를 출범시킨 우리이기에, 2기 촛불정부의 탄생을 자신있게 말할 수 있습니다.

헌정중단 상태를 빨리 끝내야

저는 윤석열정부의 등장을 촛불혁명의 와중에 벌어진 하나의 '변칙적 사태'로 규정한 바 있습니다. 지금 이 나라가 '헌정중단' 상태라고 말하기도 했지요. 이는 윤석열정부의 폭주가 헌법을 파괴하고 있다는 비난을 좀 색다르게 표현해본 것이 아닙니다. 윤정부의 헌법파괴 행위 이전에 촛불대항쟁으로 87년체제가 수명을 다했고 현행 87년 헌법은 정상적인 작동을 멈추었다는 판단을 담은 말입니다(「백낙청 공부길 090 김종엽 교수 2편」, 백낙청TV 2023. 12. 22).[6]

6월항쟁으로 새 헌법이 제정되고 87년체제가 형성된 것은 우리 역사의 획기적 진전이었습니다. 하지만 그것은 분단체제라는 토대를 허물지 못한 채 수구세력과의 불안한 타협으로 탄생한 현실이었기에, 그로써 시작된 민주화 과정이 일정하게 진전되었을 때 더 나은 체제로 넘어가야 할 사명을 띤 체제였습니다. 1998년 김대중정부의 출범으로 최초의 평화적인 수평적 정권교체가 실현되었고 뒤이어 6·15공동선언이 분단체제 해체의 가능성을 열었습니다. 노무현정부는 남북의 화해와 협력이 한층 확대되는 가운데 '특권과 반칙 없는 사회'라는 새로운 체제로 넘어갈 계기였

---

[6] 김종엽 교수와의 유튜브 방송을 시청한 분들은 기억하겠지만, 실질적으로 수명이 다 된 헌법이라 해도 국가생활에 헌법이 아예 없을 수는 없으므로 일종의 '대리헌법'이 작동 중이다. 그런데 윤석열정권은 그것마저 제멋대로 짓밟고 있는 상태이기 때문에, '헌정중단 사태'는 단순한 레토릭 이상의 개념이라 할 수 있다.

습니다.

 그러나 노무현의 개혁은 실패했고 이명박·박근혜 정권이 들어섰습니다. 이들은 김대중·노무현 직전의 노태우·김영삼 시대를 계승하는 게 아니라, 87년체제를 허물고 다시는 정권상실의 위험이 없는 체제로의 이행을 추진했습니다. 남북관계에서도 6·15선언뿐 아니라 아예 노태우정권의 남북기본합의서 이전의 시대로 되돌아가고자 했지요. 이명박이 시작하고 박근혜가 계승한 이런 역전 기도를 이남주 교수는 '점진 쿠데타'로 규정하기도 했는데(이남주「수구의 '롤백 전략'과 시민사회의 '대전환' 기획」, 『창작과비평』 2016년 봄호), 이 총칼 없는 쿠데타를 막아내고 박근혜정권을 퇴출한 것이 2016~17년의 촛불대항쟁이었던 것입니다.

 그리하여 87년체제보다 나은 체제의 건설 노력이 다시 시작되었습니다. 이 시도가 순항하지 못한 결과로, 87년체제가 비교적 정상적으로 작동하던 시기의 정권교체와는 질적으로 다른 사태가 벌어진 것이 윤석열의 집권이라는 '변칙적 사건'입니다. 이명박·박근혜의 '점진 쿠데타'와도 또다른 차원의 폭주, 박정희·전두환 시대보다 차라리 이승만 시대를 닮은 북진통일노선과 도적정치 — 영어로 kleptocracy라고 하는 권력에 의한 공공연한 약탈과 불법축재의 정치 — 가 벌어졌지요. 아니, 이승만이 잘했건 못했건 표방하던 반일외교마저 친일헌납노선으로 대체했습니다. 저 먼 어느 대륙의 후진국도 아닌 대한민국에서, 21세기의 대명천지에 이런 어처구니없는 사태가 얼마나 지속될 수 있을까요?

 얼마나 지속될지는 결국 하늘이 정하고 민심이 정할 테지요. 어쨌든 이미 생명력을 잃은 87년 헌법, 체제의 뒷받침이 사라진 일종의 '대리헌법'에 정해진 정치일정을 우리가 고수해야 할 의무는 없습니다. 당면한 정치국면과 다가오는 총선에서 2기 촛불정부 수립에 집중해야 합니다. 그것이 '성공하는 촛불정부'로 귀결할 때 세계사적으로도 아무도 안 가본 길을 우리가 열게 될 것입니다.

자료 2. 한반도평화포럼 신년토론회 공동명예이사장 인사말

여러분 반갑습니다. 제가 게을러서 한반도평화포럼 행사에 자주 못 나오다보니까 더욱이나 오랜만에 뵙는 반가운 분들이 참 많습니다. 오늘 발표해주시는 양무진 총장님을 비롯해서 패널 여러분들, 또 임동원 이사장님은 그간 제가 따로 뵌 적은 있습니다만 지금 이 자리에 오셔서 반갑고, 더불어민주당 원내대표로 정말 바쁘실 텐데 홍익표 대표님 반갑습니다. 여러분 모두 새해 복 많이 받으시기 바랍니다.

오늘 토론 제목이 '2024, 희망에 대하여'라고 돼 있는데 새해 첫머리의 프로그램에 달릴 법한 제목입니다마는 요즘 상황에서는 약간의 비장미도 도는 듯합니다. 누가 뭐라든 우리는 희망을 갖고 나가겠다 하는 어떤 결기를 보여주는 제목이 아닌가 싶습니다. 그 희망의 내용이라든가 정세에 대해서는 저보다 오늘 발표하고 토론하실 분들이 훨씬 잘 아실 테니까 제가 그 말씀을 따로 드릴 건 없고, 오히려 그동안 현장에서 좀 멀어져 있던 사람으로서 느낀 점 한두가지를 말씀드리겠습니다.

한반도평화포럼이 그동안 학문적으로나 실천적으로 이 땅의 평화와 남북관계 발전을 위해서 많은 공헌을 해왔다고 믿습니다. 그런 가운데 우리가 이론적으로 어떤 특별한 기여를 남겼다면 그것은 임동원 이사장님께서도 전부터 말씀해주신 '통일은 과정이다'라는 명제를 어느정도 확립시킨 것이 아닌가 합니다. 통일이라는 게 일회성 사건이 아니고 오랜 기간에 걸친 하나의 과정이라는 이야기지요. 그런데 통일이 '과정'이라고 하면 분단의 역사도 그렇게 갑작스럽게 끝나지 않고 오래 지속되게 마련이고 또 분단현실에 대해서도 우리는 다각적이고 되도록 체계적인 인식을 가져야 한다는 이야기가 되겠습니다.

저 나름으로 그에 기여하고자 제출한 명제는 '분단은 체제다'라는 것입니다. 이 이야기는 제가 뉴스레터『한반도의 아침』1000호 기념호를 발행했을 때 축하의 말과 더불어 했던 이야기입니다. 분단이 그냥 분단현실이 아니라 그동안 오래 지속되면서 일종의 '체제'를 형성했다는 뜻인데 무슨 체제든 한번 만들어지고 나면 첫째는 쉽게 무너지지 않는다는 거죠.

또한 체제라는 것은 우리 삶의 구석구석에 들어와서 온갖 것들과 연결이 돼 있기 때문에 그 체제를 극복하려면 남북관계 개선이라든가 통일사업이라든가 하는 개별적인 과제에 몰두할 것이 아니라 정말 우리 삶 곳곳에 스며들어 있는 현실을 밝혀내고 싸워야 한다는 말이 되겠습니다.

그 싸움의 전선은 우리 삶의 도처에 있습니다. 그렇다고 각자가 자기 전문분야를 버려두고 기동타격대가 되어 이 이슈, 저 이슈 돌아가면서 싸우자는 이야기는 아니고요. 한반도평화포럼처럼 남북관계 개선, 한반도 평화문제, 분단현실 같은 주제에 특별한 관심을 두고 경험과 경륜을 가진 분들이 계속 자기 작업을 하는 것이 중요합니다. 다만 그것을 어떤 큰 그림 속에서, '통일은 과정이며 분단은 체제다'라는 틀 속에서 보는 것이 중요하지 않을까 합니다.

또 지금 우리 한반도가 굉장히 어려움에 처해 있고 평화가 위협받고 있는데 우리가 희망을 찾아가는 과정에서 좀 기억해놓으면 좋겠다 하는 것이 있습니다. 하나는 '분단이 체제화돼 있다'고 한다면 워낙에 한반도 평화나 분단체제극복 작업은 어렵게 마련이다, 시간이 걸리고 지난한 과정이며 또 그것이 주춤하거나 퇴행할 가능성을 항상 안고 있다고 보아야겠는데, 불행히도 오늘날 우리는 퇴행의 과정을 겪고 있는 것 같습니다. 게다가 우리 내부 문제만이 아니고 북의 정책도 바뀐 것 같고 여러가지 우려되는 상황이 많습니다만 사실 이게 분단체제라는 하나의 '체제'이고 그 체제는 남한에만 있는 것이 아니고 남북 한반도 전체에 통틀어서 있다고 하면 그렇게 놀라운 일은 아니고요.

다른 하나는 지금 북에서 대한민국을 주적이며 교전국이다, 이렇게 말하고 있는데 사실 법률상 우리는 교전국이죠. 휴전상태에 있는 교전국이니까 전혀 새로운 이야기가 아니고 '주적'이라는 말을 저쪽의 최고 권력자가 자기 입으로 한 것은 처음입니다만, 그러니까 우리가 섭섭할 수는 있지만, 공자님 말씀에도 "군자는 남의 허물을 보면 자기 잘못을 반성한다"고 했는데, 아니 '주적' 이야기는 우리가 먼저 하지 않았어요? 국방백서라는 공식문서에다 집어넣고. 그래서 북이 저렇게 여러모로 실망스럽게 나오는 것에 대해서 우리가 우리 정부를 통해서 한 일을 되새겨볼 필요가 있고 이것 역시 분단체제가 극복과정을 제대로 밟지 못할 때 생기는 현상 중에 하나라고 볼 필요가 있을 것 같습니다.

우리 민족끼리 통일하자는 얘기는 접어놓고 대한민국이라는 국가와 '국가 대 국가' 관계로 가자, 하는 말은 저는 우리 목표가 갑작스러운 통일도 아니고 또 연방제로 가자는 것도 아니고 남북연합이 우리 대한민국의 방침이며 그것도 낮은 단계의 남북연합으로 시작할 수밖에 없다는 것을 인정한다면, 저쪽에서 국가 대 국가로 확실하게 관계를 정리해주는 것이 나쁜 건 아닌 것 같아요.

그래서 새해 벽두부터 정세가 만만치 않고 그동안 남북관계 개선을 위해서 노력해오신 우리 동지·동학 여러분들이 속상한 점도 많겠지만 여전히 우리는 희망을 간직하고 나아가야 할 필요가 있습니다. 오늘 여러분의 말씀에서 많이 배우고자 합니다.

새해 복 많이 받으십시오.

덧글(2024. 2)

토론회가 열리던 날 언론보도에 따르면 미국의 한반도 전문가 — 그것도 양심적이고 객관적인 연구를 해온 것으로 알려진 — 두분이 이제 북한은 6·25에 버금가는 대남공격을 하기로 결심한 것 같다고 주장했다고 한다. 토론 과정에서 당연히 화제가 되었는데 패널 참여자 대다수는 다소간에 회의적인 반응을 보였다. 다만 사회자 문정인 교수가 강조한 '우발적 충돌'의 가능성을 부인하는 이는 없었고, 발제자 양무진 총장이나 객석의 홍익표 의원은 사태를 한층 심각하게 인식하려는 입장이었던 것으로 기억한다.

나는 그 자리에서 가타부타 끼어들 자격도 없었지만, 첫째 헤커(S. Hecker) 박사가 그의 저서 『핵의 변곡점』(시그프리드 헤커 지음, 천지현 옮김, 창비 2023)에서 이미 지적한 대로 북한이 1990년대 초 이래로 추구해온 대미협상과 그것이 잘 안 될 때 핵무력을 확보한다는 '이중경로' 중 외교적 해결을 아예 포기하는 쪽으로 전략적 결단을 내렸다는 진단을 전면전을 일으키려는 결심으로까지 끌고 간다면 논리적 비약이겠다는 생각을 했고, 아울러 자멸이 예견되는 전쟁행위를 일으킬 만큼 북이 비이성적이거나 자포자기 상태에 빠졌을까 하는 의문이 있었다.

그후 미국의 NK뉴스(2024. 1. 16)가 제공한 김정은의 조선민주주의인민공화국 최고인민회의 제14기 제10차회의(2024. 1. 15)에서의 시정연설 전문을 입수해서 읽어보았다. 비전문가가 달랑 이 자료만 읽고 얼마나 원만한 판단을 내릴 수 있을지는 의문이지만, 아무튼 문제된 자료를 직접 통독하고 판단하는 일의 중요성을 새삼 실감했다.

김정은 위원장의 '강령적 시정연설'이 대개 그렇듯이 '공화국의 부흥발전과 인민들의 복리증진을 위한 당면과업에 대하여'라는 제목의 이번 연설도 꽤 장시간의 발언이었다. 그중 대략 3분의 2에 해당하는 앞부분이 경제와 민생에 관한 것이며 과학기술의 발전과 "인민생활에서 지역적 편파성"을 줄이는 문제도 중요하게 다뤄지고 있다. 나머지가 "우리 공화국은 평화애호적인 사회주의국가이며 침략과 간섭이 없는 평온하고 안정된 환경 속에서 자주적 발전의 길을 걸으려는 우리의 지향은 시종일관하고 그를 위해 바친 대가도 막대합니다"로 시작해서, "그러나 우리 국가의 안전환경은 완화되기는커녕 날로 악화일로를 기록하였으며 오늘은 세계에서 가장 위태한 전쟁발발위험지역으로 되었습니다"라는 한반도정세 논의가 대부분을 이루었다. 미 당국과 남한을 규탄하는 내용인데, 비록 그 언사가 격렬하긴 하지만 미국 비판은 새로운 내용은 아니다. 만약에 저들이 조선을 건드리면 핵무력을 포함한 모든 수단을 동원하여 싸울 것이며 과거와 달리 미국도 심대한 타격을 각오해야 할 정도의 국방력을 '우리'는 보유하고 있다는 주장이다.

새로운 점이라면 대남관계의 근본적 변화를 한층 단호하고 극렬하게 표명했다는 것이다.

오늘 최고인민회의에서는 근 80년간의 북남관계사에 종지부를 찍고 조선반도에 병존하는 두개 국가를 인정한 기초 우에서 우리 공화국의 대남정책을 새롭게 법화하였습니다.

당중앙위원회 2023년 12월 전원회의에서도 엄숙히 천명된 바와 같이 우리 당과 정부와 인민은 흘러온 력사의 장구한 기간 언제나 동족, 동포라는 관점에서 대범한 포용력과 꾸준한 인내력, 성의있는 노력을 기울이며 대한민국 것들과 조국통일의 대의를 허심탄회하게 론하기도 하였습니다.

그러나 쓰라린 북남관계사가 주는 최종결론은 '정권붕괴'와 '흡수통일'을 꿈꾸면서 우리 공화국과의 전면대결을 국책으로 하고 있고 나날이 패악해지고 오만무례해지는 대결광증 속에 동족의식이 거세된 대한민국 족속들과는 민족중흥의 길, 통일의 길을 함께 갈 수 없다는 것입니다.

북남관계가 더이상 동족관계, 동질관계가 아닌 적대적인 두 국가관계, 전쟁 중에 있는 완전한 두 교전국 관계라는 현실은 외세의 특등주구집단인 대한민국이 극악하고도 자멸적인 대결망동으로 써놓은 북과 남의 명백한 현주소이며 세상을 향해 거침없이 면사포를 벗겨놓은 조선반도의 실상입니다.

이어서 "조선반도에서 전쟁이 일어나는 경우에는 대한민국을 완전히 점령, 평정, 수복하고 공화국령역에 편입시키는 문제를 〔헌법에〕 반영하는 것도 중요하다"는 발언이 나온다. 그러나 결론은 여전히 "우리는 전쟁을 바라지 않지만 결코 피할 생각 또한 없습니다. 전쟁이라는 선택을 할 그 어떤 리유도 없으며 따라서 일방적으로 결행할 의도도 없지만 일단 전쟁이 우리 앞에 현실로 다가온다면 절대로 피하는 데 노력하지 않을 것이며 자기의 주권 사수와 인민의 안전, 생존권을 수호하여 우리는 철저히 준비된 행동에 완벽하고 신속하게 림할 것입니다"라는 것인데, 대한민국의 '일전불사' '전쟁도발 시 정권종말' 노선과 과연 얼마나 다른 내용인지 확언하기 어렵다.

전문가로서 사태가 종전과 질적으로 달라졌다는 판단을 내리는 분이 있다면 그럴 만한 근거를 제시할 수 있을 터이다. 하지만 앞서 하던 내 이야기의 되풀이가 되지만, 대다수 전문가들의 공통된 약점은 그분들 중(혜커 박사나 로버트 칼린Robert Carlin 연구원 등 미국인들도 당연히 포함해서) '분단은 체제다'라는 명제를 수용하는 경우가 극히 드물다는 사실이다. 그런데 남북분단의 현실이 일단 '체제'를 형성했다고 하면 이는 쉽게 해소될 수 없는 현실이며 '전쟁을 통한 해소'도 마찬가지라는 논리가 포함되게 마련이다.

그동안 남북교류나 협상의 일선에서 활동해온 정부 안팎의 일꾼들에게는 북한 당국에 의한 각종 교류담당 기구들의 해체가 특히나 서운하고 속상할 수 있다. 그러나 '시민참여형 통일작업'을 진지하게 추구하는 입장이라면, 이번에 해체된 여러 '민간기구'들이 우리가 생각하는 민간단체와는 거리가 먼, 당의 결정에 따라 움직이고 여차하면 활동이 정지될 수 있는 기구들이라는 점을 간과할 수 없다. 물론 현재로서는 그런 기구와 인원들이라도 있어서 서로 만나고 의견을 나누는 일이 시민참여의 장기적 확대에 필요하고 또 중요하지만, 남북관계가 '국가 대 국가' 관계로 재정립되어 언젠가 '낮은 단계의 국가연합' 건설의 필요성이 다시 확인되는 과정의 일부로 '민간교류'에 대해 전면적 재검토의 기회를 갖는 것도 나쁘지 않을 듯하다. 문제는 당국이 결정하면 언제는지 다시 나설 수 있는 북측의 요원들과 달리, 한번 흩어지면 다시 모이기가 쉽지 않은 남쪽의 단체들이 이 고비를 어떻게 넘기느냐는 것이다. 교섭상대가 거의 사라진 상태에서 마냥 버티기도 싱겁다면 싱거운데, 이럴 때 우리의 분단체제극복운동·시민참여형 통일작업도 숙고와 개편의 시간을 갖는 것이 바람직하지 않을까.

11. 한반도정세의 새 국면과 분단체제

　본고의 바탕이 된 한평아카데미 강연은 2024년 5월 9일 노무현시민센터에서 진행되었고 뒤이어 녹화동영상이 유튜브 '백낙청TV'에 올랐다. 『창작과비평』 2024년 여름호 문장렬·이승환·정욱식 세분의 대화 「위기의 남북관계, 지속가능한 평화를 찾아서」는 그보다 앞서 4월 24일에 이뤄졌지만 간행은 5월 하순이었다. 따라서 두 논의가 서로 참조하며 생산적인 대화를 나눌 기회가 없었다. 세분의 좌담에서 배운 바를 내 강연에 참조할 수 있었으면 좋았을 것이고, 다른 한편 강연 내용에 대해 그분들의 검토와 논평을 받을 수 있었다면 큰 보람이었을 것이다. 남북관계의 위기를 염려하면서 지속가능한 평화를 찾으려는 뜻을 지닌 사람들 간의 대화와 토론이 절실히 필요하다고 믿기에, 강연 녹취록을 일부 축약하여 수록하면서 중간중간에 좌담 내용을 소개하고 더러 논평하고자 한다. 강연은 원래대로 구어체로, 추가된 각주와 고딕체로 시작되는 논평은 문어체로 정리했다.

한반도평화포럼 측에서 지어준 강연 제목이 '분단체제극복과 한반도식 나라만들기'입니다. 그동안의 제 작업에서 중요한 키워드 두개를 뽑아주서서 감사드립니다. '한반도식 나라만들기'라는 말은 제가 2021년에 출간한 책 『근대의 이중과제와 한반도식 나라만들기』(창비, 이하 '졸저')의 제목의 일부이기도 합니다. 또 그 책을 내기 전부터 저 나름으로 천착해온 주제입니다. 하지만 오늘 강연에서는 한반도식 나라만들기의 경과라든가 현행 과제에 대해서는 길게 얘기하지 않고 이 개념에 대해 한두가지만 설명하고 넘어가겠습니다.¹

'한반도식'이라고 말한 것은 분단된 한국이나 조선민주주의인민공화국 — 그쪽에서 대한민국이라고 불러준다니까 우리도 조선민주주의인민공화국, 줄여서 조선이라고 부르기로 하겠습니다 — 만의 나라만들기가 아니고, 우리 민족이 3·1운동 또 상해임시정부 수립 때부터 목표로 내세웠던 한반도 전역에 걸친 자주독립국가 만들기를 여전히 우리의 목표라 생기한다는 뜻입니다. 목표를 그렇게 정하고 보면 이 과제는 아직도 완수되지 못했지요. 지금도 **미완**의 과제이고 **진행 중**인 과제입니다.

3·1운동 때는 '대한독립' 또는 '조선이 독립국'이라고 표현했지 '민주공화국'이라는 용어를 쓰진 않았어요. 하지만 목표가 민주공화국으로 암묵리에 정해져 있었고 상해임시정부에서 임시헌장을 만들면서 그걸 아주 명토박아버렸지요.²

---

1 본고를 작성하는 과정에서 주최 측이 정해준 제목을 바꾸었고 '한반도식 나라만들기'에 대한 간략한 소개마저 대폭 삭제되었다. 당일의 전체 발언은 유튜브 '백낙청TV' [초청강연 002]에 올라 있다.
2 앞서 말한 대로 이 대목은 많이 축약되었다. 8·15 이후 한반도가 분단됨으로써 통일된 독립국가의 꿈이 좌절되었는데, 결국 분단체제의 성립과 장기간 지속으로 '한반도식 나라만

또 하나의 키워드가 '분단체제'인데요. 사실 이 분단체제라는 용어는 제가 30년이 넘게 떠들어오다보니 상당히 유통이 되었어요. 그래서 이 말을 쓰는 사람은 많아졌는데 과연 얼마나 그 개념에 동의해서 쓰는지는 좀 의문입니다.

주변에서 그 단어를 사용하는 사례들을 보면 분단체제가 남한에만 있는 것으로, 남한의 반공냉전체제에 국한해서 쓰는 분들이 있고요. 반면에 남북에 걸친 분단체제를 생각하기는 하되 한반도의 남과 북만으로 완결된 체제라고 보는 분들도 있어요. 그런데 제가 늘 강조해온 것은 분단체제가 한반도 전체를 아우르고 있으면서 세계체제의 하나의 하위체제라는 점입니다. 즉 세계체제가 한반도를 중심으로 작동하는 국지적인 현상에 해당한다고 주장해온 것이지요. 또 어떤 분은 그저 분단을 얘기하는 데 체제라는 말이 들어가면 더 멋있게 들리니까 그렇게 쓰는 분들도 있는 것 같아요. 솔직히 말씀드리면 우리 한반도평화포럼에 훌륭한 학자와 연구자, 논객들이 많은데, 그분들 중 상당수는 분단'체제'라는 개념에 별로 관심이 없으신 것 같아요.

그렇다고 그분들에게 왜 분단체제라는 말을 안 쓰느냐고, 제가 포럼의 공동 명예이사장이라고 해서 그렇게 얘기할 수 있는 건 아니잖아요(웃음). 학자들에게 나의 개념을 따라오라고 강요할 수도 없고요. 그러던 중 올해 초에 오랜만에 한반도평화포럼 월례토론회에 나갔는데, 새해 첫 토론회에 인사말을 해달라기에 처음으로 동료들을 상대로 이 문제를 제기했어요.

그동안 한반도평화포럼에서는 '통일은 과정이다'라는 명제를 강조해왔습니다. 통일이라는 게 어느날 갑자기 일회성으로 일어나는 사건이 아

들기'가 **미완의 과제**로 남았지만 그렇다고 분단된 남북 각기에서 벌어진 나라만들기 작업이 무의미한 것은 아니고 미완의 **단계적 과제**를 수행 중인 면도 있음을 언급하기도 했다.

니라 오랫동안 점진적인 과정을 거치는 일인데 그 과정 자체가 사실상의 통일에 해당한다는 것을 임동원 장관님을 비롯해서 여러 선배·동학들이 강조했고 지금은 그런 인식이 우리 사회에 어느정도 자리를 잡았다고 봅니다. 그건 우리 한평포럼의 공적이라고 할 수 있죠.

그런데 제가 지난 1월 포럼에서 한 이야기는, 통일이 과정이라면 그게 오래 걸릴 뿐 아니라 그 과정이 분단을 극복해가는 과정이다, 그리고 그걸 제대로 해내려면 한반도의 분단이 보통 분단이 아니고 70년 넘게 정전체제가 지속되면서 분단이 일종의 **체제**로 변했다는 점을 알아야 한다, 그래서 '통일은 과정이다'에 곁들여서 '분단은 체제다'라는 명제도 앞으로 보급해보십시다, 그렇게 제안을 했는데 몇달 안 돼서 그런지 괄목할 성과가 있는 것 같지는 않아요.

좌담 「위기의 남북관계, 지속가능한 평화를 찾아서」에서도 '분단체제'가 등장한 것은 윤석열정부에 의한 '분단체제 재공고화' 시도를 비판하는 이남주를 언급한 이승환 시민평화포럼 대표의 발언이 유일했던 것으로 기억한다.[3] 참석자 모두가 이 개념에 냉담하다고 단정할 일은 아니지만, 분단체제론에 군건히 바탕하지 않은 정세분석이나 대안제시는 미흡하게 마련이라는 것이 나의 지론이다. 이하 적절한 대목에 가서 조금 더 상세히 논할 생각이다.

분단은 체제다

제가 한평아카데미에서 강의를 한 것이 2018년이었습니다. 6년 전입니

---

[3] 『창작과비평』 2024년 여름호 266면. 앞으로 이 좌담에서의 인용은 발언자와 면수만 본문 중에 밝힌다.

다만 지금 돌이켜보면 참 금석지감이 있지요. 흔한 말로 호시절이었습니다. 제가 강연한 때가 7월이었는데, 2018년에 평창올림픽으로부터 시작해서 남북 간에 여러가지 뜻깊은 화해와 관계발전이 이루어졌지요. 그 정점을 찍은 것은 강의 이후 9월에 문재인 대통령이 평양을 방문해서 김정은 위원장과 정상회담을 또 하고, 백두산에 함께 오르고, 9·19군사합의라는 것도 만들어낸 일이었지요. 4월에는 판문점에서 제1차 남북정상회담을 해서 '4·27판문점선언'이 이미 나왔고 6월에 싱가포르에서 트럼프 미국 대통령과 김정은 조선민주주의인민공화국 국무위원장이 북미 간 역사상 최초의 정상회담을 했습니다. '싱가포르선언'이라는 매우 훌륭한 문서를 생산했지요. 그러고서 조금 곡절이 있긴 했습니다만 하여간 9월에 평양 방문까지 있었는데, 지금과는 너무나 다른 세월이었지요. 그 와중인 7월에 제가 했던 제5기 한평아카데미 강연의 제목이 '시민참여형 통일운동과 한반도 평화'였고 아까 말씀드린 졸저 11장으로 실려 있습니다.

그 2018년과 2024년 사이에, 너무나 딴 세상처럼 보이게 된 사이에 어떤 변화가 왜 일어났는지 우리가 규명하고 나아가야겠죠. 특히 규명을 할 때 남 탓만 하지 말고, 나 자신은 어떤 잘못을 했는지 살펴보고 또 잘한 점은 잘했다고 설명하는 그런 작업이 꼭 필요하다고 봅니다. 오늘 기회가 생긴 김에 그런 얘기를 좀 해보려고 합니다.

제가 2018년 7월 현재로 남북관계 개선이 '거의 불가역적인' 과정에 들어섰다, 이렇게 큰소리를 쳤더랬습니다. 물론 '가설'이라는 단서를 달았고 또 '거의'라고 도망갈 구멍을 하나 만들어놓긴 했습니다만 지금 생각하면 상당히 경솔한 발언이었고 지나친 낙관이었습니다. 물론 저뿐 아니라 많은 사람들이 이듬해 하노이에서 트럼프 대통령과 김정은 위원장이 다시 만났을 때 회담이 결렬되는 참사가 일어날 줄은 몰랐습니다. 미국 측에서는 회담을 참사로 몰고 가려는 세력이 꽤 있었기 때문에 그 사람들은 어느정도 예견하고 또 소망했겠지요. 그러나 김정은 위원장은 예상을 못했던 것 같고, 또 미국을 잘 아는 게 남한이라면서 이런저런 정보도 주고 하던 문재인정부도 하노이에서 그렇게 결렬될 줄은 몰랐던 걸로 압니다.

따라서 2019년에 이런 반전이 일어날 걸 몰랐던 게 저만의 잘못은 아닙니다만, 저는 반성해야 할 특별한 이유가 있다고 생각합니다. 앞서 남들이 분단체제의 개념을 별로 이해하고 공감해주지들 않는다고 불만을 토로했는데, 정작 분단체제론을 제기한 나 자신부터 분단체제라는 게 얼마나 해소하기 어려운 체제이고 해소가 안 되는 한은 언제든지 반전의 가능성이 있음을 충분히 감안하지 못하고 섣부른 낙관론을 펼쳤던 거죠. 저로서는 반성하지 않을 수 없는 일입니다.

이 세상에는 분단된 국가의 수가 많지도 않고 그 분단이 한반도에서처럼 체제로까지 굳어진 사례는 없다고 봅니다. 그런데 분단체제뿐 아니라 어느 사회체제든 그게 한번 체제로 굳어지면 쉽게 해소되지 않고 자기재생산 능력을 가집니다. 그러니까 체제지요. 또 하나의 특징은, 그냥 '분단현실'이면 우리가 분단 자체만 들여다보느냐느 대충 어떤 현실인지 알 수가 있는데 이게 **체제**가 되면 사회 전체의 온갖 요소들과 온갖 방식으로 결합하게 됩니다. 그래서 그 체제를 해소하려고 할 때 전선(戰線)이 꼭 남북관계만이 아니라 여기저기에 걸쳐 있어요. 그래서 그것을 종합적으로 보고 체계적으로 분석하지 않으면 제대로 된 대응책도 안 나오게 마련입니다.

또 하나 말씀드린다면 체제가 아무리 나쁜 체제라도 좋은 면이 전혀 없으면 유지가 안 됩니다. 자기재생산력을 가졌다는 건 일정한 생명력을 갖는다는 얘기고, 그 생명력이란 그 체제 나름으로 주민들에게 뭔가 이득을 주기도 하기 때문에 그렇게 되는 거지요. 물론 우리는 분단 때문에 고통받아왔고 원래 우리 국민이 가졌던 통일에 대한 염원을 배신한 그런 현실이지만, 이게 체제로 굳어진 계기는 한국전쟁이라고 봐요. 그래서 저는 '분단시대'하고 '분단체제의 시대'를 구별합니다.

분단시대라 하면, 1945년에 우리가 일제로부터 해방됨과 동시에 38선이 그어지고 국토가 분단되었잖아요. 그때부터가 분단시대인 거죠. 이게 분단**체제**로 굳어지는 것은 전쟁을 겪고 나서, 어느 한쪽의 완전한 승리로 끝나지 않고 평화체제로 가지도 못한 채 정전상태로 굳어져서 70년이 넘게 흐르다보니까 하나의 체제가 돼버린 거예요. 이것이 남북을 막론하고 우리 민중에게 막대한 고통을 안겨주고 양쪽에서 다 민주주의를 제약하고 또 자주성을 제한하고 있어요. 이런 폐단이 있지만 전쟁을 겪은 민중의 입장에서 보면 그래도 전쟁을 또 치르는 것보다는 이렇게 분단되어 사는 게 낫다는 실감을 하게 된 겁니다. 실제로 그사이에 크고 작은 충돌이 있었지만 한국전쟁 같은 전쟁은 다시 없었죠. 그런 점에서는 분단체제가 전쟁재발보다는 훌륭한 겁니다. 그러니까 그 정도의 민중적 지지랄까 공감이 토대가 돼서 그걸 기반으로 온갖 폐단들이 뿌리내리게 됐던 거죠.

그래서 저는 2018년의 시점에서 분단체제가 거의 돌이킬 수 없는 해소과정에 들어섰다고 공언한 점, 분단체제론을 제기해놓고 그것에 충실하지 못했다는 점은 반성하지만, 분단체제론 자체는 여전히 중요하고 더 탐구할 필요가 있다고 봅니다.

분단체제를 해소하기 위해 이제까지 한국에서 취해온 정책을 '포용정책 1.0'이라고 한다면 ─ 그때는 우리 정부가 남북관계에 대해서 '포용정책'이라는 말을 썼습니다 ─ 앞으로는 '포용정책 2.0'으로 가야 한다는 주장을 「'포용정책 2.0'을 향하여」라는 글에서 했습니다. 그게 2012년이었고, 『2013년체제 만들기』(창비)라는 제 책에 수록돼 있습니다. '포용정책'이라는 말은 지금은 당연히 폐기될 수밖에 없어요. 북에서는 처음부터 그 말을 아주 불쾌하게 생각했어요. 너희가 뭔데 우리를 포용하고 말고 하느

나며. 지금은 포용을 거부하는 정도가 아니라 자기들이 남한을 포용하려고 ─ 저기선 '포용'이라는 말을 씁니다 ─ 그동안 온갖 노력을 했지만 '대한민국 것들'하고는 도저히 더는 안 되겠다며 국가와 국가의 관계로 바꾸고 국가 간 관계도 적대적인 국가, 주적(主敵)과의 관계라고 김정은 위원장이 금년 들어서 명시했죠.[4]

그런데 제가 '포용정책 2.0'이 '1.0'하고 뭐가 다른지를 말하면서, 하나는 기존의 정책도 일종의 남북 간 국가연합으로 가는 길을 추구해왔지만 '2.0'이 되려면 분명한 설계와 목적의식을 가지고 남북연합 건설을 추진해야 한다고 했습니다. 그리고 '포용정책 2.0'은 철저한 시민참여형 통일과정이 돼야 한다, 그 두가지를 주장했는데 지금 생각해도 그 주장 자체는 포기할 필요가 없다고 봅니다. 거듭 밝히지만 '포용'정책이라는 말은 이제는 더 쓸 필요가 없고 또 제가 제시한 두가지 모두 현재 심각한 난관에 부닥쳐 있는 것이 사실입니다만 목표 자체는 정당한 것이다 이렇게 말씀드리고 싶습니다.

조선의 노선전환과 이후의 남북관계

그러면 오늘의 상황과 우리의 대응태세에 대해서 좀더 자세히 말씀드리겠습니다.

오늘의 상황을 일별하면 국내 상황과 한반도정세뿐 아니라 세계정세, 동아시아 지역상황도 크게 달라져 있습니다. 특히 조선은 비핵화를 포함하는 미국과의 화해 노력을 확고히 청산하고 남북관계도 국가 대 국가,

---

[4] 조선 체제의 성격상 2024년 1월 최고인민회의 이전, 좌담에서 주목한 2023년 12월 조선노동당 중앙위원회 제8기 제9차 전원회의가 더 결정적인 변곡점이었다고 하겠다.

그것도 교전국이자 적대국 관계로의 전환을 선언했으며 각종 민족통일 관련 기구를 해산하는 등 구체적 조치들을 취하고 있습니다.

그런데 지금 국가 대 국가 관계라고 저쪽에서 선언하니까 이거 큰일났구나, 저들이 통일 안 하고 국가 대 국가로 가자고 그러는구나 하고 놀라시는 분들도 있는 것 같아요. 또 통일운동에 별로 적극적이지 않던 분들이 통일이나 분단극복 작업을 하던 이들을 향해 조롱하는 투로 말하지요. 당신들 그렇게 민족통일 좋아하더니 북에서 안 하겠다고 그러지 않느냐, 국가 대 국가로 가겠다고 그러지 않느냐, 이렇게 말하는 분들도 있는데, 국가 대 국가 관계는 국가연합을 만들기 위한 대전제입니다. 국가연합이라는 게 국가와 국가의 연합 아니겠어요?

그리고 이것은 우리 대한민국 정부가 진작 내놓은 통일방안이에요. 1989년 노태우 대통령이 한민족공동체통일방안이라는 걸 발표했죠. 평화공존으로 시작해서 남북 간의 국가연합으로 갔다가 그다음에 완전 통일로 간다, 이런 단계적 통일방안이었습니다. 이 자체도 의미있는 사건이긴 했지만 큰 성과를 못 본 이유가, 첫째는 후에 나온 남북기본합의서(1992)와 달리 북하고 만나서 의논해서 내놓은 안이 아닙니다. 또 하나는 그전에 북에서는 연방제를, 즉 '고려민주연방공화국' 안을 제시했는데 이걸 안 하겠다는, 북에서 볼 때는 매우 불순한 의도가 포함돼 있었던 거죠. 왜냐하면 평화공존으로 시작하는 거야 누구나 찬성할 만한 일이고, 그게 국가연합의 단계로 갔으면 그다음에는 곧바로 완전 통일이 아니라 연방제를 거쳐서 간다고 해야 하는데, 연방제를 쏙 빼고 완전 통일로 간다고 하니까 현실적인 방안으로도 의심스럽지만 북에서 볼 때는 아, 이건 우리가 고려연방제 하자 그랬더니 그거 안 하겠다는 수작이로구나 이렇게 받아들이게 된 거죠.

그러다가 1991년 9월에 드디어 남북이 유엔에 동시 가입을 하게 됩니다. 유엔에 동시 가입했다는 것은 서로 간에 국가임을 인정하고 국제무대에서 두 국가로 활동하겠다는 뜻 아니겠어요? 다만 남북기본합의서에는 "쌍방 사이의 관계가 나라와 나라 사이의 관계가 아닌 통일을 지향하는 과정에서 잠정적으로 형성되는 특수관계"라고 규정을 했어요. 그런데 그것이 유엔 가입 이전이 아니라 가입한 **이후**에 나온 선언이기 때문에, 국가 대 국가 관계가 국제적으로도 인정받고 남북 모두가 그걸 외교정책으로 승인한 다음의 일이에요. 그런 전제 위에서 우리가 그렇다고 영영 남남으로 살겠다는 건 아니고 통일을 지향하는 과정에서 잠정적으로 형성된 특수관계라고 말한 거니까, 그때 이미 국가 대 국가를 전제하고 국가연합 비슷한 것을 추진하는 쪽으로 방향을 잡았던 거지요.

금년 1월에 북에서 최고인민회의가 열렸는데 거기서 김정은 위원장이 시정연설을 했지요. 우리 신문에도 많이 보도됐습니다만 이제부터는 민족통일이고 그런 건 다 없고 대한민국하고 조선민주주의인민공화국은 국가 대 국가의 관계로 간다라고 말했을 때 국가연합을 추구해온 입장에서는 오히려 환영할 면도 없지가 않습니다. 물론 교전국이다 적대국이다 이렇게 나오는 건 환영할 수 없지만 국가 대 국가 관계로 가겠다는 말은 국가연합으로 가는 대전제를 공식적으로 승인한 셈이거든요. 그런데 그때 많은 사람들이 놀라면서, 진짜 놀랐는지 아니면 속으로는 좋아서 그랬는지, 이제 민족통일은 소용없고 국가 대 국가 관계로 간다더라 하고서 당황한 듯한 발언을 했는데, 뒤집어 생각하면 그것은 그분들이 국가연합 구상에 대해 얼마나 무심하게 지내왔는지를 보여주는 것이 아닌가 생각됩니다.

좌담 참석자들도 국가 대 국가 관계가 반드시 나쁜 건 아니라는 점에 대체로 동의하고 있는 듯하다.

"우리 통일정책은 김대중정부 이후 남북연합-연방제-통일국가라는 3단계 통일론을 견지하고 있고, 사실 남북연합 단계까지는 두개의 국가를 인정하는 차원이기에 두 국가론으로 인해 우리 통일정책이 크게 흔들릴 부분은 없다고 보여요."(문장렬, 279면)

"적대적 관계를 완화하고 전쟁상태가 종식된다면 당연히 평화적 방식의 통일로 가는 것이고, 그런 조건이라면 남과 북 두 국가의 현실을 인정하는 것이 두 주권국가의 연합인 남북연합으로 발전해가는 길을 촉진할 수도 있습니다."(이승환, 280면)

정욱식 평화네트워크 대표는 그동안 "남북한 특수관계론이 처참하게 실패했다"고 판단하면서, "특수관계론이든 두 국가론이든 핵심은 적대성을 완화하고 해결해가는 것"이라고 주장한다(278면). 이에 대해 이승환은 "두 국가론 수용의 핵심은 그게 분단국가주의로 가느냐 (…) 평화와 공존의 관계로 향하는 것인지"가 중요함을 역설하고, "현재의 정전체제, 최소한 한국전쟁의 종식과 관련해서 명확히 정리하지 않고 두 국가론을 단순 수용하는 것은 문제가 있다"고 지적한다(279면).

나 자신은 한걸음 더 나아가 분단체제론에 입각해서 제반 문제를 검토할 필요가 있다는 생각인데 이는 뒤에 다시 논하기로 한다.

조선의 노선전환과 관련해서 김정은 위원장이 한 연설을 직접 읽어보시는 게 중요할 것 같아요.

오늘 최고인민회의에서는 근 80년간의 북남관계사에 종지부를 찍고 조선반도에 병존하는 두개 국가를 인정한 기초 우에서 우리 공화국의 대남정책을 새롭게 법화하였습니다.
당중앙위원회 2023년 12월 전원회의에서도 엄숙히 천명된 바와 같이 우리 당과 정부와 인민은 흘러온 력사의 장구한 기간 언제나 동족, 동포라는 관점에서 대범한 포용력과 꾸준한 인내력, 성의있는 노력을 기울이며 대한민국 것들과 조국통일의 대의를 허심탄회하게 론하기도 하였습니다.

그러나 쓰라린 북남관계사가 주는 최종결론은 '정권붕괴와 '흡수통일'을 꿈꾸면서 우리 공화국과의 정면대결을 국책으로 하고 있고 나날이 패악해지고 오만무례해지는 대결광증 속에 동족의식이 거세된 대한민국 족속들과는 민족중흥의 길, 통일의 길을 함께 갈 수 없다는 것입니다.

여러분이 좀더 연구하실 생각이면 전문을 구해 읽어보시길 바랍니다. 원자료를 자기 눈으로 보는 게 굉장히 중요해요. 우선 80년이라는 건 상당히 긴 기간인데 해방 이후 이제까지와는 전혀 다른 길로 들어가겠다고 했으니까 이 말에 놀라는 분들이 많으셨던 것도 무리는 아닙니다. 반면에 또 한가지 확인할 점은, 남북관계에 관한 대목이 전체 분량의 3분의 1도 안 됩니다. 주로 조선의 경제문제, 민생문제, 또 북으로서는 비교적 새롭게 제기하는 문제 같은데요, 지방과 도시의 격차 얘기가 많이 나옵니다. 그러다가 남북관계 대목에 가서 과격하다면 과격한 언사가 나오는데, 전체 맥락에서 이것이 차지하는 비중도 살펴보시고 이 대목을 허심탄회하게 분석해볼 필요가 있습니다.

김정은 위원장의 관점에 문제가 없는 건 아니에요. "대한민국 것들" "대한민국 족속들" 이렇게 도매금으로 욕을 하고 있는데 우리 한반도평화포럼의 많은 분들은, 사실 그동안 정부나 소위 보수진영에서 흡수통일 이야기 나올 때마다 열심히 비판을 해왔지요. 그런 분들이 보면 억울하고 섭섭하기 짝이 없는 표현인데, 이것은 북의 사고방식하고 직결돼 있다고 봅니다. 북은 당과 인민 사이가 완전히 일치한다고 주장하죠. 현실이 꼭 그렇다고 장담은 못하겠습니다만 그것이 북측의 이념이에요. 그러나 대한민국은 현실이 안 그럴 뿐 아니라 정부와 국민이 완전히 일치한다고 말하면 다들 우습게 보겠죠. 요즘은 특히 그렇습니다. 그래서 이 정권이 하는 온갖, 김위원장 표현에 의하면 "패악"질, "오만무례"한 짓거리들은 우리 시민과는 관계없다고 생각하는데 북측은 일부러 그러는지 몰라서 그러는지, "대한민국 족속들" "대한민국 것들" 이렇게 뭉뚱그려서 말하고 있습니다.

"대결광증 속에 동족의식이 거세된" 같은 표현을 우리 쪽 정권이나 당국자들에게 국한한다면 말이 안 되는 소리라고 하기는 어려워요. 또 "적대국이자 교전국"이라고 했는데, "교전국"이라는 말은 아직 휴전협정이 평화협정으로 바뀌지 않았으니까 엄밀한 의미에서 남과 북은 교전상태, 교전 중에 휴전을 하고 있는 상태라는 거죠. 또 적대관계라는 건, 사실 우리가 먼저 말했어요. 문재인정부 때는 없었는데 이 정권 들어와서 주적 규정을 국방백서에 넣었습니다. 2022년 국방백서에 "북한 정권과 북한군은 우리의 적"(39면)임을 명시했지요. 이쪽에서 먼저 그래놓고 저쪽에서 주적이라 했다고 해서 우리가 길길이 뛸 이유는 없을 것 같습니다.

동시에 우리가 생각해볼 점은, 우리가 흡수통일론을 비판해왔지만 그럼 흡수통일 아닌 어떤 통일을 어떻게 할 것인지 구체적인 경륜이나 설계를 가지고 남북관계 개선을 추구해왔느냐는 겁니다. 아까도 말씀드렸지만 국가연합이 단계적 통합의 중요한 과정이고 우선적으로 거쳐야 할 당면과제인데, 여기에 별 관심 없는 사람들이 너무 많았어요. 그러니 당신들은 속도만 늦추자는 것이지 결국 흡수통일을 하자는 거 아니냐 이렇게 되묻는다면 답변이 궁색해질 수도 있지요.

그리고 또 하나는, 그동안 남북관계 개선을 추진하는 분들 가운데, 미국과 관계가 나아지고 남북관계도 좋아지면 결국은 북이 중국식 또는 베트남식 개혁·개방으로 갈 것이다, 이런 전제를 하는 분들이 많았습니다. 그런데 저는 옛날부터 그건 안 될 거라는 말을 해왔어요.『근대의 이중과제와 한반도식 나라만들기』12장이 「어떤 남북연합을 만들 것인가」인데, 거기 332~33면에 북은 중국식이나 베트남식 개방으로 갈 수가 없다고 썼어요.

중국이나 베트남은 통일전쟁에서 승리하고 나서 개혁·개방을 한 겁니다. 그런데 남한이 떡 버티고 있는 상황에서 북이 베트남식이든 중국식이든 그런 길로 간다? 저는 이건 처음부터 실현성이 없는 얘기라고 봤는데, 관심있는 분들은 앞서 말한 졸저 12장이나 그전에 나온『어디가 중도며 어째서 변혁인가』(창비 2009)에 노무현 대통령이 김정일 위원장을 만나고 온 직후에 쓴 「2007 남북정상회담 이후의 시민참여형 통일」을 참고해주시면 고맙겠습니다.

그런데 국가 대 국가 관계가 적대적인 성격을 벗어나려면, 기본합의서의 상대방 체제 인정에서 새로 출발하고, 상대방의 국호도 불러줘야 하며, 특히 상대가 스스로 자랑스럽게 여기는 국가적 성취에 대한 이해 내지는 인정이 필요합니다. 서로 좋은 관계가 되려면 저쪽에서 자기가 뭘 잘했다 하고 잘났다고 생각하는지를 알고, 거기에 100% 동조해줄 필요는 없지만 적어도 그런 자랑거리를 현실로서 인정은 해야지요.

대한민국이 자랑스럽게 여기는 거라면 여러가지가 있겠습니다만, 하나는 우리가 4·19 이래로 시민들이 들고일어나서 막대한 희생을 치르면서 민주화를 진행해왔다는 겁니다. 또 하나는 흔히 말하는 경제발전인데요, 이것도 민중의 많은 희생이 있었고 훌륭한 기업인과 여러 사람들의 노력이 합쳐져 지금 경제적으로는 대한민국의 위상이 세계에서 굉장히 올라가 있지 않습니까? 북에서도 이걸 인정하는 게 필요하다고 봐요. 반면에 우리의 최대 약점이라면 군사주권이 없다는 거죠. 그렇다고 군사주권도 없이 미국의 식민지 노릇 하는 자들이 경제발전 좀 했다는 게 무슨 대수며 민주주의라는 것도 다 빈껍데기다, 이렇게 나오면 대화가 안 되지요.

그럼 조선이 가장 자랑스럽게 생각하는 건 뭘까요? 제 추측입니다만 하나는 세계 최강국인 미국과 수십년간 맞장을 뜨면서 굶어 죽지도 무릎 꿇지도 않았다는 것, 그건 그들에게 굉장한 자랑거리예요. 우리도 같은 민족으로서 참 대견하다고 인정해줄 만한 면모인 것 같습니다. 최근에는 또 하나 그쪽에서 자랑스럽게 생각하는 게 핵무력이에요. 온갖 제재와 압박을 견뎌내면서 미국도 감히 건드릴 수 없는 핵억지력을 갖게 됐다, 이렇게 자랑하고 있는데 핵이 좋으냐 나쁘냐를 떠나서 사실 쉬운 업적은 아니잖아요. 쉽지 않은 일을 해냈다는 사실만은 인정해줘야지요. 문제는 국제사회에서 북을 핵보유국으로 인정 안 하고 있는데 핵보유뿐 아니라 핵강국이 됐다고 자랑하는 걸 인정해주면 어떻게 되느냐 하는 딜레마가 발생합니다.

그런데 국제사회라는 게 굉장히 위선적이고 교활한 사회라서, '핵보유'와 '핵보유국'을 구별하는 궤변을 늘어놓고 있어요. 소위 NPT(핵확산금지조약)에 의해서 핵보유국으로 인정받는 나라들이 있고, 그밖에 인도나 파키스탄, 이스라엘에 대해서는 핵개발했다는 걸 다들 인정하면서도 '핵보유국'으로는 인정을 안 하는 묘한 입장을 취하고 있습니다.

그렇다면 우리도 이 궤변을 이용할 필요가 있어요. 북이 '공식적인 핵보유국'은 아니지만 핵무기를 만들었고 상당 수준에 이르렀다는 사실을 인정하면서 그걸 시발점으로 비핵화든 핵무력 감축이든 핵동결이든 추진하는 식으로 나아가자는 거지요. 핵을 보유했으니까 무조건 나쁜 놈이다 또는 아예 핵보유를 인정 안 하겠다, 이런 입장을 견지한다면 앞으로 한반도 비핵화의 꿈은 영영 달성되기 어렵다고 생각합니다.

그다음으로, 아까 분단체제 인식을 얘기했는데 이 분단체제에 대해 조금 더 새롭게 인식할 때가 되지 않았나 하는 것입니다. 한국의 통일운동가 중에는 분단체제라는 용어를 남한에만 적용하는 경향도 없지 않은데, 이 개념은 처음부터 한반도의 남북이 각기 다른 방식으로지만 매우 특이한 범한반도적 체제에 참여하고 있으며, 따라서 평양정권도 분단체제의 일익으로서 체제 내에서의 자기 생존을 추구하고 이를 위협하는 온갖 변화를 경계하는 것이 당연하다는 결론이 나옵니다.

이것은 한편으로는 북이 무조건 나쁘다 악마다 하는 극단적인 입장과, 다른 한편으로 북이 취하는 정책은 미국이 저렇게 압박을 해대니 어쩔 수 없는 것이라고 무조건 옹호하는 입장 사이의 중간쯤 됩니다. 어느 극단도 아니고 단순논리도 아니면서 문제를 실사구시적으로 보는 관점이지요.

6·15공동선언 제2항에서 "남측의 연합제 안과 북측의 낮은 단계의 연방제 안이 서로 공통성이 있다고 인정하고 앞으로 이 방향에서 통일을 지향시켜나가기로 하였다"라고 했지요. 좀 애매하게 표현되긴 했습니다만 남북 수뇌가 만나서 처음으로 통일방안에 합의했다는 것이 큰 의미가 있고, 이런 합의가 있었기 때문에 공동선언 이후로는 남북교류가 무척 활발해졌어요. 그전에 남쪽에서는 '가능한 교류부터 하자', 북측에서는 '아니, 근본 문제를 해결 안 해놓고 지엽적인 문제만 가지고 하겠느냐' 이러고 서로 버텼는데, 공동선언에서 근본 문제에 대해 원칙적인 합의를 보았기 때문에 개성공단과 금강산 관광을 비롯해 여러가지가 가능해졌지요. 그러나 그후로 남측 당국이 제2항을 더 구체화하는 데 큰 성의를 안 보였고 그 점은 북도 마찬가지였다고 봅니다.

공동선언의 제1항이 "우리 민족끼리 서로 힘을 합쳐 자주적으로 해결해나가기로 하였다"라고 했지만, 이건 통일을 남이 시키는 대로 않겠다는 원칙의 선언이지 통일방안은 아니죠. 그런데 제2항에서 통일**방안**을 합의

해놓고도 북은 계속 '우리 민족끼리 힘을 합쳐 자주통일을 하자'는 이야기만 되풀이해왔어요. 이것은 2항에 별로 관심이 없는 태도라고 저는 해석하는데, 한국보다 훨씬 심각한 생존위협에 시달려온 그들의 처지에서는 당연하다면 당연합니다. 그 대신에 북은 공동선언 1항을 강조해왔고, 그러다가 최근에 대미관계·남북관계가 극도로 악화되는 동시에 그에 맞서 생존할 수 있다는 자신감이 커지면서 아예 민족통일이라는 목표 자체를 제거하기로 전환한 형국입니다.

그런데 북의 현재 입장을 보면, 민족통일을 80년간 추구해왔지만 이제 아예 접었다고는 해도 그렇게 완전히 접었는지, 아니면 이제까지 자기들이 말해온 '우리 민족끼리 힘을 합쳐 자주통일을 하자' 이것이 현실적인 가망이 없다고 판단하고 언젠가 2항에 포함돼 있는 국가연합, 국가 대 국가의 관계를 기본으로 적대관계가 아닌 다른 관계를 추구하는 쪽으로 가게 될지? 저는 그게 불가피하다고 봐요. 왜냐하면 북이 지금 상태로 미국의 침공을 막아낸다든가 굶어 죽지 않고 손들고 나오지 않을 역량은 확보했지만 김정은 위원장이 늘 강조하는 인민이 잘사는 나라라든가 사회주의 강국을 건설하려면 대미관계도 개선해야 되고 남북관계도 언젠가는 개선해야 되기 때문에 이걸 완전히 배제할 수는 없다는 게 제 생각이에요. 어쨌든 지금 국가 대 국가 관계가 적대국가의 관계로 영구히 갈지 아니면 관계의 개선을 또다시 추구하는 시기가 올지는 지켜볼 일이죠. 저는 영구적인 적대관계는 첫째 북으로서도 감당하기가 어렵고, 남쪽의 경우는 그런 적대관계를 오히려 즐기던 정권에 대해 최근 4·10총선에서 국민들의 심판이 있었기 때문에 상황은 매우 가변적이 아닐까 생각합니다.

이 대목에서 분단체제론의 시각을 좀더 구체적으로 개진해도 좋겠다. 분단체제는 민족주의적 통일과도 거리가 있지만 본질적으로 한반도 주민들의 생활상

이익에 반하는 반민주적·비자주적 체제이므로 남북을 막론하고 민중의 삶을 획기적으로 개선하기 위해서는 극복해야 하는 현실이다. 동시에 앞서 지적했듯이 그것이 일단 '체제'를 이룬 이상 쉽게 극복될 수 없는 현실이며, 어떤 불퇴전의 계기를 통과하기 전에는 해소를 향한 진행이 언제든지 멈추거나 뒷걸음질할 수 있는 현실인 것이다. 좌담에서 그간의 '특수관계론'이 '두 국가론'으로 전환했다는 주장도 나왔고 그러한 전환이 '분단국가주의' 곧 분단을 전제한 남북 각기의 국가주의로 갈 가능성을 경계하는 발언도 있었다. 먼저 사실관계 차원에서, 남북기본합의서의 '특수관계론'은 남북의 유엔 동시 가입으로 국제사회에서 두 국가로 인정받고 양해한 이후에 분단국가주의를 반대하는 차원에서 합의된 특수관계론이었다. 게다가 6·15공동선언 제2항의 합의와 그에 따른 남북관계의 획기적 발전으로 분단국가주의는 양쪽에서 모두 완화되었다.

최근 조선이 발표한 새 입장은 분단국가주의를 채택한 것으로 볼 수 있다. 그러나 이것도 완전히 새로운 것은 아니다. 실은 '우리 민족끼리 힘을 합쳐 자주통일'을 외쳐온 북의 노선 자체가 분단국가주의적 성격을 다분히 띠고 있었다. 곧, 오로지 자주통일을 반대하는 미 제국주의와 남조선의 친미사대주의자들 때문에 통일이 안 되고 민중생활의 개선이 가로막혀 있다는 일종의 분단국 통치이데올로기였던 것이다.

지금 남북에 걸쳐 위세를 떨치고 있는 (각기 다른 형태의) 분단국가주의가 장기적인 평화공존을 달성할 수 있으리라는 것은 분단체제론의 시각에서는 수용하기 힘들다. 이미 말기국면의 대혼란기에 접어든 세계체제의 국지적 현실이 한반도 분단체제임을 감안한다면 더욱이나 그렇다. 이제야말로 두 국가론이 오래전에 나온 것이며 낮은 단계의 국가연합조차 '1단계 통일'에 해당할 수 있다는 인식을 갖고[5] 한반도의 '점진적이고 단계적이며 창의적인 재통합' 노력에 골몰

---

[5] 이에 관해 졸저 『한반도식 통일, 현재진행형』, 창비 2006, 20~21, 35~37면 등 참조.

할 때가 아닐까.

시민참여형 통일은 여전히 유효하다

이제 시민참여형 통일이라는 개념으로 돌아가보겠습니다. 김정은 위원장이 국가 대 국가 관계를 선언함과 동시에 남북 간 온갖 교류 기구와 장치를 폐기한 마당에 시민참여 통일이 무슨 잠꼬대 같은 얘기냐고 반박할 분도 계실 겁니다. 저는 2018년 한평아카데미 강연에서 "시민참여 중에서 최근 역사에서 가장 중요한 행위는 남북관계 발전을 저해하는 정권을 시민들이 들고일어나 쫓아낸 겁니다. 이거야말로 시민참여형 통일운동의 획기적인 사건이었죠"(졸저 284~85면)라고 말했습니다. 한국의 시민들이 최근에 총선을 통해 다시금 그런 움직임에 시동을 걸었다면 그 파급효과를 쉽게 예단할 수는 없을 것입니다.

2차대전 이후에 이데올로기적으로 분열됐다가 통일된 경우가 셋인데 베트남, 예멘 그리고 독일입니다. 그중 시민참여가 거의 전무해서 최악의 사례가 된 것이 예멘입니다. 양쪽 당국자들의 야합이랄까 담합으로 이뤄진 통일이었던 것이 큰 이유 중 하나라고 봅니다. 베트남의 경우는 광범한 민중참여가 있었지만 우리가 말하는 시민참여는 아니었고 무력통일이고 전쟁을 통한 통일이었죠. 그렇게라도 통일해서 개혁·개방을 한 성공적인 사례지만 우리가 모범으로 삼을 수 있는 본보기는 아니지요.

독일의 경우는 우리가 흔히 흡수통일의 예로 보는데, 일회성 통일이 되었지만 거기까지 가는 동안 상당히 긴 과정이 있었고, 서독 주민들은 서독 주민대로, 또 막판에는 동독 주민들이 봉기하는 등 왕성한 시민참여가 있었습니다. 그래서 그나마 그 정도의 통일이 가능했는데, 2018년의 강의에서 저는 독일 통일에 대해 이렇게 말했습니다. "현실에서 독일 통일은 그냥 또 하나의 강국을 낳은 것이지 새로운 모범국가가 탄생한 건 아니거든요."(졸저 286면) 그러니까 시민참여형 통일을 했더라면 독일이 세계적으로 훨씬 모범이 되는 국가가 됐을 텐데 못한 것이 아쉽다는 말인데, 괜히 쓸데없는 욕심을 낸다고 생각했을 분도 계시겠지만 지금 독일을 보세요.

지금 독일은, 유럽에서는 제일 부강한 나라지만 미국과의 격차가 엄청 벌어지고, 게다가 유럽 전체가 점점 낙후돼가고 있다고 생각합니다. 경제적으로도 그렇지만 최근에 이스라엘이 가자지구를 침공해서 대량학살을 벌이고 있잖아요. 영어로는 제노사이드(genocide)인데 그런 이스라엘을 미국은 물론이고 독일, 프랑스 모두 적극 지원, 지지하고 있습니다. 독일은 특히 자기들이 저지른 유대인 학살을 반성하는 나라임을 명분으로 이스라엘이 하는 일은 무조건 옳다는 식으로 지지해요. 유대인이 팔레스타인 땅을 차지했을 뿐 아니라 이제는 거기 주민들을 나치 독일이 유대인을 대량학살했듯이 마구 죽이고 있는데 이 사태를 지지함으로써 독일이 모범국가하고는 너무나 다른 나라가 돼 있음을 스스로 입증했다고 봅니다. 그래서 시민참여형 통일이 안 돼서 무슨 좋은 꼴을 봤느냐고 했던 저의 질문[6]은 여전히 유효하고, 그나마 그중에서 제일 나은 통일을 했다는 독일도 세월이 갈수록 통일을 그렇게밖에 못한 후과가 드러나고 있습니다.

좌담에서 시민참여로 오늘의 난국에 돌파구가 마련될 가능성을 조심스럽게나마 거론한 것은 이승환이다. "결국 변화는 앞으로 3년 후 혹은 더 앞당겨질 수도 있는 새 정부의 과제"(284면)임을 살짝 언급했다가, 마무리 발언에서 "윤정부의 정책전환을 기대하기보다 하루라도 빨리 국정운영체제를 바꾸는 것 역

---

[6] "그런데 한번 뒤집어서 생각해봅시다. 시민참여 없는 통일운동이 성공한 사례가 얼마나 있으며 그 결과가 어땠는가."(졸저 11장 「시민참여형 통일운동과 한반도 평화」, 285면)

시 중요"(287면)하다고 한걸음 더 나간다. 문장렬 역시 같은 생각을 내비친다. "지금까지 논의된 해법들이 입법부와 시민사회의 행동에 국한될 것을 전제로 했다면, 진보정부가 조기에 들어설 경우 행정부까지 가세하여 평화의 회복과 정착을 가속할 수 있겠죠."(284면) 정욱식은 (견해가 아주 다르리라 믿지는 않지만), "우리 사회와 정치권에서 유사시 무력통일안 배제를 공론화"(285면)할 것을 강조하고 그럴 경우 "50만 대군을 더이상 유지할 필요가 없어지"고 "병역제도의 변화뿐 아니라 우리 사회의 심각한 문제로 거론되는 불평등, 젠더갈등, 저출생·고령화 문제에 대해서도 생산적인 논의의 계기를 제공할 수 있습니다"(286면)라고 한다. 다만 윤정권 퇴치 전에는 이 모두가 무망한 일이라는 점을 강조하지는 않는다. 분단체제에서는 얼핏 남북관계와 직결되지 않는 것처럼 보이는 우리 사회의 온갖 문제점들이 모두 불가분하게 얽혀 있음을 지목한 중요한 발언이긴 하지만, 바로 그렇기 때문에 "남북관계 발전을 저해하는 정권을 시민들이 들고일어나 쫓아"내는 일이야말로 "시민참여형 통일운동의 획기적인 사건"(졸저 284~85면)이라는 분단체제극복운동의 또다른 요목을 비껴간 아쉬움이 있다.

그 점이 제대로 부각되지 않은 것은 자기 분야에 되도록 충실하려는 전문가들다운 자세 때문이기도 했을 것이다. 고도의 전문성을 지닌 남북관계 전문가들이 필요한 건 물론이지만, 분단체제극복운동에는 전문가가 따로 없다. 이 운동에서는 모두가 주인이며, 그 다양한 전선에서 각기 요청되는 전문성을 지닌 인사들이 소요될 뿐이다. 전체적 당면 현안은 여전히 '국가와 국가의 연합' 건설이고 추진동력은 결국 시민참여에서 나올 수밖에 없다는 논리를 따른다면, 4·10 총선을 통해 민의의 심판이 내려진 반평화·반민생 정권의 조기 퇴진 문제를 외면하고서는 현실적인 논의가 불가능한 것이다.

강연은 한참 더 이어졌고 질의응답 시간도 있었지만 녹취록의 나머지는 삭제한다. 강연 현장에서도 '근대의 이중과제'와 '후천개벽운동' 대목을 잠시 거론만 하고 넘어갔다. 다만 수강자들에게 미리 배포한 자료에서는 이중과제론과 관련해서 졸저 1장 「근대, 적응과 극복의 이중과제」를, 후천개벽운동 관련으로는 서장 「촛불혁명과 개벽세상의 주인노릇을 위해」의 마지막 절 '개벽을 말하는 이유', 그리고 13장 「기후위기와 근대의 이중과제」를 참조할 것을 부탁했는데, 본고의 독자들에게도 그 부탁을 되풀이하는 것으로 마치고자 한다.

12. 시민의회 전국포럼 출범을 축하하며

　시민의회 전국포럼의 창립을 진심으로 축하합니다. 기쁜 마음으로 격려와 응원의 뜻을 담은 몇마디를 적습니다.
　저는 시민의회에 대한 특별한 연구도 없고 전국포럼 창립과정에 기여한 바도 없습니다. 다만 국내 개혁이나 한반도의 평화체제 추진과정에서 시민참여의 중요성을 일찍부터 주장해왔습니다. 시민의회 전국포럼이 출범하여 전국 곳곳에 조직을 만들고 시민들의 국정참여를 확대하겠다는 소식을 반기지 않을 수 없습니다.
　이 땅의 시민들은 정치권력이 국민 위에 군림하려 할 때마다 혹은 직접행동으로 혹은 투표로 그들을 응징함으로써 민주공화국의 왕정화를 막았습니다. 그러나 선거일에만 작동하거나 정상적인 일상생활을 완전히 포기함으로써만 가능해지는 광장의 주권행사만으로는 민중이 스스로 다스리는 온전한 민주주의를 이룰 수 없습니다. 정부기구가 아니면서 행정부나 국회에 일정한 기속력을 갖는 시민의회가 절실한 시대적 과제로 떠오른 까닭이겠지요.

시민의회를 만들고자 전국포럼 참여자들이 그동안 많은 준비와 연구를 해오신 걸로 압니다. 당연한 일이지요. 지혜로운 설계와 정교하고 끈덕진 실행을 통해서만 성취할 수 있는 과업이니까요. 시민의회는 이제까지 민중을 지배하고 통치해온 입법·행정·사법기구와 사회 각종 기득권세력의 권한을 분점하겠다는 것인 만큼, 기득권자들의 자발적 양보를 기다려서는 부지하세월입니다. 그렇다고 무력혁명을 일으키지 않는 한, 일거에 권한을 뺏어올 방도도 없습니다. 시민의회의 법적 근거를 확보하는 일만 해도 기존 의회(국회)의 동의를 거쳐야 하는 실정입니다. 이를 위해 먼저 전국포럼이 곳곳에 지역포럼을 만들어 우호적인 지방자치단체들로부터 공적인 인정을 받는 것도 하나의 방법이겠지요.

　전국적 시민의회의 권한을 처음부터 넉넉히 보장받고 출발하는 것이 깔끔하겠지만 점진적이고 다소 구질구질한 진행을 각오해야 하리라고 생각합니다. 우리가 구질구질한 걸 좋아하는 '국민성'이라거나 인생이 본디 구질구질한 것이라서가 아니라, 한반도에는 분단체제라는 것이 있고 한국은 그 멍에를 지고 사는 특이한 나라이기 때문입니다. 멍에를 쓰고 산 지 너무 오래되어 그 존재마저 망각한 채 머릿속으로 이런저런 멋진 구상을 해보기도 하지만 정작 실행을 하려면 몸이 자유롭게 움직이지 않게 마련입니다. 멍에를 일단 느슨하게라도 만들었다가 결국 벗어던지려는 노력과 필요한 개혁 구상을 조금씩 실현하는 노력을 병행하지 않을 수 없는 것입니다.

　현행 헌법이 '제왕적 대통령제' 헌법이라는 단정도 분단체제에 대한 망각과 무관하지 않은 피상적 진단이라고 봅니다. 한국에서 제왕적 대통령을 헌법으로 정한 것은 박정희의 유신헌법과 전두환의 5공화국 헌법이었습니다. 1987년 6월항쟁의 성과인 87년 헌법은 온전한 민주헌법에 미달한 면들을 남겼지만 제왕적 대통령제는 그때 폐기되었습니다. 그럼에도 대통령의 '제왕적' 행태가 끈질기게 잔존한 것은 헌법의 성문규정보다도, 계약서에 '이면계약'이 있는 것처럼 일종의 '이면헌법'이 존재하여, '친북 반국가세력' 척결을 위해서라면 권력자가 헌법과 법률을 무시해도 좋다는 관행이 작동했기 때문입니다. 윤석열의 내란은 아예 제왕적 대통령제를 부활시키려는 어이없는 망동이었습니다만, 공화국의 왕정화 시도는 이승만 때부터 거듭되었던 일입니다. 분단체제의 멍에를 지고도 이를 번번이 패퇴시킨 우리 시민은 참으로 위대하다고 자랑해도 좋겠습니다.

하지만 지금 열리는 새시대에는 이 위대한 시민들의 조직된 역량과 숙의를 바탕으로 시민의 지속적인 국정참여가 보장되어야 합니다. 이를 통해서만 한반도의 점진적이고 단계적이며 창의적인 재통합을 추진하여 분단체제의 멍에를 드디어 청산하게 될 것입니다. 한국의 민주주의, 이른바 K민주주의가 세계 차원의 민중자치 실현을 선도하는 길이기도 합니다.

개헌 이야기가 나온 김에, 저의 사견을 하나 보태고자 합니다. 저는 '투포인트 개헌'을 선호합니다. 포인트 하나는 헌법의 전문이든 본문이든 국회의 동의를 얻어내기 수월한 조항을 택하여 원내 동력을 확보하는 것이고, 또 하나는 '개헌하기 쉬운 나라'를 만드는 일입니다. 일정수 이상의 유권자가 요구한다거나 시민의회가 결정했을 때 국회가 의무적으로 상정 심의하며, 그런 경우에 개헌안 통과 정족수를 낮출 수도 있겠지요. 국민투표에서 부결되면 다음에 또 시도하면 됩니다. 1987년 이래 과거와 같은 권력자의 야욕에 따른 개헌이 없었다는 사실은 그나름의 의의가 있습니다만, 개헌안을 국민투표에 부치는 결정을 오롯이 국회의원들이 독점하여 개헌을 거의 불가능하게 만드는 상태는 정치적 낙후 현상이라 보아야 할 것입니다.

다른 분야에서의 시민권력 확대와 마찬가지로 시민의 개헌 발의권의 확보도 결코 쉬운 일이 아닙니다. 그럴수록 대중의 지혜를 모으고 힘을 합치는 시민의회 같은 조직이 절실합니다. 오늘 전국포럼의 창립을 다시 한번 축하하며 응원의 박수를 보냅니다.

IV. 2025년체제 구상을 위한 대담

13. 2013년체제 구상에서 촛불혁명으로

백낙청·정현곤 대담

14. 2025년체제, 어떻게 만들 것인가

백낙청·이남주 대담

13. 2013년체제 구상에서 촛불혁명으로
백낙청·정현곤 대담

백낙청 백낙청TV의 시청자 여러분 반갑습니다. 오늘(2025. 4. 10)은 윤석열 파면 이후 최초의 녹화가 되겠습니다. 기다리고 기다리던 헌법재판소의 결정이 내려지고 난 뒤 첫 대화라는 점을 말씀드립니다. 오늘은 정현곤 선생을 모셨는데요. 자기소개부터 해주시죠.

정현곤 안녕하세요. 저는 정현곤이라고 하고, 시민사회 활동가로 제 정체성을 규정하고 있습니다. 스무살 이후 30년 정도 시민사회 활동을 해왔고 이후에는 공직 경험을 좀 했습니다. 박원순 시장과 서울시에서, 문재인 대통령과 청와대에서, 그리고 한국사회적기업진흥원이라는 공공기관에서도 일을 했습니다.

백낙청 선생님과는 다양한 인연이 있습니다. 백선생님이 2005년도 6·15공동선언실천 남측위원회 상임대표를 하실 때 제가 사무처장으로 보좌했고, 2011년 '희망2013·승리2012 원탁회의'(2011년 야권 통합을 위해 결성된 민주진보진영 각계 원로와 단체대표들의 모임)에 참여하실 때는 제가 운영간사로도 일했지요. 이렇듯 남북관계나 연합정치 관련한 경험을 바탕으로 『변혁적 중도론』(창비 2016)을 펴내기도 했습니다.

오늘 다루게 되는 이 『2013년체제 만들기』(창비 2012)라는 책도 저와 인연이 있습니다. 2011년 3월 제가 시민평화포럼 운영위원장을 맡아 시민활동가대회를 열면서 부탁드렸던 강의가 이 책의 첫번째 글「'2013년체제'를 준비하자」이거든요. 그때는 선생님께서 2013년체제를 화두로 들고 오실 줄은 상상도 못했고, 선생님께서 다녀가신 다음 날인 3월 11일 후꾸시마원전 사고가 터져 시대의 전환이 오는 징후처럼 느껴지기도 했던 기억이 있습니다.

백낙청 정현곤 선생이 겸손해서 자기소개를 좀 간략히 했는데, 몇마디만 보태겠습니다. 처음에는 통일운동으로 출발했다가 시민사회단체 연대회의의 운영위원장도 하셨잖아요. 그사이에 또 박사학위를 취득하고 나서 교수도 잠깐 하셨지요. 말하자면 문무를 겸비한 분이십니다.

사실은 우리가 3월 13일을 녹화일로 잡았었습니다. 그때쯤이면 헌재 결정이 나올 것이라 짐작해서 정한 것이기도 한데, 헌법재판소가 거의 한달을 더 끌었잖아요. 기다림이 참 길었습니다. 오늘 특별한 분을 모셔서 반갑고 윤석열 탄핵을 전제로 한 우리의 대화가 예언에 머물지 않게 되어서 정말 기쁩니다.

변혁적 중도의 때가 왔다

정현곤 말씀처럼 정말 내란사태가 매우 길었는데 어쨌든 그 종결 이후에 대화를 할 수 있게 돼서 저 역시 기쁘고요. 『2013년체제 만들기』라는 책을 지금 살펴보는 것이 시대와 잘 맞아떨어지는 것 같아 감회가 새롭습니다.

선생님의 올해 신년칼럼의 제목이 '변혁적 중도의 때가 왔다'(창비주간논평 및 백낙청TV, 2024. 12. 30)입니다. 저는 이 "때가 왔다"라고 말씀하신 부분이 상당히 중요한 포인트라는 생각을 했습니다. 왜냐하면 저 같은 경우 변혁적 중도를 실천을 위한 일종의 항상적인 지향이라고 보고 있었고, 다만 변혁적 중도가 언제 꽃을 피울까 하는 생각을 해오기는 했어요. 그런데 이번에 그 시점을 명확히 하신 것 같더군요. 선생님께서 창비 전성이 부장과의 대담(백낙청TV, 2025. 2. 20)에서 "변혁적 중도의 때가 왔다라고 했을 때는 내란세력을 진압하고 사태가 수습이 됐을 때"라고 하셨지요.

백낙청 신년칼럼 쓸 때는 윤석열이 탄핵소추된 다음입니다. 그리고 그 칼럼을 손질해서 『창작과비평』 2025년 봄호에 낼 때는 체포까지 된 상황이었어요. 그러니까 이제 헌법재판소의 결정만 남았다는 생각으로 "때가 왔다"라고 했는데 좀 너무 일렀던 거죠. 크게 봐서 때가 오긴 했지만 그 진행과정에 대해서는 좀 낙관한 면이 있었는데 오늘 그런 대목을 짚어보는 것도 좋겠습니다.

정현곤 종결되지 않은 내란의 긴장이 계속되다가 3월 8일, 구속 취소로 윤석열이 구치소에서 나왔을 때는 위기감이 극도로 고조됐죠. 결국 헌재의 파면 결정이 8 대 0으로 수습돼서 안도를 했습니다마는 구조적인 문제가 만만치 않다는 생각입니다. 향후 새로운 체제 만들기를 고민하는 입장에서라면 더욱 짚고 넘어가야 할 사태라고 봅니다. 선생님께서는 헌재의 판결 지체 사태 속에서 무엇을 보셨는지요? 저의 경우는 분단체제는 힘이 정말 세다는 생각을 계속 하면서 긴장을 다스렸거든요.

백낙청 내가 뭘 잘못 짚어서 예상이 빗나갈 때마다 스스로 분단체제가 이렇게나 강력하구나, 내가 분단체제론을 주창하면서도 이렇게 힘이 센 줄은 몰랐구나 하고 반성하게 됩니다. 우선 그런 점이 있는 것 같아요. 분단체제가 어떤 고정된 것으로서 그 강도를 우리가 잘못 짚었다 이런 문제가 아니라, 분단체제는 일종의 살아 있는 실체잖아요. 현실과 역사 속에서 변하는 것이지요. 그러니까 분단체제의 개념을 터득했다고 해서 분단체제라는 이 현실을 우리가 제대로 읽어낼 능력을 갖췄다는 의미는 아니거든요. 이처럼 분석의 대상이 자꾸 변하기도 하고 어떤 때는 바라보는 사람의 진단이 너무 비관적일 수도 있고요. 나는 대체로 좀 낙관적으로 진단하는 편이에요. 그러다보니까 자꾸 틀리기도 하죠. 그래서 분단체제가 힘이 셀 뿐 아니라 이것은 살아 있고 변화하는 실체라는 사실을 우리가 한번 되새길 필요가 있는 것 같고요.

신년칼럼에서 윤석열이 탄핵소추를 당했을 때 "변칙적 사태의 엽기적 종말"이라고 말했는데 기본적으로 틀린 얘기라고 생각하지는 않지만, 변칙적 사태가 과연 어떤 내용인가 하는 데 소략했고 또 엽기적 행각이라는 표현이 너무 윤석열 개인의 행위에 초점을 맞추지 않았나 하는 반성을 해요. 물론 이 표현이 윤석열의 행태에 꼭 들어맞기는 합니다만. 한덕수만 하더라도 그저 내란의 잔당 정도로 생각했는데 이번에 본당이라는 게 확실히 드러났죠. 여기에 대해서는 지금 민주당도 그렇고 시민사회 여러 사람들이 대책을 강구하고 있고 대책이 나오리라고 봅니다.

어쨌든 칼럼을 쓰면서 변칙적 사태는 분단체제 속에서 또 촛불혁명의 과정에서 일어나는 일종의 돌발사태인데, 그러나 분단체제리는 것은 항상 이런 돌발사태를 일으킬 가능성이 있다는 측면에서 변칙적 사태가 본질상 내란의 필연성 같은 것을 내장하고 있다는 얘기를 하긴 했습니다. 윤석열 개인의 망상에 찬 행각과 별도로 대다수 국민의힘 의원들의 공공연한 내란옹호, 한덕수나 최상목 등 고위공직자들의 내란동조나 진압방해 공작, 그리고 대다수 언론과 학계 인사들의 변함없는 개혁혐오 언동들이 그 예인데, 촛불시민들도 진화해왔지마는 내란세력 또한 나름대로 진화해온 거지요. 분단체제는 극복하고 해소하려는 노력이 일단 멈추면 그 자리에 그냥 머물러 있는 게 아니라 급속도로 악화되고 더 괴물 같아지는데 이번에 그런 면도 드러난 셈입니다. 이른바 아스팔트 극우 역시 예전처럼 일당 받는 노인부대 중심에서 어엿한 상류층 인사들과 젊은 세대가 동참하는 수준으로 진화했죠. 분단체제의 변혁을 꺼리는 세력은 여야 또는 보수와 진보의 경계를 넘어 포진해 있으며 때로는 노골적 언행으로 혹은 음성적 방식으로 새세상의 도래를 막아서고 있는 형국입니다. 그 정도까지는 내가 칼럼을 보완해서 봄호에 실으면서 얘기를 했는데 그후에도 새로 배우는 게 많아요.

2013년과 2025년, 진화하는 민주주의

정현곤 오늘 대화는 지금의 현실을 짚어보는 의미에서 선생님의 예전 책 『2013년체제 만들기』(이하 같은 책에서 인용할 경우 면수만 표시)를 중심으로 이야기 나누게 될 텐데, 선생님께서 이 책을 쓰셨을 때와 지금의 마음을 한번 대비해보셨습니까?

백낙청 나도 이번에 다시 읽어봤어요. 길지 않은 책인데 시작부터 2012년의 선거에 영향을 끼쳐보자는 의도로 기획한 책입니다. 2012년은 제19대 국회의원 총선거와 제18대 대통령선거가 둘 다 있던 해였죠. 야권이 두번의 선거를 다 이겨야 2013년체제가 가능해지는데 그러려면 간편하게 빨리 내고 괜히 어려운 말 쓰지 말아야겠다는 마음으로 책을 펴냈어요. 다시 읽어보니 내 나름으로 어떤 간절함이 있었던 건 사실이에요. 공교롭게도 이번에 우리 국민들이 헌재 결정이 빨리 나오기를 고대하던 시기에 다시 읽게 되어서 내가 그때 느꼈던 간절함이 오늘날 우리 국민들이 느끼는 간절함과 통하는구나 하는 생각을 했습니다.

큰 차이는 그땐 주로 나를 포함한 몇몇 사람의 간절함이었는데 지금은 그것이 훨씬 확산되었다는 점입니다. 2016~17년 촛불대항쟁 때도 간절했지만 이번엔 더 간절한 것 같아요. 더 애타고 피 말리는 과정을 겪었으니까. 진짜 중요한 사실은 이번에 그런 간절함을 가진 사람들이 엄청 늘어났잖아요. 일상생활을 완전히 희생해가면서 계속 집회에 나오는 모습을 보면 정도와 규모에서 2012년과 확연한 차이가 있는 것 같아요. 온도 차이도 있고.

정현곤 책이 쓰였던 시절을 되새겨볼 필요가 있을 것 같습니다. 책은 2012년 1월에 출간됐지만 수록된 글 중에서 가장 먼저 구상된 것이 2009년의 글입니다. 2008년에 출범한 이명박정부가 취임 초기부터 국민 저항에 부딪혔죠. 국민을 속이고 쇠고기 수입 전면 개방과 검역조건 완화를 미국에 몰래 약속했어요. 제 기억에는 촛불을 든 대규모 평화시위가 그때 처음으로 모습을 드러냈던 것 같습니다.

백낙청 그 정도의 규모는 아니지만 2002년 6월 '여중생 미군 장갑차 압사 사건' 때 촛불항쟁이 대단했죠. 그러고는 시국문제와 관계없이 월드컵 때 대중의 열기가 굉장했고 그러다가 이명박정부 때 2008년 5월 미국산 쇠고기 수입재개 반대 시위가 일어났습니다. 그걸 두고 광우병 괴담 때문이었다는 식으로 말하기도 하지만 광우병 자체가 주요 이슈가 아니었어요. 요는 왜 대통령이 멋대로 가서 우리의 검역주권을 팔아먹고 와서 국민들한테 거짓말하는가였죠. 거기다가 여중생들이 제일 먼저 나왔어요. 잠 좀 자자, 밥 좀 먹자 하면서요. 이게 나라냐 하는 불만이 그때부터 있었던 겁니다.

정현곤 당시 시위가 정말 컸습니다. 마지못해 국민 앞에 사과했던 이명박은 그때부터 전직 대통령을 공격할 준비를 하고는 끝내 노무현 대통령을 죽음(2009. 5. 23)으로 몰아넣었죠. 김대중 대통령께서도 그 얼마 후에 돌아가시게 되는데(2009. 8. 18), 당시 민주주의 위기, 민생 위기, 남북관계 위기라는 3대 위기를 경고하셨거든요. 저항해야 한다면서 "담벼락에다 욕을 할 수도 있다"(2009년 6월의 발언으로 알려짐)라고 하실 만큼 분노하셨지요. 검찰의 못된 행태도 그때 다 나왔고 2010년에 가서는 천안함 침몰 사고까지 터지고 맙니다. 그러니까 당시의 시대인식도 굉장히 강렬했다는 생각이 듭니다. 그런 점에서 저는 이 책에 담긴 선생님의 절박감, 간절함이 오늘날과 차이는 좀 있지만 통한 것이 아닌가 하는 생각을 합니다.

제가 이 책에서 중요하다고 생각하고 골라본 두 대목이 있습니다. 하나는 "1987년 6월항쟁으로 한국사회가 일대 전환을 이룬 것을 '87년체제'라는 개념으로 표현하기도 하듯이, 2013년 이후의 세상 또한 별개의 '체제'라 일컬을 정도로 또 한번 크게 바꿔보자"(16면; 본서 78면)라고 말씀하신 대목입니다. 다음으로는 "87년체제가 군사정권과 개발독재의 '61년체제'를 대체했지만 양자가 공유하는 토대인 '1953년체제'를 무너뜨리지는 못했다는 말이 된다"(79면)고 지적하신 부분입니다. 이 둘은 연결되고 결국 하나로 수렴된다고 보는데, 87년체제의 도약으로 이해되는 국내적 개혁과 1953년체제를 넘어서는 한반도 평화체제가 동시적 과제라는 인식입니다. 변혁적 중도주의를 표현하는 건데, 정작 선생님께서는 책에서는 그 단어를 안 쓰셨죠?

백낙청 변혁적 중도주의라는 말 자체는 딱 한번 나와요. 아까 이 책이 일종의 선거용이니까 어려운 말 쓰지 말자고 마음먹었다고 했잖아요. 변혁적 중도주의라는 것은 지금도 여전히 선거용·현실정치용으로 그리 적합지 않은 표현이지만 당시에 굉장히 생소한 개념이었거든요. 그래서 굳이 꺼내지 말자 그러다가, 4월 총선에서 야권이 박근혜한테 졌을 때부터 다시 쓰기 시작했어요. 기왕에 선거에도 졌는데 진짜 중요한 문제를 생각하자는 식으로요.

정현곤 그렇게 해서 변혁적 중도주의 노선이 나온 셈인데, 그 이후 박근혜 국정농단을 극복한 촛불혁명, 그리고 이번 윤석열 내란을 제압한 빛의 혁명과 연결시켜 본다면, 평화와 민주개혁의 동시성을 이해하고 실천해가는 변혁적 중도의 진화를 확인할 수 있게 됩니다. 그런 점에서 지금의 시점에서 발현되는 변혁적 중도의 실체가 무척 궁금해질 수밖에 없는데, 마침 『창작과비평』 2025년 봄호의 특집이 'K민주주의'를 다루어주면서 많은 부분이 해소되는 느낌이 들었습니다.

김대중과 변혁적 중도주의

정현곤 소위 근대에 진입하면서 동학혁명에서부터 시작해 3·1운동, 4·19혁명, 5·18 광주민주화항쟁, 87년 6월항쟁 등 우리가 국난에 처하는 위기 때마다 국민의 저항이 이루어지면서 층층이 쌓인 민주주의 역사 속에 변혁적 중도 사상이 상당히 축적돼왔다는 설명이었습니다. 그런데 그 마지막으로 김대중 대통령을 조명하더라고요(이남주 「김대중사상과 K민주주의」). 되짚어보니 선생님께서 한반도 평화의 문제와 민주개혁의 동시성을 정확하게 본 이가 김대중이라는 말씀을 하셨단 말이에요. 그 맥락이 궁금해집니다.

백낙청 87년 6월항쟁 이후 사람들이 종전의 프레임에서 벗어나 그동안 여러갈래로 분화되어 있던 이념들, 운동노선들을 좀 결합할 때가 됐다는 얘기를 내가 1980년대 말에 했죠(「통일운동과 문학」, 『창작과비평』 1989년 봄호; 『창작과비평』 2025년 봄호 특집 19면 참조). 그때는 나도 변혁적 중도주의라는 개념을 착상하기 전이었습니다. 6월항쟁 이후 그런 모색의 필요성이 느껴졌는데 항쟁을 주도하고 집권까지 한 세력에게 그같은 인식이 별로 없었다는 얘기를 하다가, 오히려 구세대 정치인 중에서 김대중 대통령이 유일한 예외였다고 말했죠. 변혁적 중도주의 개념을 내기도 전이고 그분도 그런 표현을 안 쓰셨다는 토를 달면서 신년칼럼에서 잠깐 언급하기도 했어요. 그런데 이번에 『창작과비평』 봄호 특집에서 이남주 교수가 김대중사상을 K사상의 한 표본으로 제시했잖아요. 변혁적 중도의 관점에서 김대중사상을 재평가했단 말이에요.

여러 사람이 호평했지만 특별히 뿌듯했던 것이 있어요. 내가 변혁적 중도를 얘기하면서 처음엔 주로 분단체제의 변혁을 위한 중도세력의 통합이라는 생각을 다루다가, 말하자면 변혁적 중도주의의 선구적 사례를 처음으로 탐구한 글이 「변혁적 중도주의와 소태산의 개벽사상」(『어디가 중도며 어째서 변혁인가』, 창비 2009, 제15장)이었어요. 거기에 보면 시대가 다르고 분단 이전이지만 사상이 통한다는 얘기를 했고, 그후에 나도 공부를 좀더 하고 여러 사람들이 일깨워주기도 해서 도산 안창호 선생, 더 거슬러 올라가면 의암 손병희, 수운 최제우나 해월 최시형 선생까지, 이렇게 계보를 따져볼 수도 있겠다는 생각을 하게 됐습니다. 도산 이후로 몽양 여운형이나 조소앙 선생도 있고요. 백범 김구 선생은 초기에는 너무 우편향이라 변혁적 중도주의라고 보기는 어려웠지만 나중에 여기에 합류를 하셨죠. 그래서 족보가 꽤 있는 셈인데 대통령을 지낸 분까지 그 흐름 위에 얹어주어서 참 화려한 족보다 싶어 굉장히 기뻤어요.

정현곤 저는 사실 김대중 대통령 때 6·15공동선언을 실행시키는 모습을 보면서도 평화와 개혁의 동시성에까지 이르렀다고 생각하진 못했습니다. 그러다 점차 변혁적 중도주의에 대한 이해가 생기면서 이와 연관지어 볼 수 있게는 되었습니다만, 어쨌든 그런 관점에서 김대중 대통령의 어떤 면을 돌아볼 수 있을지요?

백낙청 창비가 창간 60주년인 2026년을 기념해서 '한국사상선'이라는 큰 기획을 하고 있거든요. 작년에 10권이 먼저 나왔고 금년에 또 10권, 내년에 10권 해서 30권을 채우려는데 마지막 권이 김대중이에요. 그러니까 우리 나름으로는 이분이 그냥 대통령, 정치가가 아니라 사상가라는 평가를 했고 그 책의 편자를 이남주 교수가 맡아준 상태입니다. 이교수도 편찬 작업을 맡고 나니까 공부를 더 했겠죠. 이번 글을 보면 김대중이 처음 정치를 시작할 때부터 변혁적 중도로 읽힐 만한 글들을 많이 썼어요. 연설도 그렇고요. 그러다가 오히려 중요 정치인으로 떠오른 후부터는 괜히 빨갱이로 몰릴까봐 말을 삼갔죠. 그러지 않아도 색깔론에 시달리던 분 아닙니까.

그래서 우리가 김대중 대통령 시절에는 이분이 옳은 방향으로 우리 한반도를 이끌고 있다는 인식을 가진 분도 변혁적 중도 같은 노선과 연결시킬 생각을 잘 못했던 거죠. 그가 젊은 시절 해방 직후에 건국준비위원회 활동을 하지 않았습니까. 몽양 선생의 추종자였단 말입니다. 나중에는 그것 때문에 얼마나 빨갱이 소리를 들었어요. 또 우리 당국자들은 박헌영과 여운형의 차이도 인정 안 해요. 둘 다 빨갱이라고. 하도 그러니까 김대중은 그 얘기는 입을 싹 닫고 민주주의 얘기만 주로 했는데 이번에 이남주 교수가 밝혀낸 걸 보면 그는 그냥 서구식 자유민주주의자가 아니고 우리 현실에 뿌리를 갖고 또 동학사상에 대한 인식을 가진 그런 민주주의를 말하고 있습니다. 그런 점에서는 변혁적 중도주의자라 볼 수 있고요.

내란 종결 시점에서 보는 남북연합의 가능성

정현곤 우리가 지금 변혁적 중도의 때가 왔다는 실감 위에서 미래를 설계해야 하는 처지에서 역시 중요한 문제가 한반도 평화체제와 더불어 남과 북 사이에 국가연합이라는 제도적 장치를 만드는 것의 의미입니다. '지금 남북관계가 엉망인데 남북연합이 가당키나 한 얘기냐'는 식의 질문도 충분히 나오리라 짐작되지만, 이번 윤석열 내란이 북과의 군사적 충돌을 빌미로 삼으려 했고 윤석열이 비상계엄의 이유로 거론한 '반국가세력'의 의미도 모두 북에 닿아 있습니다.

백낙청 '친북 반국가세력'이라는 표현도 자주 썼어요.

정현곤 결국 윤석열 집단이 분단을 활용하려는 속셈이 늘 있었기 때문에 이 문제를 도외시하고는 이후 문제를 다룰 수가 없다는 생각이 들고요. 또 우리가 시대의 과제를 다루면서 중장기적 계획도 얘기해야 한다면 잠재되어 있는 남북의 군사적 대결의 위험을 극복해낼 평화체제와 남북연합에 대한 얘기를 하지 않을 수 없습니다. 러시아·우크라이나 전쟁이 수습되면 한반도 문제가 다시 떠오를 테고, 거기서 핵심적인 평화체제 문제는 결국은 미국과 북의 관계 문제로 귀착됩니다.

그런데 1994년 제네바합의부터 짚어보면 한반도 평화체제 문제는 한반도 비핵화와 연동돼서 30년 역사가 쭉 쌓여온 주제거든요. 그리고 선생님께서는 겉으로 보이는 평화체제 논의에만 집중하다가 북이 가장 중요하게 느끼는 체제 안전장치를 마련하지 못하면 평화체제조차 진척이 안 된다고 누차 말씀해오셨죠. 그 안전장치가 남북연합이고요. 나아가 남북연합이 바로 그 점으로 인해서 우리 내부 개혁의 중요한 추진동력이 된다는 말씀을 동시에 하셨단 말이에요.

전자에 대해서는 완벽하게 동의합니다. 제가 남북관계를 2002년부터 쭉 경험한 바에 따라도 그렇습니다. 북의 간부들을 만나면요, 지나치게 체제 선전을 하거든요. 그런데 내밀한 얘기는 안 해요. 저들이 우리에 대한 부담을 굉장히 많이 느끼고 있다는 걸 매번 확인하게 됩니다. 2019년 하노이회담이 좌절되고 난 다음에 북한이 남북공동연락사무소를 폭파하잖아요(2020. 6. 16). 그 장면이 굉장히 충격적이었지요. 그리고 정부가 윤석열정부로 바뀌고 난 다음인 2022년 8월 19일에 김여정 노동당 부부장이 담화에서 이런 표현을 씁니다. "제발 좀 의식하지 않고 살았으면 하는 것이 간절한 소원." 저는 들으면서 저거 진심이다 싶었습니다. 그래서 북에도 역시 분단체제의 압박을 덜 느끼면서 그 내부에서 변화할 시간이 주어져야 한다고 생각했죠.

백낙청 사실 남북관계 현장 경험으로 쳐도 정현곤 선생이 나보다 훨씬 오래됐죠. 그래서 내가 청해 들을 얘기가 오히려 많습니다. 지금 남북관계가 엉망인데 무슨 남북연합이냐 하는 얘기는 지금도 나오고 또 천안함사건 이후 이명박시대, 또 박근혜시대에도 계속 나오던 얘기예요. 그런데 최근에는 좀 특이한 현상이죠. 그러니까 윤석열정권이 하도 못되게 굴어서 저쪽에서 대한민국과 상종 못하겠다면서 끊은 면도 있지만 지금 지적하신 대로 "제발 좀 의식하지 않고 살"자는 말은 차원이 다르단 말이에요.

한편으론 이제 그런 얘기를 내놓고 할 만큼 북의 객관적 상황이 호전됐다고 볼 수 있습니다. 미국이 그렇게 압박과 제재를 가하는데도 굶어 죽지 않고 버텨냈단 말이에요. 거기에다가 근년에 와서는 러·우 전쟁으로 미국이나 유럽이 러시아에 대대적인 제재를 하니까 러시아가 중국과도 그렇지만 특히 북한과 가까워졌단 말입니다. 러시아의 입장에서도 핵무기로 미국 본토를 타격할 수 있는 동맹이 하나 생겼다는 게 엄청난 전략적 자산이지요. 김정은의 입장에서 보면 그동안 미국이 북한을 압박하는 최대의 수단이었던 안보리 제재에 거부권을 행사할 수 있는 맹방이 생긴 거고요. 그 전까지는 중국이나 러시아가 미국의 원안을 약간 수정해서 받아들이는 쪽으로 제재 결의가 점점 강화돼왔고 앞으로 또 못되게 굴면 더 강화한다는 결의까지 다 해놨는데 말이에요. 그러니까 이제 북은 마음놓고 (핵실험은 아직 안 했지만) 미사일 실험도 할 수 있게 됐단 말이에요.

물론 기술이나 재정적·경제적 지원도 있을 것이고. 그러니까 이 게임에서 사실은 제일 덕 본 게 김정은이라고 봐요. 그래서 이제는 좀 따로따로 잊고 살자는 얘기도 할 수 있는 거고요.

그런데 그걸 분단체제론의 입장에서 보면 평양 당국 역시 분단체제의 중요한 한 플레이어이며 분단체제의 기득권세력이란 말이에요. 그동안에는 말로 우리 민족끼리 서로 힘을 합쳐 자주적으로 통일하자 그러면서 이를 일종의 분단국가 이데올로기로 활용해왔죠. 진짜 자주통일을 기대해서 하는 말이 아니라 '자주적으로 통일을 얼마든지 할 수 있는데 미 제국주의자들과 남한의 친미 사대주의자들이 이걸 막으니까 통일이 안 되는 거다, 그래서 우리가 이렇게 못사는 거다' 하는 식으로 인민을 달랜 거예요. 그런데 이제는 그게 필요 없다는 말을 하는 겁니다.

그래서 국가 대 국가로 가자는 말을 통일 안 하겠다는 의미로 해석해 굉장히 충격을 받은 통일운동가들도 많은데, 나는 그런 분단국가 이데올로기에 대한 의존도가 훨씬 낮아졌다는 차원의 발언이라고 봐요. 그것 없이도 얼마든지 인민생활도 개선하고 또 국제적으로는 러시아의 지원으로 제재도 면하게 됐다는 자신감의 발로라고 봅니다.

그리고 내가 다른 글에서도 지적했지만 국가연합이 원래 우리 노선 아닙니까? 국가연합이라는 건 국가 대 국가의 연합이거든요. 그러니까 국가 대 국가 관계로 가는 게 우리 입장에서 나쁠 건 없어요. 다만 이렇게 적대적일 필요는 없는데 이는 윤석열이 그렇게 만든 면이 크다고 보고 앞으로 새 정부가 들어서서 훨씬 우호적인 태도를 취하고 평화를 중시하는 모습을 보인다면, 당장에 남북연합이 된다든가 평화체제가 성취되지는 못하겠지만 적대관계는 많이 해소되리라고 봅니다. 그다음으로 공동 번영이라든가 공동 안전보장에 대해 서로 의논하게 되는 것이고 그게 내 표현으로 하면 매우 낮은 단계의 국가연합이 되는 거죠. 그래서 지금 남북관계도 그렇게 비관적으로만 볼 필요는 없다 싶어요.

변혁적 중도와 시민사회가 만나려면

정현곤 후자의 문제, 남북연합이 우리 내부 개혁의 동력이라는 측면에 대해서 이야기해보자면, 시민운동 내에서 이 문제를 궁리하는 사람들 중에는 남북연합이 일종의 남과 북의 국가 간 협약이 되니까 안보국가를 견제하는 데 도움이 되겠다는 판단을 하는 이가 있기도 합니다. 여기서 '안보국가'(national security state)라는 개념은 분단체제 작용력의 결과를 국가에 반영한 것으로 보면 되겠습니다. 물론 이런 시각은 우리가 민주화의 역사에서 심화시키고 성취해온 '시민에 의한 권력감시'를 안보와 외교에 적용한 것입니다. 국가가 독점하고 있는 외교·안보에 시민이 개입해서 통제하고 감시하자는 이런 논의 속에서 남북연합을 활용할 수 있다는 시각입니다.

그런데 저는 이것이 상당히 제한적이지 않나 하는 생각을 합니다. 평화운동 계통에서나 주로 자기 생각을 심화시키는 얘기이지 선생님께서 얘기해오신 평화와 민주개혁의 동시성이란 측면을 보는 데까지 확장되지는 않았다고 봅니다. 환경, 여성, 노동, 지역 등 여러 계열의 운동이 자기 운동을 하면서도 한반도 문제를 같이 다루는 데까지 가야 하지 않나 하는 거죠.

백낙청 그런 얘기를 들으면 개별 운동의 활동가들은 "하루하루 운동하기도 바빠 죽겠는데 뭐 통일문제까지 생각하라느냐"라고 반발할 수 있는데, 내 얘기는 그게 아니고, 각자 자기 부분에서 할 일을 하더라도 현실을 분석할 때 '왜'라는 질문을 한번 더 해보라는 거죠. 가령 환경운동이나 여성운동을 보면 우리의 경제력이라든가 국민의 교육수준 같은 조건에 운동의 발전 정도나 역량이 못 미치잖아요. 대개 분단이 안 된 국가들과 분단된 한국을 비교해보면 성평등 지수도 그렇고 환경운동의 조직력이나 투쟁력도 확 떨어져요. K민주주의 운운하지만 아직 제대로 된 녹색당이 없잖아요. 왜 그럴까를 생각해보면 분단체제, 분단이 이 땅에서 일종의 체제화되어 있기 때문인 거죠. 그래서 자기가 하는 운동이 왜, 어떤 난관에 부딪히게 돼 있는가 하는 문제를 알면서 운동을 하자는 얘기지 사람들이 바쁘더라도 각자의 분야별 시민운동도 하고 통일운동도 하고 다 하자는 얘기는 아닙니다.

정현곤 그 말씀의 실감은 선생님께서 복지문제를 예로 들어 말씀하신 부분에서 저도 확인하고 있습니다. "복지사회를 추동해야 할 인사나 집단들이 여러 분야에서 비슷한 공세('친북좌파'라는 공격)에 시달리는 가운데 효과적인 세력결집이 불가능해질 것"(「'2013년체제'를 준비하자」 23면; 본서 83면)이라는 지적이죠. 다만 제가 민화협(민족화해협력범국민협의회)도 하고 6·15공동선언실천 남측위원회 사무처장을 한 경험을 돌이켜보면, 3백명가량 대표단을 꾸려서 북에 3박 4일 나녀오는 일이 1년에 한두번 있는데, 그러면 각계의 대표들이 참여해서 많은 애를 쓰고 북하고 만나요. 노동, 농민, 여성도 다 북의 해당 부문과 만납니다. 물론 만나서 북에 제안하는 자기 고유 의제도 있지만 남북 공통의 의제를 얘기할 수밖에 없죠. 그러니까 실천적인 경험 속에서는 각각의 부문운동에서도 한반도 평화 문제에 대해 고민하는 것을 봤습니다. 그런데 이런 경험도 따지고 보면 남북관계가 활발할 때의 경우니까 그런 것이고, 보통 때는 선생님 지적처럼 '왜'라는 질문을 하고 시야를 넓게 가지려는 노력을 하는 것이 중요할 것 같습니다.

진보정당의 역할은 수구·보수동맹이 제압된
새로운 정치지형에서

정현곤 내부 개혁 문제로 좀더 들어가보면 분단체제 속 세력재편의 양상이 좀 특이하다는 점을 느끼게 됩니다. 선생님께서는 수구와 보수의 동맹이라는 표현을 쓰셨어요. 동맹이라고까지 볼 수 있나 하는 생각이 들긴 하는데 "수구가 보수를 포획했다"라고 설명하기도 하셨고요. 저는 요즘 많이 회자되는 극우라는 말보다는 수구가 훨씬 적절한 표현이라고 보는데 다만 윤석열정부 기간 동안에 수구가 보수를 포획하는 행태가 너무 저열해진 면이 있습니다. 실제로 수구에 대한 보수 일각의 비판이 많아지고 있기도 하고요. 이번에 저도 많이 놀란 것이, 내란옹호 여론이 생각보다 높게 나오는 겁니다. 이 현상을 해석하기 위해 일각에서는 극우적 현상이 글로벌하다는 주장을 하고 있습니다. 하지만 맥락이 전혀 다르다고 봅니다.

백낙청 그렇죠. 사실 우리나라 수구는 극우도 아니에요. 그 사람들은 분단체제 속에서 착실히 이득을 챙겨 먹고 산 사람이고 앞으로 세상이 바뀌면 또 어떻게 나올지 모르는 사람들입니다. 극우는 우익 개념을 아주 극단적으로 갖고 있는 사람들이잖아요? 세상에 어느 나라 극우가 남의 나라 국기 들고 데모하는 경우가 있어요? 독일을 보면 나치에 대한 향수를 지닌 극우 정당이 나치 깃발을 들고 나올지언정 미국 국기는 안 들고 나옵니다. 물론 우리나라에도 가령 소위 태극기부대, 아스팔트 우익 이런 사람들 중에 극우도 있어요. 그리고 그 사람들이 극우적인 언사를 함부로 쓰기도 합니다. 그것은 상식과 교양이 없어서 그래요.

정현곤 『2013년체제 만들기』 이후 2015년에 출간하신 책이 『백낙청이 대전환의 길을 묻다』(창비)라는 인터뷰집인데요. 당시의 정치지형에 대해 선생님이 "저 막강한 성채에 균열이라도 일으키라고 국민이 차려준 진지 몇개가 여기저기 있는 정도"(33면; 본서 126~27면)가 우리 민주개혁세력의 상황이라고 말씀하셨어요. 한 10년 지났는데 최근에는 수구가 너무 오른쪽으로 가서 보수가 텅 비었다는 주장이 있기도 해요. 선생님께서는 현재의 정치적 지형을 어떻게 보시나요?

백낙청 그 책의 편자로서 정박사가 큰 역할을 해주었는데, 인터뷰를 엮으면서 앞에 수록한 글이 「큰 적공, 큰 전환을 위하여」입니다. 사실은 내가 2013년체제 만들기에 실패하고 자숙 모드로 들어갔어요. 그러다가 2014년 세월호참사가 터졌죠. 나도 가만히 있지는 말아야겠다 싶어서 다시 글을 쓰고 발언하기 시작했는데, 그때와 지금을 비교하면 소위 주체의 역량이 엄청나게 커졌죠. 세월호의 충격으로 많은 사람들이 각성을 해서 2016년 시민역량이 폭발하지 않았습니까? 그렇게 2017년 박근혜를 중도퇴진시키고 정권교체를 했죠. 그래서 들어선 게 문재인정권이고요. 그 정부에서 정박사도 시민사회와의 관계에서 역할을 많이 했지요. 그러나 전반적으로 내가 『2013년체제 만들기』를 쓸 때는 완전한 체제전환, 87년체제를 제대로 극복한 새로운 체제 만들기에는 미달했던 거죠. 그래서 우리가 지금 이 난리를 또 겪은 거 아닙니까?

정현곤 또 하나 짚어야 될 부분이 진보정당의 변천이에요. 2012년 총선 당시 진보정당과 민주당이 통합과 연대 논의를 한참 했잖아요. 그런데 굉장히 실망스러웠기 때문에 결국 박근혜 새누리당이 과반을 차지했죠.

백낙청 그때는 당장 선거에 이기는 게 급했던 면이 있었습니다. 민노당과 진보신당, 거기에 유시민 작가가 참여한 국민참여당이 합쳐져서 통합진보당을 만들었는데, 민주당과 통합진보당이 어떤 식으로든 연합을 해야지 이길 수 있겠다 했던 거고. 사실은 2010년 지방선거(2010. 6. 2)에서는 재미를 봤었죠. 천안함사건이 터졌는데 이명박이 이걸 활용하려고 굉장히 노력했음에도 불구하고 야당이 이겼단 말이에요. 그다음 서울시장 보궐선거(2011. 8. 24)에서 박원순 연합후보를 내세워서 이겼고. 그래서 내가 이제 2013년체제를 만들 수 있는 때가 가까워졌다는 착각을 하고 애를 썼던 겁니다.

정현곤 그 이후에 진보정당은 상당히 위축되지 않습니까? 결국 지금 유의미한 진보정당이 원내에 존재하지 않은 상황이 됐고요. 저는 그 문제를 국민에 의한 선택의 결과라고 보지만, 물론 우리의 선거제도가 정당에 대한 지지율이 충분히 반영되지 않는 소선거구제다보니까 '국민이 심판했다'라고만 말할 수 없는 측면도 있죠. 어쨌든 진보정당이 국민 소구력을 확보하는 데는 성공하지 못했던 것 같아요. 결국 다당제가 성립되기 힘든 구조인 셈인데, 그러다보니 연합정치를 하자고 해도 정당 간 연합만으로는 너무 좁아 보입니다. 저는 지금 필요한 연합정치는 정당이 시민 쪽으로 더 보폭을 넓히는 방향이라 생각하는데, 이때 변혁적 중도를 하나의 기준으로 삼을 수 있을 것 같습니다. 선생님께서는 세력재편의 여러 흐름을 보시면서 지금 단계에서 각각의 세력이 어떻게 연합을 해나가는 것이 바람직하다고 생각하시는지 여쭙습니다.

백낙청 지금 단계에서요, 연합정치라든가 다당제 같은 제도를 만들 수 있는 여지는 없다고 봐요. 그리고 그걸 미리 하자는 건 공리공론에 불과하고요. 그런데 그사이에 변화는 있었다고 봐요. 수구·보수동맹, 나는 동맹이라는 말이 맞다고 생각하는데, 당시의 한나라당을 보면 그래도 보수인사라고 말할 수 있는 사람들이 여기에 일부 들어가 있었지만 수구세력에 완전히 눌려 있었잖아요. 그리고 수구세력이 영남 지역을 기반으로 다선이 되고 그러니까 의원총회에서도 목소리를 크게 내고. 지금은 수구세력에 포획돼 있다고 할 수 있었던 보수세력마저 거의 사라져버렸어요. 스스로 수구세력에 영합해서 보수로서의 자격을 상실하거나 아니면 당의 중요한 자리에서 제외되거나 공천도 못 받는 결과가 오게 된 거죠. 지난 번에 이재명 대표가 그런 말을 했잖아요. 국민의힘이 워낙 보수를 안 하니까 우리가 대신 해줘야겠다고, 민주당이 중도보수라고요. 보수 쪽에서 불의의 일격을 맞은 말이었다고 봐요.

그러나 그쪽만 그런 게 아니고요. 이쪽도 사실은 합리적 진보라고 할 만한 사람들이 소위 진보정당을 주도하고 있었느냐 하면 나는 그것도 의문이라고 봅니다. 우선 진보의 개념에 대해서 왕년에 PD와 NL 했던 사람들이 너무 달라요. NL, PD 지금은 거의 사라진 용어지만 그 계보나 사고방식은 그대로인데, NL계에서는 PD들이 괜히 과격한 소리, 혁명 얘기를 해서 수구세력을 도와주는 역할이나 한다고 보고, PD로서는 NL이 결국 종북세력 아니냐 해서 어떤 의미에서는 수구정당이 진보정당에 대해서 하고 싶은 말을 대신 해준 거 아니에요? 그래서 서로 자기가 한국에서 제일 진보적이라고 주장하지만 상대를 판단할 때는 본의 아니게 수구세력을 도와주는 정당이라는 인식이 생겨버리고 말잖아요.

정선생이 인용한 대목을 가져오면 그중에 제일 큰 "진지"는 역시 민주당이었죠. 그런데 민주당이 그동안 많이 변했고 지금은 '일종의 플랫폼 정당'이 되어 있다고 봅니다. 그래서 진보세력도 들어가 있고 합리적 보수주의자들도 있고 심지어는 수구적인 사람도 얼마 전까지 적지 않았어요. 다 섞여 있는데 그동안 오히려 수구에 가까운 사람들, 나중에 소위 '수박'(겉과 속이 확연히 다르다는 의미로 소속은 민주당원이지만 실제 행보는 보수진영과 결을 같이하는 이들을 일컫는 용어)이라고 불리는 그 사람들이 쭉 주도권을 가져왔어요.

그런데 지금은 우선 그 플랫폼 정당을 주도하는 세력이 바뀌었고 플랫폼에 가담하는 시민들의 수가 엄청 늘어났습니다. 특히 그사이 새로운 권리당원들이 많이 생기고 그들의 힘을 더 발휘하게 하는 당헌 개정(2024. 6. 17)

이 있지 않았습니까. 또 그동안 주도권을 발휘하던 사람들이 지난번 2024년 4월 총선 때 혁신 공천을 통해서 많이 정리가 됐고, 그래서 지금은 지형이 꽤 바뀌었다고 봐요.

그러나 소위 별도의 진보정당을 하려는 사람한테 유리한 지형은 아니에요. 나는 우리가 지금은 일단 윤석열정권을 무너뜨리고 나머지 내란세력을 완전히 제압한 뒤 다음 정부에서 헌법도 바꾸고 정당법도 바꾸고 선거법도 바꿔서 다당제를 실현해야 한다는 생각이에요.

성장과 복지, 실패를 반복하지 않으려면

정현곤 내부 개혁에서 다룰 과제가 많은데 그중에 성장과 복지에 초점을 맞춰 질문을 하려고 합니다. 선생님께서는 1장 「'2013년체제'를 준비하자」에서는 평화와 복지의 관계를 말씀하시고 4장 「다시 2013년체제를 생각한다」에서 성장 이야기를 하셨죠. "방어적 성장 패러다임"이나 좀 께름칙하시다면서도 "적당한 성장"이라는 표현을 쓰셨고요. 어쨌든 성장과 복지는 굉장히 중요한 주제인데 책을 쓰시던 때와 지금 사이에 촛불정부가 한번 있지 않았습니까? 그 맥락에서 지금의 과제를 짚는 것이 필요해 보입니다.

일반적으로는 성장이 커지면 그 과실이 복지에 간다고 생각했지만 근래에는 좀 바뀌었죠. 너무 뒤처져 있는 복지가 먼저 가서 노동생산성도 올리고 소비를 촉진시켜 경제도 활력이 커진다는 주장이 세를 얻으면서 나온 게 대표적으로 '소득주도 성장론'입니다. 거기에 맞춤한 복지정책이 '포용적 복지국가론'이고요. 이런 기치가 촛불정부 1기에 자리를 잡았던 것 같습니다. 당시 '포용적 성장론'이 주류를 이루던 세계적 추세와도 잘 맞아떨어졌고요.

그런데 이런 정책들을 국민들이 별로 체감하지 않았던 것 같아요. 왜 그런가 생각을 해보면 저는 해당 부문 정부 당국, 특히 기획재정부 장관 같은 이들이 계속해서 발목을 잡는데도 문재인정부가 이를 제대로 통제하지 못한 것을 가장 큰 문제로 봅니다. 소득주도 성장을 내걸었을 때 최저임금 인상을 먼저 추진했는데 당시 기재부 장관은 재정투입을 미적거렸죠. 소위 고용지표가 개선되지 않으니 문제가 생긴데다가 자영업자들의 부담을 덜어줄 대책이 전혀 준비되지 못했습니다.

백낙청 최저임금 인상이 소득주도 성장의 중요한 일부인데 기재부가 그걸 미적거리기도 했지만, 결정적인 것은 최저임금이 올랐을 때 생기는 부작용이잖아요. 직접적인 피해자가 재벌이나 대기업이 아니라 자영업자들이란 말이에요. 그러면 정부에서 자영업자들을 임시적으로 구제해줄 재정정책을 펴야 되는데 그걸 막은 게 기재부였죠. 소위 모피아라고 해서. 기재부라는 게 뭐예요? 대통령을 수반으로 하는 행정부 내 하나의 부처거든요. 대통령이 확고한 의지와 식견을 갖고 밀고 나가면 공무원들도 말 잘 들어요, 잘 들을 때는. 그런데 그걸 못한 거시요.

정현곤 문제는 그다음에 들어선 게 공적 마인드도 거의 없는 사람이 대통령이 되어버린 윤석열정부라는 것인데, 부자감세, 긴축재정, 그리고 결과적으로 복지축소에까지 이르렀죠. 이러한 메커니즘이 지난 2~3년 사이에 자리를 잡아버린 거죠. 『창작과비평』 2025년 봄호 '대화'에서 최배근 교수는 GDP 성장률이 1.5%로 주저앉았다는 것에 더해 이 지표에서 실질 개인소득 증가율은 −1.1%였다는 통계를 내놓으셨더라고요. 기업과 정부 소득은 2.1%였는데 말이죠. 국민들이 느꼈을 경제적 압박이 어느 정도인지 수치로도 확인이 되는 셈입니다. 더 놀라운 지표도 있었습니다. 윤석열정권 2년간 국세 감소가 −15%였는데, 그 수치는 당대 최악이라던 IMF 때의 -3%와 비교해도 역대급이었다는 것입니다.

정부의 재정정책이 꼬이면서 기업과 가계 전반의 경제 전체를 어렵게 하고, 국가가 우회적으로 보존해주는 소득이랄 수 있는 복지에서도 사달이 생기는 상황인데, 그렇다면 어떻게 수습하고 어떻게 나아갈지의 과제가 우리 앞에 놓였다고 할 수 있겠습니다. 지금 이 국면에서 새로운 얘기를 가장 많이 하고 있는 사람이 민주당의 이재명 대표로 보입니다. 어떻습니까? 그의 이런저런 고민들이 국민들에게 소구력이 있을 것으로 보시는지요?

백낙청 글쎄요. 나는 이재명 대표가 이번에 '삼프로TV'라는 유튜브 채널에 다시 나와서 말하는 것을 보면서 적어도 살림은 잘할 사람이라는 느낌을 받았고, 그가 '매불쇼'라는 채널에 출연해 한 얘기에도 신뢰감이 들었습니다. 그후에 그는 이스라엘의 역사학자인 유발 하라리(Yuval Harari)와 주로 AI에 관한 얘기를 했는데 그때도 굉장히 믿음이 갔어요. 나는 그 전에도 언급한 적이 있지만 2016~17년 대항쟁 때와 지금의 차이로 국민 전체의 수준도 높아졌지만 지금은 아래에서부터 올라오는 힘을 받아서 정책에 연결하는 지도자가 있다는 점을 꼽을 수 있다고 봅니다. 이재명 대표 개인에게는 큰 기대를 갖고 있는데 사실 지금 정박사가 지적한 대로 이 어려운 상황에서 대통령 혼자서 할 수 있는 일이 그렇게 많은 건 아니죠. 그래서 이재명 대표가 당선되더라도 어떤 인물들이 내각이나 대통령실에 포진할까 좀더 두고 봐야 할 것 같아요.

2025년체제는 시민참여 역량에 달렸다

정현곤 『2013년체제 만들기』에서 무척 강조하고 있는 것이 시민참여 역량입니다. 선생님께서는 "2013년체제가 성립하면 시민의 그러한 역량이 획기적으로 진전되어, 분단문제가 민주주의의 발목 잡는 것을 더는 용납하지 않는 동시에, 반민주 수구세력이 남북관계 발전의 발목을 잡기도 힘들어지는 시대가 될 것"(「2013년 체제와 포용정책2.0」 170~71면)이라고 기대하신 바 있으시지요. 여기에 관해 이야기를 나누고 싶습니다.

앞에서 수구·보수동맹 문제라든가 진보정당의 큰 흐름은 저희가 한번 짚었는데 그런 식으로 시민사회의 변화도 짚어볼 수 있을 것 같습니다. 노동조합의 경우 문재인정부 시기에 민주노총과 한국노총의 조합원이 많이 늘었습니다. 대략 100만명 정도 늘어 250만명에 이릅니다. 노사정위원회(1998~2007)나 경제사회발전노사정위원회(2007~18), 경제사회노동위원회(2018~) 같은 사회적 대화기구에 노동 측이 참여하면서 그 과정에서 효능감들을 많이 느낀 게 아닌가 하는 생각이 듭니다. 노동운동을 뺀 사회운동은 의제의 다양성에 따라 이해관계자가 응집하는 양상이라 참여자는 늘어나고 있다고 볼 수 있지만 기존의 시민사회단체들의 경우는 상대적인 축소를 경험하는 것 같습니다.

가장 큰 변화는 일반시민들이 정당에 대거 가입하는 모습입니다. 시금거의 500만명 가까이 되는데 이런 움직임이 유의미해 보입니다. 이번에 빛의 혁명을 보면 20~30대 여성이 30%가량을 차지하는 특징이 나타나거든요. 「임을 위한 행진곡」과 K팝이 결합되는 흐름을 여성들이 대거 주도하는데 지난 시기 가장 절박한 처지에 있었던 것을 반영하는 듯합니다. 다만 안타까운 것은 20~30대 남성들의 항쟁 참여가 저조하다는 지적인데, 그들 또한 절박한 처지라는 점은 동일해보입니다만 집단적으로 이를 극복해가는 체험의 공유가 기존에 너무 없었기에 상당히 어색해하고 있다고 저는 느낍니다. 청년세대를 여성과 남성으로 갈라치는 정치세력의 선동이 문제라는 지적도 일리가 있다고 봅니다만 그 선동이 먹혀드는 이

유가 파악되어야 할 것 같습니다.

백낙청 최근 시위를 보면 여성들의 역할이 두드러지고 젊은 남성들은 아쉽다고 할 정도로 적지요. 그러나 최근 경험으로 그렇게 달라졌을지 모르지만 2016~17년 촛불대항쟁 때만 해도 남녀가 비슷하게 거리로 나왔을 거예요. 그런데 그때 나와서 실망한 젊은 남성 중에 상당수가 일베로 가잖아요. 남성들이 기존 사회구조에서 기득권을 누리고 있다가 점점 뺏기는 상황이죠. 법적으로도 제한을 받고 또 실제로 경쟁을 하면 여성들에게 밀리기도 하고. 그런 데서 오는 박탈감 같은 것도 있을 텐데, 여성운동 지도부에도 문제가 있다고 보고요. 그다음에 문재인정부의 대응에도 문제가 있었다고 봅니다.

여성운동 지도부의 문제점은 나 같은 80대 후반에 있는 꼰대가 얘기하기 조심스러운데 하려면 또 길고 자세하게 해야 하니까 생략하겠고요. 내가 그런 얘기를 하려면 여성들과 같이 해야지 좀 설득력이 있는데 그걸 안 한 건 아니에요. 백낙청TV '청년공부길'이라는 데서 30대 여성 편집자 한지영, 이선엽 두 사람하고 길게 대화를 했는데 그걸 봐주시면 좋겠어요.

문재인정부의 문제점은 실제로 여성들의 삶을 그다지 개선하지 못했다는 데 있다고 봐요. 임금격차 같은 문제는 그대로 계속 남아 있었는데 여성운동의 지도자들이 많이 진출한 면이 있죠. 정부가 그들의 목소리에 귀를 기울이기도 했고요. 귀만 기울였지 사실 해준 건 별로 없는데 남성들 입장에서는 이 정부가 여자들 말만 듣지 우리 말을 안 듣는구나 하며 좌절감까지 느끼는 등, 여러가지가 복합적으로 작용했다고 봅니다.

변혁적 중도주의를 그동안에 쭉 주장해왔는데 이제는 내가 마음놓고 떠들 수 있는 때가 왔다는 개인적인 술회가 아니고요. 우리 사회나 현실을 보는 프레임을 진짜로 이제 좀 바꿔볼 때가 되지 않았는가 하는 거예요. 2013년체제에서 기대했던 게 그런 거거든요. 우리 시민들의 역량으로 새 체제를 만들어놓으면 그 체제의 힘으로 또 많은 일이 더 쉬워지겠다는 예측을 한 것인데 지나친 낙관이었죠, 착각이었고.

민주주의의 경험과 민중자치의 가능성

정현곤 제가 사회적 경제 분야에 한 5~6년 있었고 사회적 기업 지원기관인 한국사회적기업진흥원 원장으로 2024년까지 3년간 재직한 경험이 있습니다. 그쪽은 지금 성장 추세입니다. 생활협동조합으로 보면 한살림, 아이쿱, 두레, 행복중심생협 이렇게 4대 생협이 있는데 지금 조합원이 150만명을 넘어서거든요. 물론 정점을 이미 이전에 찍긴 했습니다만. 그리고 조합원들의 참여의 열망이 상당히 높습니다.

그리고 새롭게 부각되는 협동조합 중에서 사회적 협동조합이라는 것이 굉장히 성장세입니다. 돌봄이 사회적 이슈가 되면서 제가 2022년, 23년 보고서를 보면 연간 1천개가 늘어나는 수준입니다. 보다보면 민주주의를 하는 경험, 그리고 집단적으로 힘을 모으는 경험이 쌓여가고 있다고 느껴요. 협동조합 자체가 최소 5인 이상이 참여해야 성립되고 의료복지사회적협동조합의 경우는 500명이 모여야 조직이 성립되거든요. 인구 10만명 이하 기초지자체에서는 발기인 수가 300명 이상이면 가능하도록 설립 기준이 완화됐어요. 그 과정에서 조합원들은 1주 1표의 주주총회와는 다르게 1인 1표라는 민주적인 경험을 해나갑니다. 그러면서 형성되는 지도력이나 힘이 굉장히 커지는 거죠. 결국 현장 또는 현실의 삶의 문제에 천착하는 정도와 동료와의 집단체험 여부가 사회운동의 발전 동력인 것 같습니다. 여러 계기로 축적되어온 이런 힘들이 2024년 총선의 표로 나타났고 계엄해제와 탄핵소추 같은 일을 해내지 않았나 싶습니다.

결론적으로는 시민참여는 증가 추세인데 조직적 체계는 몇몇 분야에서만 성취가 돋보인다고 보는 게 맞고 특히 정당 가입은 큰 흐름이 되었다는 판단입니다. 그래서 제가 보기에도 지금 필요한 것이 시민과 정치의 연결입니다. 변혁적 중도의 때가 온 시점에서 결국 중요한 것은 시민과 정치의 연결이라고 보는데 선생님께서는 이 흐름을 어떻게 보고 계신지요?

백낙청 시민단체나 운동도 훨씬 다양해지고 분화됐으며 노동조합도 많이 성장했지요. 과거에는 정치운동과 시민사회운동을 엄격히 구별하던 사람들이 근래에 대대적으로 정당에 가입했고, 사회적 협동조합의 경험 등 여러 현상이 있는데요. 이제 변혁적 중도를 얘기하는 이유는 다 각각 분화해서 자기 할 일에 집중하되 그래도 어떤 공통의 사상과 이념이 필요하기 때문입니다. 그런데 소위 이념이라고 나온 자유민주주의니 사회민주주의니 국가사회주의 이런 것들 가지고는 공유가 안 되거든요. 그게 가능한 것이 변혁적 중도인데, 사실은 말이 좀 어려워서 그렇지 내용을 들여다보면 얼마든지 공유가 가능하니까 변혁적 중도에 관한 공부를 더 하자는 이야기였고요.

지금 얘기하신 것 중에서 사회적 경제 단체들은 비교적 새로운 현상이고 그건 난 대단히 중요하다고 봐요. 그런 기구들 대다수는 비영리기구, NPO(Non-profit organization)로 불립니다. 그러니까 이 사람들은 돈벌이를 안 하는 건 아니지만 돈을 벌어서 주주한테 나눠준다든가 하는 게 없어요. 수익사업을 열심히 하고 돈을 열심히 벌되 기존의 영리업체들과는 다른 방식으로 하는 이 경험이 비정부기구, NGO(Non-governmental organization)의 성장 못지않게, 어떤 의미에서는 그보다 더 중요하다고 봅니다. 그리고 NGO는 한계가 돈벌이를 하지 않는 거잖아요. 자기 사업을 안 하는 단체들이에요. 사회적 경제 단체는 돈을 열심히 벌거든요. 돈을 벌려면 얼마나 많은 걸 알아야 하고, NGO들이 모르는 세상을 알아야 되는데, 그건 무척 중요하다고 보고요.

또 노동조합의 성장을 얘기하셨는데 양적 성장은 문재인정부 때 많이 이뤄졌지만 나는 이번 윤석열 탄핵 운동이 하나의 계기가 되지 않을까 봅니다. 왜냐하면 민주노총이 그사이에 양적으로는 성장했는지 모르겠지만, 언론의 악마화 작업도 물론 작용했겠으나 어떤 의미에서는 국민 밉상 같은 면이 있었어요. 또 그들이 쓰는 언어도 옛날하고 크게 달라진 게 없었어요. 그런데 이번에는 젊은 여성들과 소통하면서 서로 간에 연대의식도 생기고 서로가 부르는 노래를 배워서 접근하려는 노력을 하잖아요. 서로 경원시했던 것들이 불식된 측면이 있어서, 그래서 나는 노동운동의 진화과정에서도 이번 빛의 혁명이 큰 계기가 되지 않았을까 생각합니다.

정현곤 『2013년체제 만들기』 7장 「한국 민주주의와 한반도의 분단체제」에 보면 민주주의 문제를 민중자치로 정리하신 내용이 있습니다. 민주주의의 본질을 민중자치라고 보고 현재는 대의제를 채택하기 때문에 간극이 있다며, 2013년체제는 그 사이를 메꿔주는 중간단계, 즉 민중자치로 가는 중간단계라고 규정을 하십니다. 선생님께서 이번 시민대항쟁을 평하시면서 "정치권이 비답의 외침과 에너지를 차단하던 2016~17년 대항쟁기와 달리 시민들의 외침이 국정운영에 반영될 길이 활짝 열린 상태"(『창작과비평』 2025년 봄호 17면; 본서 15면)라 하신 것도 같은 얘기라고 봅니다. 그렇다면 변혁적 중도의 때에 이르러 민중자치의 문제는 치열한 고민이 필요하지 싶습니다.

최근에는 '모두의 질문 Q'라고 민주당에서 AI를 활용한 참여 채널을 개설한 것을 보았습니다. 저희가 토론을 하면 끝나고 기록을 하지 않습니까? 이 AI는 회의록을 바로 작성해줍니다. 굉장히 빠른 속도로 이를 할 수 있고 다양한 질문들을 금방 분류해주기도 합니다. 이렇게 시대에 발맞춘 변화는 저도 의미있게 보지만 어쨌든 그러한 것들이 정책 결정이라는 단계로까지 못 나가면 점차 동력을 상실하게 되거든요.

제가 문재인정부에 있을 때 국민청원 시스템에 나가서 발언을 한 적이 있습니다. 초기에는 정부 반응성이 높아서 굉장히 큰 호응이 있었지만 시간이 지나며 국민의 참여도가 떨어지니까 문제제기가 힘을 잃어가는 측면이 있었거든요. 그래서 참 쉽지 않은 문제라는 생각을 했습니다. 민중자치를 더 끌어올리는 방도에 대해 말씀을 해주시면 어떨까 싶습니다.

백낙청 민중자치가 원칙이지만 이것을 대의민주주의와 완전히 배타적으로, 양자택일의 문제로 볼 일은 아닌 것 같아요. 어차피 이 정도로 복잡하고 규모가 큰 사회에서는 완전한 직접민주주의란 실행하기 어려우니 대의제를 하는 거 아닙니까. 그런데 위임받은 자들이 자기 멋대로 하고 또 그렇게 해도 보장된 임기 동안에는 국민들이 어떻게 해볼 길이 없으니까 이제 그런 식의 민주주의가 아니라는 각성이 점점 생겨난 상황이라고 보여요. 변혁적 중도를 쉽게 말하면 한반도적 시각을 가진 실용주의인데, 그렇게 접근하면 대의정치와 다양한 민중자치 활동이 잘 배합돼서 일종의 혼합된 형식으로 가야 될 것 같아요.

그런데 지금 말씀하셨듯이 AI 같은 도구가 등장하면서 훨씬 쉬워진 면이 있잖아요. 통신기술의 발달로 지금은 시골 어디에 살아도 인터넷을 통해 온갖 새로운 정보를 다 흡수할 수 있잖아요. 그런 기술적인 여건이 무르익어 있는 면도 있고. 그동안에 여러가지 실험이 있었잖아요. 참여정부의 청원제도도 있었고, 사회적협동조합 빠띠(Parti) 같은 데서 숙의기구도 만들지 않았어요.

나는 그게 계속 발전하려면 권한이 있어야 된다고 봐요. 사람들이 그렇게 해서 토론하고 종합해서 도달한 결론이 어떤 식으로든 국가 정책에 반영되거나 당의 방침에 반영되는 통로가 열려 있어야 사람들이 신이 나고 의미를 느끼지, 그렇지 않으면 그냥 학습모임 정도로 끝나잖아요. 가령 민주당이 지금 당원 중심의 당을 만들겠다 또 어느정도 만들었다고 할 때, 교육받은 당원이 주인이어야지 몰상식한 당원이 주인이 되면 곤란하잖아요. 그런데 그 교육방법에도 여러가지가 있겠지만 진성 당원을 소그룹으로 나눠서 토론하도록 하고 그 결론을 그대로 당론으로 가져가지는 않더라도 참고를 할 수 있지요. 그다음에 민회나 시민의회도 가능하겠고요.

그런데 그것도 완전한 민중자치라고 볼 수는 없어요. 완전히 평등하게 대표자를 뽑고 숙의를 거쳐서 결론을 내는 과정이 교육된 시민에 의한 자치라는 하나의 모델이 될 수는 있지만 그것 자체가 전체 민중의 자치라고 볼 수는 없겠죠. 전체 민중의 자치는 노자가 말하듯이 소국과민(小國寡民), 나라가 작고 백성 수가 적은 그런 사회 아니고는 힘들 거예요. 노자 시대와는 달리 지금은 다 어느정도 먹고사는 문제는 해결이 돼 있고 통신기술의 발달로 어디에 살든지 세계 수준의 담론을 접할 수 있으니, 숙의를 통해 도출된 의견이 반영되는 효능감을 가질 수 있는 훈련을 해야 된다고 보는데 그 점에서 시기는 현재 상당히 무르익었다고 생각합니다.

탈진실의 시대, 마음공부가 필요한 이유

정현곤 이 책이 13년 전의 책임에도 불구하고 지금까지 소구력이 있음을 확실하게 증명하는 부분이 '상식과 교양, 기본적인 것의 부재가 초래하는 사회적 파국현상'에 대한 설명입니다. 제가 이번 내란 국면에서 가장 많이 들은 말이 '입만 열면 거짓말'인데, 이 책에서도 이명박 대통령에게 똑같은 말씀을 하셨더라고요. "대통령을 비롯한 고위공직자와 지도적 정치인 들이 너무 터무니없이 거짓말을 하지 말아야 한다"(27면; 본서 87면)라고요. 그러면서 "상식과 교양 및 인간적 염치의 회복"(31면; 본서 91면)을 강조하셨죠.

그때와 비교해볼 때 이번 내란사태에서 좀더 부각되는 것이 '왜곡되고 오염된 말'의 문제입니다. 계엄 이후 정신적인 고통을 호소하는 이른바 '내란성 스트레스 증후군'도 이야기됩니다만, 이게 어떤 물리적인 공격보다 말이 안 되는 이야기를 너무 많은 공직자들이 하고 있다는 사실 때문에 스트레스를 받게 되는 것이거든요. "명분이 중요하지 않기 때문에 그들은 주저없이 말을 왜곡하고 오염시킨다"(「빛의 서사로 써나갈 새로운 질서」, 『창작과비평』 2025년 봄호 3면)는 가톨릭대 백민정 교수의 지적이 매우 정확하다고 봅니다.

이 자리에 오면서도 체감했는데 요즘은 정당들이 자유롭게 현수막을 걸 수 있지 않습니까. 그러니까 돈이 없는 진보정당은 현수막이 적고, 국민의힘이나 자유통일당 같은 곳은 많은데, 정말 말이 되지 않는 말들이 적혀 있더라고요. 내란을 옹호하면서 오히려 민주당을 내란세력으로 몰고 있기도 하고요.

윤석열이 최고의 거짓말쟁이인 것은 자명한 사실이지만 최근에 또 2인자가 등장하지 않았습니까. 한덕수 총리 역시 이 말 저 말 바꿔가면서 헌법재판관 임명을 안 한다고 했다가 강행하기도 하는 후안무치한 행각을 벌입니다. 분단체제의 기생세력들이 자신들의 이익만을 추구하는 행태를 여실히 보여주는 것입니다. 선생님께서도 이렇게 상식과 교양이 퇴락하는 현상을 중요하게 보고 요즘 들어 마음공부를 부쩍 강조하고 계시다는 인상을 받았습니다. 분단체제극복이라는 과학적 실천과 마음공부가 함께 가야 하는 까닭은 무엇일까요. 두가지가 함께 이루어져야 하는 것이 분단체제의 특징인가 하는 생각도 듭니다.

백낙청 비단 분단체제의 특징이라기보다 어느 시대에나 해당되는 건데, 분단체제 안에서는 점점 더 어려워지는 것 같아요. 우리가 싸워서 분단체제를 조금이라도 완화하고 나아가 해소하지 않으면 더욱 감당하기 어려워지는데 우리가 그동안 분단체제를 극복하지 못하고 있잖아요. 그래서 이 지경까지 온 겁니다.

백민정 교수의 말은 사실 공자님 말씀이지요. 공자가 정치라는 것은 '정명(正名)', 즉 이름을 바르게 하는 일이라고 했잖아요. 각 사물이나 사안을 바른 이름으로 불러주는 그것이 정치라는 말입니다. 그런데 지금은 정말 뉴스를 보면 어이가 없어요.

우선은 가짜뉴스가 많죠. 물론 너무 명백한 가짜뉴스는 징벌적 손해배상 같은 수단을 사용해서 규제를 할 수 있어야겠죠. 가짜뉴스를 통해 내란을 옹호하고 선동한 사람들은 내란죄로 다스려야 합니다. 그런데 공자님이 늘 강조하다시피 형벌로 다스려서는 잘 되지 않으니 마음공부가 필요한 겁니다. 이때의 마음공부는 혼자서 참선하고 염불하는 수양의 차원을 넘어, 정신수양과 함께 사리에 대한 연구, 그리고 원불교에서는 '작업취사'라고 하는 실천·실행의 단계까지, 이렇게 삼대력(三大力)을 기르는 공부여야 해요.

오늘날 신실이 함부로 왜곡되는 이유는 첫째 돈이 되기 때문이죠. 이것은 어떻게든지 막아야 하고요. 그런데 여기에 대해 서양의 계몽주의 시대 이래 전통적인 치유법은 진실을 일러주는 것이었어요. 물론 계몽주의가 이를 통해 많은 성과를 거두었죠. 특히 교회와의 싸움을 중심으로 미신을 타파하기도 하고 과학적 진실 자체에 대한 부정에 맞서는 데 많은 영향을 미쳤고요. 그런데 개인의 마음공부 없이 진실만 이야기해서는 잘되지가 않아요. 사람이 이성적이기만 한 동물은 아니잖아요. 진실을 알려주고 이성을 일깨워준다고 해서 '아 그랬군요' 하고 사람이 갑자기 변하는 것이 아니란 말이에요. 결국 각자 자기 욕심대로 살아가는 것이 인간이기 때문에, 이 욕심을 다스릴 수 있는 공부가 필요한 것입니다.

그러니까 지금 이 사태는 꼭 윤석열 때문만은 아니라는 거예요. 진실을 이야기만 해주면 민중이 따라오리라 생각했던 것은 서양에서도 부정되고 있어요. 심지어 '탈진실'의 시대라고 하잖아요. 이 용어 역시 서양에서 먼저 나온 말인데, 이제까지 우리가 믿어왔던 형이상학적·과학적 진실에서 탈피할 시기가 왔다는 주장이거든요. 가짜뉴스를 믿는 사람들에게 진실을 일러주는 식으로 말싸움만 계속해서는 이길 수 없는 세상인 겁니다. 인간을 바꾸는 마음공부와 역사적 실천이 있어야 해요. 변혁적 중도의 시기에 바로 이런 일을 해야 할 테고 그래야 2025년체제라고 부를 만한 새로운 체제를 만들 수 있지 않을까요.

정현곤 탈진실을 일종의 세계적인 현상으로 보시는 건가요?

백낙청 탈진실이 세계적인 현상일 뿐 아니라 탈진실의 철학까지 있다는 말입니다.

정현곤 상식과 교양, 염치의 회복이라는 어떻게 보면 기본적인 문제에서 세계적인 현상에 대한 극복의 차원까지 논의가 확장되고 있는 듯합니다. 제 마지막 질문도 이와 연결지어서 드리고 싶습니다. 제가 일종의 감화를 받는 것은 『창작과비평』의 여러 특집과 연구·담론이 지금 일어나고 있는 일을 역사적 과정으로 보고 그 의미를 설명하는 역할을 하고 있다는 사실입니다. 실제로 역사를 개척하고 있는 시민들에게 당신이 하고 있는 일의 의미는 이렇다고 알려주는 역할을 맡고 있다는 것이지요. 물론 광장의 시민들이 변혁적 중도의 면면을 내재하고 있지는 않겠지만 그들의 생각과 행동 들은 분명히 닮아 있습니다. 이번의 '빛의 혁명'은 이름처럼 무척 화려하게 보이기도 하지만 계엄이 발표된 날, 탄핵소추안이 가결된 날 정도를 제외하면 나머지는 너무도 지리한 과정이거든요. 그 속에서 자기를 지탱하고 지키고 견디는 힘을 어디서 찾았을까요? 소명의식, 참여의식도 있겠지만 역사의식도 중요하겠지요. 그런 면에서 선생님께서 말씀하신 '변혁적 중도의 때'가 왔고, 변혁적 중도주의가 우리의 현대사를 관통해온 K민주주의의 역사적·사상적 기반을 가지고 있다는 사실이 광장의 시민들에게도 중요한 의미로 다가가고 있다고 보입니다.

그리고 지금처럼 전세계적 리더가 부재한 때, 그야말로 유럽은 유럽대로 미국은 미국대로 따로 가고 있고, 그렇다고 중국이나 러시아가 뚜렷한 역할을 하고 있지도 않은 지금, 대한민국이 만들어내는 K민주주의가 세계사를 선도하는 데까지 이르고 있는 게 아닌가 하는 가슴 떨림이 있습니다.

백낙청 오랜 시간에 걸쳐 한반도의 변혁적 중도의 흐름이 형성되었고, 그 과정에서 수많은 사람들이 피와 땀을 흘리고 고생해왔습니다. 먼 과거의 일까지 소급해가면 사람들은 '그런 것까지 알아야 해?'라고 할지 모르지만, 적어도 이 움직임이 1860년대의 동학에서 이미 시작되었다고 봅니다. 동학 이후 지속되어온 한반도의 후천개벽운동은 아시아에도 서양에도 없는 것입니다. 후천개벽을 하는 과정에서 우리만큼 피를 흘린 민족도 드뭅니다. 고통스러우나 자랑스러운 오랜 역사라는 것을 알 필요가 있고요.

한편으로는 긴 역사를 통해 우리가 많은 희생과 성취를 했음에도 불구하고 아직도 변혁적 중도의 때가 오지 않았다는 것은 우리가 극복해야 하는 기득권의 뿌리가 그만큼 깊다는 뜻이기도 하죠. 또 세계 대세가 그런 운동에 결코 유리하지 않다는 인식도 필요합니다. 소위 선진국이라고 불리는 유럽이나 미국을 보면, 대중을 동원하는 힘은 오히려 극우 반동세력에 있어요. 그들이 세상을 움직이는 실세니까 무시할 수 없지요. 국내의 기득권세력 역시 그와 무관하지 않습니다. 인맥에서부터 학맥, 경력으로 연결되는 우리 사회의 최상위 5~10%는 국제적으로도 상위에 들 겁니다. 이렇게 환경은 좋지 않습니다만, 민중의 입장에서는 변혁적 중도의 이념을 제대로 접한다면, 특히 더 나은 삶을 위해 직접 움직이는 사람들 입장에서는 이게 진짜 말이 되는구나, 하는 마음으로 따라올 것 같아요.

과거에는 중국의 마오사상 같은 것이 세계 대중들에게 소구력이 있던 시기도 있었지요. 지금 중국이 경제대국이 되고 군사력을 갖춰서 미국을 견제하는 나라가 되었다고는 하지만 공산당의 이념이 사람들의 심금을 울리는 일은 없단 말이에요. 기독교만 해도 팔레스타인에서 나왔지, 로마제국에서 나오지는 않았단 말이죠. 나는 한반도가 그런 역할을 할 수 있다고 봅니다.

백범 김구 선생이 대한민국이 경제 강국도 군사대국이나 정치 강국도 아니라 문화가 아름다운 나라가 되기를 바란다고 했는데 여기서 문화가 K팝 같은 것에 한정되지 않고 우리가 정신적으로 세계를 주도할 수 있는 나라라면 진짜 아름다운 문화를 가진 나라가 아니겠어요? 우리가 진정으로 그런 때를 만나지 않았나 생각합니다.

정현곤 어제 「폭싹 속았수다」라는 드라마를 보았는데 주인공 애순이 『창작과비평』 창간호를 보는 장면에서 깜짝 놀라기도 했습니다. 이게 무슨 징후일까 하는 생각도 들고, 『창작과비평』의 앞으로의 역할에 더 많은 기대를 하고 있습니다.

광장에 서 있을 때 느끼는 것은 '시대공감'입니다. 오늘 선생님과 대화하면서는 이 책이 갖는 실천적 의미 때문일지도 모르겠으나, '시대의 한가운데를 계속 걸어가고 있는 것' 같다는 느낌을 받았습니다. 개인적으로는 이번 공부를 하면서 여러가지 일들에 대한 나만의 관점과 시각을 객관화해볼 수 있었던 것 같습니다. 그럼으로써 좀더 나은 내가 되지 않았나 합니다. 감사합니다.

백낙청 정현곤 선생은 옛날부터 나의 가까운 동지 중 한 사람이었고 창비와도 가까운 사이였지만 공직생활을 하는 동안은 다소 멀어질 수밖에 없었지요. 이제 새로운 마음으로 『창작과비평』을 평가하신다니 창비가 천군만마를 얻은 기분입니다. 감사합니다.

14. 2025년체제, 어떻게 만들 것인가
백낙청·이남주 대담

이남주 안녕하세요. 『창작과비평』 편집주간 이남주입니다. 지난 12·3 비상계엄 선포부터 대통령 탄핵결정까지 한국사회에 커다란 변화의 물결이 일고 있습니다. 곧 대통령선거(2025. 6. 3)가 예정되어 있는데 새 정부 출범을 앞두고 새 정부의 할 일과 한반도 대전환 과제에 대해 백낙청 선생님과 이야기 나누어보려고 합니다. 선생님, 안녕하세요.

백낙청 예, 반갑습니다. 창비에서 이런 자리를 마련해줘서 고맙습니다. 대선 결과가 나온 뒤에 이런저런 분석을 하는 것은 더 잘하는 분도 많을 것이고 계간지보다 훨씬 기동성 있게 할 터이니 우리가 다른 데서 잘 안 하는 이야기를 미리 해두는 것도 의미가 있을 것 같군요.

이남주 촛불혁명이 시작된 이래 낡은 것을 극복하고 인간적인 삶이 보장되는 지속가능한 사회를 만들어야 한다는 열망들이 끊임없이 표출되어 왔습니다. 그 열망들을 실현시킬 좋은 기회가 왔다는 생각이 듭니다. 본격적인 대화에 앞서 어제(2025. 5. 1) 대법원에서 있었던 황당무계한 판결을 짚고 넘어갔으면 하는데요. 2심에서 무죄가 선고됐던 이재명 더불어민주당 대통령후보의 공직선거법 위반 혐의 사건을 대법원에서 파기환송했습니다. 많은 시민들을 분노케 했고 기득권세력의 민주주의에 대한 거부감을 다시 한번 확인시켜준 일입니다. 민심은 분명한 방향으로 흐르고 있는데 법조문을 편협하게 해석하며 민심을 교란하려는 모습이에요. 사법적 판결로 민주주의를 흩뜨리고 막는 행태에 대해서는 앞으로도 분명히 짚고 넘어가야 합니다. 선생님은 어떻게 보셨는지요?

백낙청 우선 나는 파기환송이 대선에 별 영향은 못 미친다고 보고요. 법률적으로도 그렇고, 정치적으로는 오히려 이재명 후보에게 플러스가 될지도 모르죠. 저들이 왜 저러나 싶은데, 말씀처럼 낡은 것들을 극복할 시기에 대법관들이 '우리도 낡았어요, 기억해주세요' 하는 거 같아요. 우리나라 최고 엘리트라는 이들이 두뇌 기능이 좀 저하되어 있는 것 같습니다. 절차상 위법한 재판을 했다든가 정치개입의 의도가 확인된다면 대법원 판결이라도 문제삼을 수 있겠지요. 그럴 경우 민주당과 입법부가 적절한 조치를 취하리라 믿습니다. 다음 대통령 권한대행(이주호 부총리 겸 교육부 장관)이 임무를 어떻게 수행할지는 두고 봐야겠지만, 이미 윤석열이 파면됐고 내란 가담자임이 확실시되는 두 권한대행이 물러났으니 좀 다른 모습일 거라는 기대를 갖고 있습니다.

이남주 이번 판결이 시민들의 변화의지에 더 불을 지피리라는 생각이 듭니다. 선생님이 윤석열정부의 출범을 두고 '변칙적 사건'이라 하셨는데(신년칼럼 「살던 대로 살지 맙시다」, 창비주간논평 및 백낙청TV 2022. 12. 30; 「2023년에 할 일들: 살던 대로 살지 맙시다」, 『창작과비평』 2023년 봄호; 본서 제9장) 이번 판결로 '변칙적인 행태'가 하나 더 보태어진 것 같습니다.

혼란의 궐위시대, 왜 2025년체제인가

이남주 오늘 대담에서 중요하게 논의해보고 싶은 내용은 낡은 것을 청산하고 새로운 대전환의 길을 열어갈 '2025년체제 만들기'입니다. 2012년에 선생님이 '2013년체제'론을 제기하셨죠. 그 구체적 내용이 『2013년체제 만들기』(창비 2012)에 담겼고, 최근 유튜브 '백낙청TV'를 통해서도 그에 대한 평가를 하셨습니다(「백낙청 공부길 175」, 2025. 4. 25 등 정현곤편 참조). 한가지 주목할 점은 2013년체제가 선거일정에 기초해 논의되었다면, 그후엔 기존 헌법상의 선거일정을 넘어서는 대전환 기획을 말씀해오셨다는 겁니다. 이미 「2023년에 할 일들」에서 윤석열정부는 조기퇴진이 불가피하고 또 퇴진시켜야 한다는 방향을 제시하셨고, 실제 윤석열정부가 2년 반 만에 끝을 맞았습니다. 저는 선거일정에 따르지 않는 이같은 새로운 기획에 '87년체제의 시효가 다됐다'는 인식이 더 명확해진 점이 주요한 역할을 했다고 생각합니다. 선생님도 "87년체제가 수명을 다했고 현행 87년 헌법은 정상적인 작동을 멈추었다는 판단"(신년칼럼 「2기 촛불정부와 22대 총선」, 창비주간논평 및 백낙청TV 2023. 12. 29; 「2024년 새해를 맞으며」, 『창작과비평』 2024년 봄호 308면: 본서 제10장 203면)을 하셨는데, 윤석열정부 출범과 이후 나타난 행태들에서 87년체제가 끝났음이 분명히 드러나니 새로운 체제로의 전환을 하루빨리 추진해야 한다는 취지로 이해했습니다. 그것이 지금 2025년체제에 대한 논의로 이어지고 있습니다.

백낙청 윤석열정부를 빨리 퇴진시켜야 한다는 얘기를 정부 출범 초기부터 했어요. 처음에는 조심조심 했고 나중에는 좀더 대놓고 했는데, 그건 내가 성질이 급해서 그런 건 아니에요. 말씀하셨듯 윤석열정권의 등장은 변칙적인 사태이지 87년체제 속에서의 정상적인 정권교체가 아니라는 인식을 가졌기 때문입니다. 87년체제가 그전 체제와 뚜렷하게 차이나는 두가지 중 하나는 직선제 개헌이고, 또 하나는 직선제를 통한 수평적인 정권교체가 가능해진 점입니다. 그런데 87년체제를 통해 1961년 박정희의 5·16쿠데타 이래의 군사독재를 청산했는데, 그 토대가 되는 분단체제는 청산하지 못했어요. 61년체제와 87년체제 모두 분단체제라는 토대를 공유하는 셈입니다. 그래서 저는 그다음 과제가 분단체제를 (완전히 허물지는 못하더라도) 완화하고 개선하는 일이라고 봤는데, 그게 뜻대로 안 됐습니다.

2013년체제는 2012년 이명박정권하에서 치러지는 두개의 선거 — 4월 국회의원 총선거와 12월 대통령선거 — 에서 야당이 승리해 우리가 87년체제라고 불렀듯 2013년체제라고 부름직한 새로운 체제를 건설하자는 제안이었지만, 총선과 대선 둘 다에 지면서 실패했죠. 그런데 저들도 87년체제를 통해 평화적·수평적인 정권교체들을 경험하고 나서는 깨달은 바가 있었어요. 이대로는 우리가 계속 해먹을 수 없지 않냐 하는 인식이 생겨서 창비에서 '신종 쿠데타' 내지는 '점진 쿠데타'라고 부르는 일들이 벌어졌습니다(이남주 「역사쿠데타가 아니라 신종 쿠데타 국면이다」, 『창작과비평』 2015년 겨울호 '책머리에'; 이남주 「'수구'의 '플백 전략'과 시민사회의 '대선판' 기획」 『창작과비평』 2016년 봄호 참조). 이명박에 이어 박근혜가 집권하며 점진 쿠데타에 해당하는 작업들이 계속됐고, 결국 최순실 국정농단이 알려지며 2016년 우리 민중이 폭발한 거 아닙니까. 2017년에 정권교체가 이루어졌을 때 87년 헌법을 뒷받침하던 사회체제는 거의 무너진 상태였기 때문에 시한이 다했다고 봤습니다.

이번에 윤석열 내란을 수습하는 과정을 보면서도 87년체제가 작동을 안 하는구나 싶었어요. 우선은 윤석열이 대통령직선제와 수평적인 정권교체를 불가능하게 하려고 친위쿠데타를 일으킨 것 아닙니까. 그리고 87년체제의 부수적인 성과랄까, 이때 새로 만들어진 제도가 헌법재판소예요. 사법부도 군사정권에서처럼 검찰이나 안기부가 불러주는 대로 판결하는 게 아니라 독립된 사법부를 만들려고 했는데, 실제 사법부도 훨씬 사법부다워졌고 헌법재판소는 2017년 박근혜 탄핵심판에서 시험대에 올라 그 시험을 잘 통과했습니다. 그런데 이번 내란사태에서 보면 87년체제의 산물인 헌법재판소도 고장이 났구나 싶었어요. 그래도 좋은 재판관들이 다수 있어서 결국은 8 대 0 판결을 내렸지만 국민이 원하는 대로 잘 치른 시험은 아니었어요. 사람들이 얼마나 속 타고 피 마르고 그랬나요. 게다가 이번에 대법원이 하는 걸 보면 사법부가 완전히 87년 이전으로 돌아간 거 아닌가 하는 느낌을 받습니다.

87년체제가 시효를 다한 시점이 일찍 잡으면 노무현정권 말기부터인데, 그럼 그때부터 지금까지는 무엇인가 하는 문제가 있습니다. 서양사에 인터레그넘(interregnum)이라는 개념이 있잖아요. 왕이 죽었는데 다음 왕이 등극하지 못했을 때의 공백기, 궐위(闕位)시대라고도 하는데 그런 시기가 적어도 박근혜 퇴출 이후로 시작된 것 같아요. 이제 드디어 궐위시대를 끝내고 2013년에 이루고자 했던 꿈을 2025년에 이뤄보자는 생각입니다.

이남주 말씀처럼 분단체제가 작동하며 대전환을 제약하는 요인이 되지만, 그래도 87년체제 내의 변화의 동력들을 잘 활용하면 분단체제극복으로 나아갈 수 있다고 생각했던 것 같습니다. 그런데 촛불대항쟁을 거치면서 수구세력의 태도와 상황이 크게 변했습니다. 이미 박근혜정부 때부터 점진 쿠데타를 비롯해 87년체제를 붕괴시키려는 시도가 있었는데, 2016~17년 촛불대항쟁을 통해 수구기득권세력이 87년체제를 더이상 자신들에게 유리한 방향으로만 이끌어갈 수 없다는 점을 더욱 명확하게 인식하게 됐어요. 주도권을 잃지 않기 위해 더 극단적인 발상에 집착하게 된 것 같습니다.

백낙청 87년체제를 완전히 붕괴시키고 더 나쁜 체제를 만들려는 기획이었죠. 그걸 우리 국민들이 2016~17년 촛불대항쟁으로 막은 겁니다. 새로운 정부는 그 열망을 받아 87년체제보다 나은 체제를 만들어야 했는데 제대로 못했어요. 그러다보니 윤석열정부의 등장이라는 변칙적 사태가 벌어졌습니다.

이남주 이번 내란에 이르기까지의 과정을 보면 저들은 87년체제 내에서 점점 흔들리고 약화되는 분단체제의 구조를 되살리려는 프로젝트를 시도했던 것 같습니다. 저는 그런 기획을 '분단체제 재공고화 기획'으로 설명한 바 있는데(「문명 전환 시대, '한국'을 어떻게 사유할 것인가」, 『창작과비평』 2023년 가을호), 저들이 남북관계를 후퇴시킨 것도 분단체제 재공고화를 통해 기득권을 다시 강화하려고 한 일이라 봅니다. 미·중 전략경쟁과 신냉전구도가 새로운 기회를 주리라고 판단했을 텐데, 그게 뜻대로 안 되자 내란까지 일으키게 된 거죠. 지금은 분단체제를 활용하는 기득권세력의 의도가 여실하게 드러난 상태지만 이들은 앞으로도 그런 시도를 포기하지 않을 거라는 생각을 갖고 있습니다.

백낙청 내란세력이 아직도 완전히 포기 안 했다는 섬은 여기저기시 느러나고 있습니다. 그런데 이남주 주간이 분단체제 재공고화 기획을 말할 때 그런 기획이 '잘 안 될 것이다'라고 지적하지 않았나요? 나는 그때도 동의했고, 지금은 잘 안 된다는 게 거의 입증됐다고 봅니다. 신냉전구도만 해도 북·중·러와 한·미·일 관계가 국제질서의 전부가 아니거든요. 다른 플레이어들이 워낙 많은데다가, 특히 중국과 미국의 관계가 냉전시대 미소관계처럼 될 수는 없다고 봐요. 그때는 미국과 소련 간에 경제적인 교류가 없었고, 두 진영이 대립을 하더라도 서로 기득권을 어느정도 인정해주는 구도였어요. 지금 북·중·러와 한·미·일은 그런 양립구도가 아닙니다. 중국의 전략은 신냉전구도로 미국을 압도하겠다는 게 아니라 브릭스

(BRICS, 브라질·러시아·인도·중국·남아프리카공화국 등 신흥경제국 협력기구)나 동남아와의 관계를 긴밀히 해 미국의 일극체제를 다극체제로 바꾸겠다는 것인데, 그게 얼마간 성공하고 있기 때문에 국제적인 신냉전구도 형성이 어렵게 됐어요. 게다가 신냉전구도에서 가장 약한 고리는 역시 한국인데 한국 민중이 옛날처럼 냉전체제에 기반한 독재정권의 성립을 용납 안 합니다. 2025년체제가 세계체제 속에서 어떤 위상을 가지게 될지는 더 두고 봐야 하지만, 미국이 주인 노릇 하고 일본이 상머슴 노릇 하고 한국이 속된 말로 시다바리 노릇 하는 3자구도가 이번 '빛의 혁명'으로 깨진 겁니다. 그래서 분단체제 재공고화 노력이 잘 안 됐다고 말해도 무리가 없을 것 같습니다.

그리고 남북대결의 강화와 분단체제의 재공고화는 구별할 필요가 있어요. 분단체제는 남북대결만 아니라 여러 요인이 합쳐져 있는데, 분단체제가 고착화됐던 시기는 북도 핵개발을 안 했고 양쪽 체제가 비교적 안정된 때이기도 했습니다. 지금은 남북대결을 강화해서 양쪽 체제가 안정되고 분단체제도 다시 공고화될 수 있는 시기는 아니라고 봐요. 오히려 남북대결이 강화될수록 한반도·동북아시아의 리스크가 훨씬 커지기 때문에 우리가 남북대결을 완화하는 것이 동북아나 세계의 안정에도 기여를 하리라고 봅니다.

이남주 선생님 말씀처럼 신냉전이 구조화될 가능성이 별로 없다는 전망이 최근에 더 우세합니다. 오히려 지금 세계질서에서는 기존의 강대국이 훨씬 큰 불안요소이기 때문에 G0(G제로)나 G-(G마이너스)라는 말까지 나오죠. 국내적 차원과 한반도 차원에서, 그리고 세계적 차원에서도 궐위의 시대라 할 수 있고 불확실성이 높아졌는데, 세계의 새로운 변화에 있어서도 우리나라의 역할이 굉장히 커졌다는 점을 생각할 필요가 있어요.

백낙청 세계체제 차원에서도 궐위의 시대라는 말씀이 맞습니다. 세계체제가 안정적일 때는 대개 패권국가 하나가 힘이 빠지면 새로운 패권국가가 등장합니다. 제2차 세계대전이 그런 경우인데, 독일과 미국이 영국이 비운 자리를 차지하려고 싸우다가 미국이 승리해 패권국이 됐어요. 어떤 이들은 이제 미국이 몰락하고 중국이 패권국가가 될 거라고 말합니다. 그 전엔 일본을 얘기한 사람이 있었고요. 이건 중국이나 일본의 실력에 대한 과대평가이기도 하지만, 아무튼 새로운 패권국가가 등장해 세계질서를 재건할 수 있다는 판단이죠. 하지만 지금은 자본주의 세계체제가 말기국면에 와 있고 그게 끝나면 다음에 뭐가 올지 앞길이 안 보이는 궐위의 시대로 봐야지요. 신·구 패권국의 통상적인 '세력 전이'가 불가능한 시기입니다. 이런 시대에는 일반시민을 포함한 개별 주체들의 영향력이 더 커져요. 그래서 우리가 한반도에서 2025년체제를 만들면 세계적으로도 큰 역할을 하고 비전을 제시할 수 있지 않겠나 생각합니다.

변화의 동력을 이끄는 '변혁적 중도'

이남주 올해 선생님이 "'변혁적 중도'의 때가 왔다"라는 제목의 신년칼럼을 쓰셨고(창비주간논평 및 백낙청TV 2024. 12. 30) 덧글을 보충한 같은 제목의 글을 본지 봄호에도 게재했습니다. 체제의 지속불가능성에 초점을 맞추는 것이 아니라 현시점에서 대전환의 가능성과 이를 위해 가져야 할 태도에 방점을 찍은 글로 이해했습니다. 저는 두가지를 중요하게 봤어요. 우선 정치권에서도 마침 이재명 후보가 더불어민주당의 이념을 '중도보수'로 규정한 것에 대한 논란이 있었는데, 중도라는 점을 강조하는 식으로 정리가 되었습니다. 과거 정치권에서 소위 '사꾸라'(5·16 이후 '변절자' '내통자' 등의 뜻으로 정계에서 유행. 쇠고기인 줄 알았더니 말고기 '사꾸라니꾸'였다는 일화에서 유래

했다는 설 등이 있음—편집자)로 치부되던 '중도'가 정치권의 진지한 화두로 논의된 것이 의미있다고 생각합니다. 변화에 대한 우리의 지향을 서구의 진보/보수라는 틀로 설명하기 어렵다는 인식도 꽤 확산되었다고 생각하는데 이는 변혁적 중도론에서도 계속 강조한 점이지요. 다만 '적당한 개혁을 하면 되는 것 아닌가'라는 식의 관습적 중도 논의로 흐르면 그러한 개혁도 어려워질 위험성이 있습니다. 변혁적 중도는 한국사회 그리고 한반도 차원에서 전환을 지향해야 하고 그 핵심과제인 분단체제극복을 추구해야 하며, 그래야 각 시기에 필요한 개혁과제도 효과적으로 완수할 수 있다는 점을 밝혀주는 이념입니다. 동시에 변혁을 위해서 중도가 필요하고요. 그간에는 변혁과 중도가 서로 상충되는 것 아니냐는 형식논리에 갇힌 시각도 있었지만 이제는 변혁을 위해 중도적인 길이 필요하다는 데 인식이 모이고 있고, 현실적 의미가 더욱 커졌다는 생각이 듭니다.

　두번째로 '변혁적 중도의 때가 왔다'는 말에서 중요한 것은 '때가 왔다'는 인식이라고 생각합니다. 단순한 방향 제시가 아니라, 지금이 우리가 대전환을 만들어갈 수 있는 중요한 변곡점에 있고 구체적 결과물을 만들어 내야 하며 이를 위한 공부가 절실한 시점이라는 뜻이죠. 변화에 대한 기대와 함께 시대적 과제에 대한 절실함, 절박함이 담겨 있는 것 아닌가 하고 해석했습니다.

　백낙청　그렇죠. 우리가 변혁적 중도를 실현할 수 있는 기회가 어느정도 열렸던 게 2016~17년 촛불대항쟁 때예요. 나는 촛불대항쟁이 촛불혁명이라는 더 장기적으로 지속되는 사건의 시발점이라고 봐요. 그때 촛불시민들이 변혁적 중도라는 개념은 안 썼지마는 낡은 이념에 사로잡힌 정치는 그만하고 변혁적 중도다운 새로운 정치를 시작해야 한다는 열망이 있었다고 봅니다. 문재인정부가 완전히 실패한 것은 아니지만 그 열망에 제대로 부응하지 못하면서 윤석열정부가 출현했죠. 그런 실패가 또다시 되풀이되면 어떡하나 하는 걱정과 절박함이 있는 건 당연합니다. 그러나 지금은 우리 국민들이 문정부 실패에 대한 여러가지 고민과 반성을 했을 것이고, 이재명의 민주당도 각오가 상당히 되어 있다고 봅니다. 처음에 반윤석열정부 투쟁이 힘을 못 받았던 것도 국민들이, 기껏 애써서 정권 바꿔봐야 또 실패하면 어쩌나 하는 생각이 있어서였어요. 그런데 지금은 변혁적 중도를 제대로 하지 않으면 어떤 꼴인가 하는 점이 더 명확해졌습니다. 그런 차원에서 제가 윤석열을 두고 하늘이 보내준 사람이라 주장한 바도 있지요.(웃음)

이재명이 민주당의 정체성을 중도보수로 말했던 것은 국민의힘에 불의의 일격을 가한 거죠. 너희가 보수 사칭이나 하고 있지 무슨 보수냐, 차라리 내가 보수를 해주겠다 한 것이니 저쪽에서 거세게 반발했잖아요. 어떤 이들은 이재명의 중도보수 주장을 '빈집털이'라고도 하더군요. 보수 간판 걸고 수구 짓이나 하던 사람들이 내란에 가담하느라 아예 집을 비워버렸으니까 빈집에 들어가서 그나마 쓸 만한 물건을 챙겨 나왔다는 거죠. 이후 이재명 후보는 민주당의 성격을 중도로 규정했어요. 민주당은 원래가 중도정당이니까 필요할 땐 보수도 하고 진보도 한다는 거지요. 변혁적 중도라는 말은 안 쓰지만, 이후보의 간판공약이 '먹사니즘'을 기반으로 한 '잘사니즘'이잖아요. 잘사니즘이라는 것을 그는 모두가 함께 잘 사는 대동세상으로 규정하기도 했어요. 그가 창비의 변혁적 중도론을 얼마나 의식하고 있는지는 몰라도 그의 중도론에는 변혁적 중도론이 상당히 포함돼 있거나 적어도 이와 상통하는 바가 있지 싶어요.

이남주 변화에 대한 열망과 기대가 실패로 향한 것이 1차로는 박근혜가 당선된 2012년이고, 2차는 ─ 선생님 말씀처럼 완전한 실패는 아니지만 ─ 문재인정부 시기입니다. 2017년 문재인정부가 출범하고 2018년에 한반도 평화프로세스가 진행되며 변혁적 중도에 부합하는 변화의 가능성에 대한 기대가 커졌습니다. 하지만 수구의 저항도 그만큼 더 극렬해졌습니다. 이들은 외부적으로는 미국 네오콘(neoconservatives, 조지 부시 집권 이후 미국 내에서 강화되어온 신보수주의) 세력을 끌어들이고 내부적으로는 검찰·언론 등 수구기득권세력을 전면적으로 동원하면서 변화의 흐름을 가로막았죠. 윤석열정부 집권기는 수구세력이 그들의 본 면목을 드러내는 과정이기도 했습니다. 통치를 위한 최소한의 윤리와 능력도 없이 혐오 정서를 동원해 제 기득권만 지키려고 했는데, 그 정점이 내란사태였습니다. 저는 수구세력이 선거에서 이기고 보자는 발상에서 윤석열을 선택한 것이 제 무덤을 판 결과로 이어졌다고 생각하고, 우리 국민이 이제는 수구와 보수가 구분되어야 한다는 점을 명확하게 인식하게 됐다고 봐요. 단순히 보수로 설명해서는 안 될 집단이 우리를 통치하고 기득권을 누리고 있었다는 이 인식을 더 분명하게 만드는 노력도 필요합니다.

백낙청 나는 일찍부터 지금의 국민의힘 또 그 전신인 당들에 대해서 '보수정당'이라는 말을 안 썼어요. 조·중·동 신문에 대해서도 보수언론이라 부르는 데 반대합니다. 수구언론이고, 그중에도 조선일보는 그냥 '찌라시' 수준일 때도 많죠. 보수와 수구를 구분해야 한다는 인식이 지금에 와서 확실해졌는데, 진작부터 우리 사회가 배웠어야 할 교훈이라고 봐요.

이남주 우리가 변혁적 중도를 어떻게 실현해갈 것인가 할 때, 민주당이 변화를 위한 강한 정치 플랫폼이 되었다는 점도 주목됩니다. 2016~17년 촛불대항쟁 때 광장에 출현한 다양한 목소리를 변화의 동력으로 모으는 데에는 사실 어려움이 적지 않았습니다. 그 목소리들을 정책화하고 실행시키는 과정에서 혼란스럽고 취약한 점이 있었어요. 당시 시민사회에서 민주당의 역할을 폄하하는 경향도 강했고, 민주당 역시 정치 기득권에 안주하는 경향이 커져 있었습니다. 지금은 민주당이 더 주도적인 역할을 할 수 있는 상황이 되었다고 생각합니다. 달리 말하면 그만큼 민주당의 책임이 커졌다는 뜻인데, 주어진 역할을 잘할 것인가는 남아 있는 문제이지만 변화의 동력이 강화되었다는 점에서는 긍정적인 토대가 마련된 것 같아요.

백낙청 변화의 동력을 우리 국민이 얼마나 성장했고 민주당이 얼마나 변했는가 하는 측면에서 볼 수도 있지만, 우리에게 주어진 과제가 무엇이고 우리가 그걸 얼마나 분명하게 의식하고 있는가에 따라서도 동력에 차이가 날 겁니다. 윤석열정부가 나라를 총체적으로 망가뜨려놨기 때문에 이것을 감당하는 일은 국민으로서도 당으로서도 또 차기 대통령으로서도 간단한 문제가 아니에요. 문재인정부도 망가진 나라를 다시 만들자는 생각을 가지고 출범했지만, 그러려면 소위 적폐청산을 안 할 수 없었거든요. 그럼 적폐청산을 누가 하느냐 하는 문제가 있었는데 그걸 윤석열 같은 정치검사들에게 맡겼다는 데서 첫번째 문제점이 생겼고, 또 하나는 적폐청산이라는 개념 자체가 사실은 참 모호하다는 거예요. 우리나라에 적폐 아닌 게 얼마나 돼요? 불행 중 다행인 것은 지금은 '적폐청산'이 구호가 아니에요. 내란세력 청산과 응징 문제는 법률적으로도 아주 명확하고, 정치검사 부대를 끌어들일 필요 없이 공수처를 강화하고 제대로 된 사람들로 특검을 해야죠. 내란세력에 해당하는 사람들만 처벌해도 엄청난 적폐청산이 저절로 되는 겁니다. 이 과제는 명분이 뚜렷하고 국민이 누구나 동의할 수 있는 사안이에요. 지금 이재명 후보가 민주당 선대위(선거대책위원회)를 빅텐트로 구성한 걸 두고 언론에서는 대개 '중도 확장'으로 이야기하고, 나쁘게 보는 이들은 우파와의 타협이라고 말합니다. 그러나 나는 기준이 확실하다고 봐요. 내란세력을 청산해야 한다, 윤석열의 내란에 절대 동의하지 않는다 하는 사람들이 모인 거죠. 그런 힘과 대통령이 갖게 될 권한을 통해서 내란세력을 청산하고 응징하면, 거기서 저절로 새로운 동력이 만들어질 수 있을 거라고 봅니다.

이남주 이번 계엄사태는 방송 중계도 돼서 전국민이 지켜봤습니다. 말씀처럼 명확한 기준 속에서 내란을 처벌하고 극복해나간다면 변화를 위한 좋은 동력을 더욱 강화할 수 있겠다는 생각이 듭니다.

2025년체제 건설의 핵심의제 민생과 한반도 평화

이남주 2025년체제의 내용을 어떻게 채울지, 사회적·정치적·경제적으로 어떻게 구체화할 것인지 이야기 나누고자 합니다. 최근 객관적인 환경은 무척 어렵습니다. 국제질서의 불확실성이 높고, 남북관계와 경제문제도 부담이 큽니다. 의제 하나하나가 단기간 내에 해결하기 어려운 것들인데, 어떤 일부터 시작하고 어디까지 달성할 것인지를 새 정부 출범 전에 점검해봤으면 합니다. 무엇보다 민생문제에 대한 적극적인 대응이 필요해요. 서민과 중산층의 생활이 어려워졌고, 경제성장률도 상당히 심각합니다. 내란사태에 의해 경제가 더 나빠졌지만, 실은 윤석열정부 내내 안 좋았어요. 작년 2분기에 역성장(-0.2%)을 했고, 3분기와 4분기에도 0.1% 성장밖에 안 됐습니다. 2025년 경제성장률 전망도 밝지 않습니다. 한국은행이 작년 하반기만 해도 1.9% 성장을 예상했다가 지난 2월에 1.5%로 하향했습니다. IMF도 마찬가지로 하향 조정했고(2%→1%) 1% 이하로 더 낮춰 보는 견해도 많습니다. 실제 올해 1분기 한국 경제성장률은 -0.2%였죠. 지난 2년간 윤석열정부의 세수 결손도 정말 심각했습니다. '보수가 경제는 잘한다'라는 통념이 얼마나 그릇됐나 확인되는데, 이 점은 앞으로도 강조해야 할 부분입니다. 새 정부가 출범하면서는 경제가 이미 망가져 있던 상황이라는 점을 명확히 공유할 필요가 있고, 재정지출을 확대해 경기 하방압력에 대응해야 합니다. 최근 13.8조 규모의 추경(추가경정예산)을 편성했지만 현 비상상황에 대응하기에는 형편없이 적습니다. 선거과정에서부터 재정지출 확대가 필요하다는 것을 분명히 해서 정부 출범 이후 혼란을 줄이는 게 필요하다는 생각입니다.

백낙청 선거과정에서 이재명 후보가 두가지는 확실하게 얘기하고 있는 것 같아요. 하나는 먹고살게 해줘야 된다, 재정지출을 확대해야 된다는 얘기입니다. 물론 대외 여건이 불리하고 우리 재정도 워낙 부족하지만 대통령이 되면 긴급재정명령 발동도 가능해요. 다른 하나는 내란청산이죠. 내란청산을 내걸고 선거에 압승을 하면 영어로 맨데이트(mandate, 명령·권한부여)라고 하는 '민심의 명령'이 딱 내려지는 거니까 그다음에는 그야말로 본인의 능력에 달린 문제입니다. 보수가 경제는 잘한다는 신화는 완전히 깨졌고, 그동안 나는 이재명 후보를 수많은 유튜브 자료 등 여러모로 관찰하면서 저 사람이 다른 건 몰라도 살림은 잘하겠다는 확신을 가졌어요. 경험도 많고요. 한 사람의 힘으로 다 해결할 수 있는 상황은 아니지만 누구보다도 잘하리라는 일종의 신뢰가 있습니다. 그 두가지 외에 이재명 후보가 또 하나 얘기하는 게 한반도 평화예요. 이 점이 대단히 중요한데, 평화하고 민생이 같이 가야지 의미가 있습니다. 사람들 삶이 죽고 있는데 혼자만 평화를 들먹이는 거룩한 말씀을 하면 공허해지는 거고, 그렇다고 민생만 열심히 하면서 한반도 평화가 개선되지 않으면 한계가 있어요. 남북관계가 괜찮았을 때는 남북 경제협력이야말로 한반도경제의 블루오션이라는 얘기도 있었는데, 그런 봄날이 다시 오기는 쉽지 않을 거예요. 그러나 지금 같은 엄동설한을 우선 넘기기만 해도 확실히 달라지는 게 있으리라고 봅니다.

이남주 변혁적 중도론에서도 민생을 비롯한 국내 개혁과제들을 제대로 실현해 힘을 모음으로써 한반도 평화를 함께 해결해가야 한다는 점을 계속 강조해왔죠. 중기적인 관점에서 2025년체제의 성공 수준도 한반도 평화를 위한 작업이 얼마나 진전되느냐에 따라 결정되리라고 봅니다. 객관적 상황이 어려워졌어도 포기할 수 없는 과제예요. 이재명 후보가 대선후보 수락연설(2025. 4. 27)에서 "개벽 같은 변화"를 이야기한 것이 그런 꿈을 담은 게 아닌가 생각합니다. 문재인정부 시기의 한반도 평화프로세스를 언급하고, 선대위 내에 평화번영위원회를 구성한 것도 의지를 보인 것이고요. 다만 해당 연설에서 나라 건설의 구체적 의제를 말할 때는 평화 얘기가 없고 '안보 강국' 얘기를 했습니다. 책임있는 대통령이라면 국민들의 안보 불안과 염려를 해소시켜줄 의무가 있지만, 우리 같은 분단구조 속에서 안보담론을 앞세우다보면 분단체제에 기대어 살던 사람들의 기득권을 다시 강화해주는 결과를 초래할 수도 있다고 생각합니다. 우리가 직면한 안보문제가 어떤 성격의 것이냐, 어느 정도의 위협이냐 하는 점을 구체적으로 살피면서 안보정책의 목표를 더 구체적으로 설명해야 한반도 평화프로세스와 같은 작업을 이어갈 수 있지 않을까 합니다. 아마 내란극복 과정에서 더 명백히 밝혀지겠지만 윤석열정부에서 북쪽으로 드론을 보내서 충돌을 유도하려는 정황이 있었는데, 새 정부에서도 한반도 평화를 위한 정책과 흐름을 가로막는 저들의 행태가 언제든 다시 등장할 수 있다고 봐요. 어떤 이념 때문이 아니라, 2025년체제 건설 차원에서 지금 시점부터 분단체제극복의 의지가 좀더 명료하게 표현될 필요가 있습니다.

백낙청 지난 대선 직후에 우리가 대선에는 졌지마는 이재명이라는 걸출한 정치지도자를 건졌다는 얘기를 했어요(「[오연호가 묻다] 백낙청 교수, 이재명을 다시 평가하다 "김대중 이후 최고 정치지도자 천신만고 끝에 한 사람 건졌다"」, 오마이TV 2024. 3. 19). 앞으로의 기대가 가미된 발언이기도 했고 패배한 국민들을 위로하려는 의도도 있었습니다. 그러나 그 시점에서 이미 그와 같은 판단을 내 나름으로 했던 건데 지금 이재명 후보는 그때하고도 또다른 지도자가 됐고, 민주당을 장악하는 과정이나 지난 총선을 승리로 이끄는 과정을 보더라도 어느정도 입증됐다고 봅니다. 나는 이재명 후보가 기본적으로 알 건 다 아는 사람이라고 봐요. 대통령이 되면 또다른 온갖 압력과 조건에 얽매이게 될 테니 어떻게 할지는 두고 볼 수밖에 없는데, 우리 시대에 그만한 지도자가 국민의 압도적인 지지를 얻는 대선후보로 나왔다는 게 큰 복이라고 생각해요.

물론 시민들이 그를 맹종하는 게 아니라 분단체제극복에 대한 의지를 다지고 공부를 해서 의견을 밝혀주는 게 중요하겠죠. 분단체제극복에 대한 우리 국민의 의지가 약화됐다는 시각에 대해서는 나는 사실이 아니라고 봅니다. '우리의 소원은 통일'이라고 부르짖던 식의 관심이 희박해진 것은 사실이지만, 아무 때나 수구세력이 남북문제를 일으키고 국내에서 개혁적인 일을 하려고 하면 (그게 남북관계와 관련이 없다 해도) 번번이 친북좌파니 반국가세력이니 하고 몰아가는 세상에서는 못 살겠다, 이대론 안 되겠다 하는 확실한 의지와 결심이 서 있다고 봅니다. 한반도 정세가 지금 어려운 건 사실이나 그것도 과장되고 피상적인 판단일 수 있어요. 오히려 좋아진 면을 두고 큰일났다, 너무 어려워졌다 하고 속단하는 경우도 있지 않을까 합니다. 그중 하나가 북핵문제죠. 윤석열정부 이전까지는 북쪽이 핵문제에 대해 양면적인 전략을 갖고 있었어요. 물리학자로서 북핵문제에 현장경험이 풍부한 헤커(S. Hecker) 박사의 책(『핵의 변곡점』, 창비 2023)에도 자세히 나오는데, 미국과의 관계가 잘 풀리면 핵을 포기하겠지만 안 될 때에 대비해서 계속 준비하고 핵강국의 길을 가겠다 하는 이원적 전략이었죠. 지금은 그런 전략은 포기했다고 봅니다. 이제는 핵강국으로서 확실한 위상을 확보하겠다는 입장이죠. 그런데 트럼프가 북을 '뉴클리어 파워'(핵보유국)로 지칭했잖아요. 북의 몸값이 올라가 있고 그 몸값대로 지불할 용의가 있다는 걸 내비친 거죠. 원래 한반도 비핵화란 남북한 전체의 비핵화를 의미하는데, 미국은 그동안 북의 비핵화에만 집중해 너희가 핵을 포기하면 제재를 풀어주겠다는 식으로 접근하면서 해결이 안 됐어요. 이제는 북이 핵보유국이라는 현실을 인정하고, 그러니까 앞으로 더 만들지는 말고 한반도 전체를 비핵지대로 만들어가자는 얘기를 진지하게 꺼낼 시점이 왔습니다. 트럼프가 거기까지 갈지 안 갈지는 모르겠지만, 기본 여건이 마련됐죠.

이남주 일각에서는 북한이 적대적 국가론까지 들고나오는데 남북관계 잘될 수 있겠느냐는 의구심도 적지 않습니다.

백낙청 최근에 북이 통일 얘기 그만하자, 국가 대 국가로 가자고 하니까 (2023년 말부터 북한이 제기한 '두 국가론' — 편집자) 많은 사람들이 깜짝 놀랐어요. 물론 북이 남북관계를 '적대적 두 국가', 주적관계로 규정하는 것은 문제죠. 그러나 적대적인 것으로 치면 윤석열정부가 몇배 더 했어요. 이번 내란사태에서 보면 정부가 북을 도발하려고 백령도에서 사격훈련을 했지만 (2018년의 9·19 남북군사합의를 깨고 2024년 6월부터 서북 도서에서 네차례 해상사격훈련을 진행 — 편집자) 북이 꼼짝 안 했고, 오물풍선 보내는 것도 멈췄어요. 내란세력의 의도를 다 읽은 거예요. 지금 북한이 우리와의 모든 접촉을 끊고 있는 것은 문제지만, 국가 대 국가로 사고하자는 것은 전부터 우리 남측의 입장이었습니다. 국가 대 국가이되 장기적으로 통일을 지향하기 때문에 보통의 이웃나라하고는 다르다는 것이지요. 그간 남쪽 정부에서 남북연합 방안을 실제로 얼마나 고민해왔는지는 몰라도 창비는 줄곧 남북연합 건설을 주장해왔고 그게 노태우 대통령 이래 대한민국의 일관된 방침이도 했습니다. 남북연합은 남이라는 국가와 북이라는 국가의 연합이죠. 그래서 북에서 국가 대 국가 관계를 선언한 것은 반가운 일로 받아들여야 할 것 같아요.

통일정책 폐기한다는 선언도 다르게 볼 필요가 있습니다. '우리 민족끼리 힘을 합쳐 자주적으로 통일하자'는 것은 6·15남북공동선언 1항의 원론적인 선언이에요. 통일**방안**은 2항에 나와 있는데 '남측의 연합제 안과 북측의 낮은 단계의 연방제 안이 서로 공통성이 있다고 인정한다'는 것입니다. 그동안 북은 2항 얘기는 별로 안 하고 1항 얘기만 했지요. 통일지상주의로 보더라도 현실성이 없는 것이지만, 사실은 북한 내부의 통치이데올로기라는 면이 컸다고 봐요. 우리 조선민주주의인민공화국 백성들이 왜 이렇게 못사냐, 통일하면 잘살 텐데 남쪽의 친미 사대주의자들하고 미제국주의자들이 자주적인 민족통일을 거부하고 있어서다 하는 주장이죠. 이제 북에서 그런 통치이데올로기로서의 통일론은 필요없고, 우리는 우리대로 핵을 가진 강국이 되어 잘살겠다고 하는 것도 어떤 의미에서는 진전이라고 봅니다. 다만 그 과정에서 '대한민국 것들'하고는 상종을 안 하겠다고 할 때, '대한민국 것들'이 윤석열 일당이면 상종 안 하는 게 맞지만 윤석열을 물리친 우리 국민들이나 다음 정부에 대해서도 그렇게 말할지는 지켜봐야 합니다. 처음 한동안은 좀 그러다가도 달라지리라고 봅니다.

이남주 저도 정부 출범 초기의 북한 반응이 중요하다고 보진 않습니다. 문재인정부 시기에도 2017년에는 남북관계가 그다지 좋지 않았죠. 북이 핵실험을 추가 진행했고, 11월 ICBM(대륙간 탄도미사일)을 발사했습니다. 그러다 평창 동계올림픽을 계기로 대화가 시작되고, 미국 트럼프 대통령도 참여하면서 한반도 평화프로세스가 이루어졌습니다. 남북관계를 어떻게 풀어갈지 새 정부가 지속적이고 일관된 신호를 주는 것이 중요합니다. 남북관계는 항상 불확실성이 높은 영역인데 상황의 변화에 너무 끌려다니지 않아야 하고, 돌발적인 사태에도 너무 과민반응하지 않아야 합니다. 그렇게 되면 북쪽도 더 강하게 나오게 되니까요. 정권 초기부터 신경써서 잘 관리해야 하지 않을까 생각합니다.

구체적인 정책에서는 두가지 정도가 시급해 보입니다. 우선 늦어도 내년까지는 적대성을 완화하고 대화의 분위기를 만들어야 하는데, 그러려면 상징적으로라도 정상회담 개최가 필요합니다. 두번째로 협력·교류를 해야 해요. 대북제재 문제가 있어 쉽지 않은 일이고 문재인정부 때도 넘지 못한 부분인데 새 정부가 준비를 잘했으면 합니다. 북한과의 교류에 대해서는 퍼주기식이라는 비판이 늘 나오는데, 지금은 북도 그런 방식을 원하지 않습니다. 트럼프가 북한에 투자하겠다고 말하는 것도 서로 윈윈할 수 있는 비즈니스가 있다는 의미고, 우리 역시 그런 아이템을 가지고 협력해가면 남북협력에 대한 일각의 부정적 인식도 극복할 수 있을 것 같습니다.

백낙청 시급한 과제는 9·19군사합의를 복원하는 것입니다. 우리가 먼저 합의를 깼는데, 위험한 국경선을 사이에 둔 국가들로서는 꼭 필요한 장치거든요. 이건 통일에 관련된 문제도 아니기 때문에 우선적으로 회복할 수 있으리라고 봐요. 합의를 깨고 북에 드론 보내고 사격훈련까지 한 것은 윤석열정부고, 민간단체가 미국의 북한인권운동가들한테 자금을 받아 대북전단 살포하는 일도 계속됐죠. 정부 혹은 정부 차원에서 뒷받침해주는 민간단체가 해왔던 적대행위를 중단시켜야 하고, 그건 비교적 간단한 일입니다.

시민참여형 개헌의 길을 열어야

이남주 내년으로 촛불혁명 10년이 됩니다. 특히 이번 내란극복 과정에서 K민주주의가 굉장히 주목을 받았고 의미도 커졌습니다. 지난 2016~17년의 촛불대항쟁 때만 해도 서구에서는 이를 민주주의의 진전이나 확대로 평가하기보다 정상적 정치과정에 대한 교란이나 정치적 불안정성으로 보는 견해가 적지 않았던 것 같아요. 그런데 지금은 서구 민주주의가 큰 위기에 직면해 있고 자기 문제를 해결할 방법도 없는 상황이죠. 한국이 시민의 힘으로 질서정연하게 내란을 진압하고 민주주의의 퇴행을 막는 모습을 보여주면서 K민주주의에 대한 긍정적 평가가 상당히 높아졌다고 생각합니다. 단지 외부의 평가가 아니라, 실제 내용적으로도 대의민주주의의 한계를 극복해가고 있습니다. 서구의 대의민주주의는 어떤 면에서는 진전된 질서이지만 최근 20~30년 동안은 기득권에 포획되는 문제가 커졌습니다. 우리가 민주주의의 새로운 지평을 열어가고 있는 모습이, 선생님이 죽 말씀해오셨고 저희도 강조해온 '개벽'에 값하는 변화라고 생각합니다.

백낙청 이주간이 지난 『창작과비평』 봄호에 김대중사상에 대한 글(「김대중사상과 K민주주의」)을 발표했죠. 그 글에서 1994년 김대중과 당시 싱가포르 총리 리콴유(李光耀)의 논쟁을 평하는 대목이 있어요. 자신의 독재를 옹호하기 위해 '서구와는 다른 아시아적 가치'를 끌어들인 리콴유와 김대중 사이의 이 논쟁을 두고, 흔히들 김대중이 서구적 민주주의 개념을 옹호했다고 평가해왔어요. 그런데 이주간은 김대중 선생이 동학 이래 우리 민주주의의 역사 — 그게 그야말로 K민주주의지요 — 를 인식하고 있었고, 민주주의라는 게 꼭 서구의 것이 아니며 민주주의를 아시아적 가치와 위배되는 것으로 생각하는 게 잘못된 일이라고 지적했다는 점을 짚었습니다. 그 대목에 무척 공감했어요. K민주주의라는 게 꼭 2016년에 출발한 것도 아니고 면면한 전통을 가진 흐름입니다. 그것이 21세기에 와서 꽃피기 시작한 거예요. 그런데 우리가 2025년체제를 만들려고 하면 제도화 차원에서는 개헌문제가 중요하지요. 개헌에 대해서는 어떻게 생각하세요?

이남주 개헌은 상당히 중요한 과제입니다. 다만 개헌 논의는 항상 정치적으로 오염될 가능성이 높고, 최근에는 더욱 높아졌습니다. 예컨대 선거

날 개헌 투표도 같이 하자는 주장은 정치적 의도가 반영돼 있죠. 권력구조 개편이 필요하다는 얘기도 마찬가지입니다. 권력구조 문제를 앞세워 개헌을 말하는 사람들이 정작 선거법 개정은 얘기하지 않으니, 권력 나눠 먹기식이 되기 십상입니다. 모두 정치적으로 불순한 의도에 의한 개헌론이라 할 수 있어요. 그리고 한번의 개헌에 너무 많은 내용을 담으려고 하는 시민사회의 경향도 문제이고요.

이와 관련해서 최근 선생님께서 명료하게 설명하신 내용을 봤습니다. '시민의회 전국포럼' 창립대회(2025. 3. 29) 격려사(본서 제12장)를 통해 '투포인트 개헌'이라는 구체적인 시각을 제시하셨는데요. "포인트 하나는 헌법의 전문이든 본문이든 국회의 동의를 얻어내기 수월한 조항을 택하여 (개헌을 위한―인용자) 원내 동력을 확보하는 것이고, 또 하나는 '개헌하기 쉬운 나라'를 만드는 일"(본서 236면)이라고 하셨습니다. 특히 두번째 포인트가 중요하고 전적으로 동의합니다. 다만 첫번째 포인트에 대해서는 선생님 말씀을 좀더 들어보고 싶습니다. 어떤 내용이 원내의 동력을 이끌어낼 수 있을지, 개헌을 쉽게 하는 절차에 동의하게 만들려면 어떻게 해야 할지 궁금합니다.

백낙청 개헌을 쉽게 만드는 헌법개정 자체도 200석 이상이 필요한데 민주당이 그 의석을 확보할 수 있을지 의문은 의문이죠. 그래서 첫번째 포인트로 200석 이상이 쉽게 동의할 만한 개정 조항을 하나 놓고, 끼워팔기식으로 개헌절차 수정도 해내자고 한 겁니다. 중요한 것은 두번째 포인트지 첫번째의 그 조항이 무엇이 되느냐가 아니에요. 가령 내란세력에 대한 처벌이 어느정도 이루어지고 난 뒤에 5·18정신을 헌법 전문에 넣자 하면, 예전에 국힘당도 주장했던 일이니 큰 반대 없이 할 수 있을 겁니다. 대통령 권한을 다소 축소하는 조항도 그렇고요. 그런데 여기다 두번째 포인트, 국회에서 200석 이상이 찬성해야만 국민투표를 하게 되어 있는 현재의 개헌 요건을 완화하거나 다른 통로를 겸해서 개헌하기 쉬운 나라를 만들려 하면 기득권세력들의 반대가 거세고 심지어 민주당 안에서도 이견이 있을 겁니다. 의원들의 기득권을 침해하는 일로 생각할 테니까요.

  물론 87년 헌법을 만든 이후로 옛날처럼 권력자가 자기 권력을 확대하기 위해 개헌을 일삼는 것을 허용하지 않았다는 것, 그래서 87년 헌법이 30년 가까이 지속되어왔다는 것은 우리 국민의 자랑입니다. 그러나 개헌하기 이렇게 어려운 나라가 좋은 나라는 아니거든요. 대표적으로 미국은 개헌이 엄청 어렵습니다. 대통령 간접선거 제도를 비롯해 여러 문제가 많은데 전혀 손을 못 대고 있고 앞으로도 바꾸기 쉽지 않을 거예요. 미국은 개헌을 하려면 우선 상·하원에서 3분의 2 이상의 찬성으로 통과된 다음에, 4분의 3 이상의 주(州)에서 비준을 해야 합니다. 그러니 의회에서 통과되고도 주에서 비준될 때까지 몇년씩 기다렸다가 발효되는 경우도 있는데(예컨대 의원 급여와 관련한 수정헌법 제27조는 1789년 발의된 뒤 1992년 비준되기까지 203년이 소요되었으며, 성평등권 조항은 1972년 발의된 이래 지속적으로 비준운동이 전개되어오고 있음—편집자), 최근에는 그런 시도마저 없어요. 미국의 개헌방식은 국민투표도 아니죠. 미국은 원래 직접민주주의를 안 하기로 작심한 나라예요. 그러니 오늘 미국이 저 모양입니다. 대조적으로 직접민주주의를 기본 이념으로 하고 있는 스위스는 국민 스스로 상시적으로 개헌안을 발의합니다. 시민들끼리 어느정도 합의하고 세력을 이루어서 발의하는데, 개헌안이 국민투표를 통해 가결되기도 하고 부결되기도 합니다. 부결되면 그다음에 또 발의하면 돼요. 최근 시민의회를 만드는 사람들이 그런 사례연구를 많이 하는 모양인데, 개헌 발의조차 대통령과 국회가 독점하고 개헌이 너무 어려운 것은 비민주적이에요. 일정한 숫자 이상의 국민들이 동참하면 발의할 수 있고, 그다음에 의회에서 심의하고 표결하도록 국민들에게 권한을 줘야죠. 그때는 의결정족수가 꼭 200석이라야 할 필요는 없고 그 수를 좀 낮출 수도 있습니다. 어차피 국민투표로 가는데 안건이 단순하면 국민의 의사가 정확히 반영될 가능성도 높아져요.

이남주 사회가 워낙 빨리 변화하고 있기 때문에 그때그때의 시민적 요구가 헌법개정에 잘 반영되는 일이 중요해 보입니다. 사회적 변화와 시민들의 요구가 헌법에 잘 반영되어야 국가운영도 좀더 원만하게 이루어질 수 있고요.

백낙청 헌법은 사회의 변화를 반영할 때 힘을 갖는 거지 시민 다수의 지지가 없는 헌법은 그냥 흰 종잇장에 검은 활자 인쇄해놓은 것에 불과해요. 지금 우리는 새 헌법이 필요하죠. 87년 헌법이 작동했던 데는 87년체제라는 더 큰 사회체제의 뒷받침이 있었던 건데, 궐위시대라는 표현도 썼듯 지금은 그 기반이 사라지고 새로운 헌법은 아직 없는 상황입니다. 국민들도 새로운 헌법에 대한 욕구가 있고 좋은 개헌을 하면 지원해줄 거라고 봅니다. 다만 한번의 개헌으로 한꺼번에 다 이루려는 생각은 버려야 해요. 대선 전에 개헌하자는 얘기도 물 건너갔습니다. 나는 그런 얘기를 하는 분들 중 일부는 책상에서 연구만 하다보니까 현실감각이 떨어진 경우가 있고, 또 일부는 이주간 말대로 불순한 의도가 내포돼 있었다고 봐요. 개헌은 선거과정에서도 논의되겠지만, 서두를 수는 없는 문제라고 봅니다.

그리고 하나 덧붙이면 그렇게 개헌해서 만들 나라를 '제7공화국'이라고 표현하는 사람들이 많아요. 이건 지식인이나 학자의 언어지 대중의 언어가 아니고, 안 좋은 표현이라고 생각합니다. 1~6공화국이 각기 뭐였는지 기억하는 사람들이 몇이나 되겠어요? 물론 '2025년체제'도 지식인의 언어지 대중의 언어는 아니에요. 그러나 올해가 2025년이라는 것을 모르는 사람은 없고, 왜 올해를 이렇게 특별한 해로 보느냐 하는 것도 다들 알아요. 2024년 말 이래의 격변의 과정을 사람들이 다 실감하고 있기 때문에 2025년체제라는 표현이 훨씬 실감으로 다가오지 않나 생각합니다.

사회 전체적으로 선한 기운을 일으키는 것이 답

이남주 2025년체제에서 주요하게 해야 할 일들에 대해 이야기를 나누는 중인데, 중요하다고 보시는 의제에 대해서 더 들려주셔도 좋겠습니다.

백낙청 앞서 우리가 정당한 과제를 설정하면 거기서 변화의 동력이 생길 수 있다고 말했습니다. 또 그 과제를 실천하는 과정에서 동력이 더 커질 수도 있겠죠. 새로 나온 문제는 아닙니다만 전보다 지금 훨씬 절박하게 느끼는 과제 중 하나는 기후위기이고, 다른 하나는 우리 사회 내 남녀갈등 문제입니다. 여성에 대한 차별은 옛날부터 있어왔지만 여성차별과 여성혐오가 결합된 사태는 비교적 새로운 현상이에요. 아무 이유 없이 여성이 죽임을 당하고, 꼭 그런 피해사건만이 아니라도 여러 분야에서 남녀 간의 입장차이가 있습니다. 심지어 윤석열 내란에 대해서도, 적어도 광장에 나온 군중은 여성들이 훨씬 많았죠. 이 문제를 어떻게 풀어갈 것인가. 어쨌든 남자와 여자가 다 같이 잘 살고, 그리고 평등하게 살고 평등하게 대우받는 사회를 만들어야겠죠. 여성운동도 목표를 거기다 두었으면 하고요. 남자들하고 싸워 전투에 하나둘 이긴다고 해서 전쟁을 이기는 건 아니거든요. 내가 일찍이 "우리 시대의 큰 문제 중 하나가 못난 사내들을 양산하고 있는 것"(『근대의 이중과제와 한반도식 나라만들기』 출판 기자간담회 발언, 2021. 11. 23)이라고 했는데, 못난 사내라고 그냥 버려두면 되겠어요? 첫째는 못난 사내가 양산되는 기제가 뭔지를 알아서 그 수를 좀 줄여야 할 거고, 또 이미 생산된 못난 남자들에 대해서도 욕만 한다고 해결되지 않죠. 왜 그런 양산 현상이 벌어지는가를 분석해야 하고 어떻게 모두들 더 잘 살 수 있을지 함께 모색해보자는 거지요. 흔히 젊은 남성들이 시위에 덜 나오는 이유가 그들이 게임하느라고 정신없다고 하지요. 나는 게임하는 세대하고는 거리가 너무 멀지만, 게임을 남자들만 하는 것도 아니려니와 게임이라고 다 나쁜 건 아니고 게임도 그 나름이겠지요. 듣기로는 온갖 편견과 혐오감을 조장하는 악성 게임들이 참 많은 것 같아요. 어떤 게임이 개인이나 사회에 더 유익한 게임인가, 그런 연구는 나보다 더 자격 있는 사람들이 해야겠지요. 우리 이남주 주간도 나보다는 젊으니까 좀더 알아보시면 좋을 것 같아요.(웃음)

이남주 새 정부가 출범되면 또 새로운 분위기에서 얘기할 수가 있을 테니 노력해야 할 과제입니다. 사회적 의제에 대해 너무 정체성 충돌로만 이야기하면 문제가 해결되지 않고, 건강한 논의도 이루어지기 어려운 것 같아요.

백낙청 물론 규제를 할 건 해야 합니다. 성범죄에 대한 처벌이 너무 약한 건 분명해요. 그러나 처벌과 규제만으로는 해결이 안 되는 문제이기도 합니다. 사회 전체적으로 선한 기운을 확 일으켜서 그 기운으로 덮어버려야 하는데, 촛불혁명이 그런 것이라고 봅니다. 이번에 주목할 만한 현상이 더 있죠. 사회운동을 말하며 노동운동을 빼놓을 수 없는데, 그간 민주노총(전국민주노동조합총연맹)이 국민들의 사랑을 별로 못 받았어요. 그런데 이번에는 반윤석열집회의 양대 동력이 하나는 민주당이고 하나는 민주노총이었다고 말할 수 있어요. 거기에 시민들, 특히 여성들이 많이 참여했습니다. 여성들하고 기존의 노동운동 사이에 연대감이 깊어지고 어느 대목에 가서는 노조가 사랑을 받기도 했어요. 우리 노동운동으로서도 큰 기회이니 노동운동 쪽에서 지혜롭게 기회를 살려야 하고, 시민사회와 정당도 이 기회를 잘 활용하는 게 중요하지 않을까 생각합니다.

'변혁적 중도'로 써내려갈 새로운 정치, 새로운 미래

이남주 차기 정부가 정말 잘할 수 있을지, 어떻게 하면 잘할지 이야기해봤으면 합니다. 내란세력의 저항도 당분간 계속될 테고 객관적 상황도 결코 만만치 않은 상황에서 차기 정부의 실행능력이 중요해 보입니다. 제가 보기에 지금 이재명 후보에 대한 지지가 높은 이유도 기득권과 잘 싸울 수 있다는 기대는 물론 실행능력에 대한 평가가 높기 때문입니다. 하지만 지방정부의 책임자 혹은 야권 지도자라는 위치와 대통령의 위치는 조금 다릅니다. 대통령으로서의 이재명은 어떨까에 관심이 모일 수밖에 없고, 그럼 이분이 잘할 수 있는 것들을 잘하게 만들고 혹 조금 모자란 부분이 있으면 보완해나가는 일이 정부 출범 초기에 중요할 것 같아요. 민주당이 현재 국회의 다수당이라는 점이 상당히 좋은 여건이지만, 대통령의 결정은 고려해야 할 변수도 많고 그에 따르는 책임도 훨씬 큽니다. 그 압박감에 위축당하면 정책 결정이 제대로 안 이뤄지거나 너무 지체되는 경우도 생길 수 있을 거예요. 대통령이 되기 전에 자신이 정말 해야 할 일, 중요한 일이 무엇인가에 대해 확고하게 생각을 정리하는 일이 필요하리라는 생각이 듭니다.

백낙청 이미 그 일을 이재명 후보가 누구보다도 많이 하고 있다고 봅니다. 그게 대통령 노릇 하기에 충분하냐 여부는 그때 닥쳐봐야 알지 아무도 모르는 거겠지요. 그러나 우리 시민들이 계속 뒷받침을 해주고, 지식인들도 낡은 담론들을 청산해준다면 이재명 후보도 힘을 더 얻을 겁니다. 이재명 후보는 사상과 이념보다 실용을 중시하는 실용주의를 표방하고 있는데, 그것이 내가 오랫동안 변혁적 중도를 얘기하며 강조해온 바와 통합니다. 낡은 언어, 낡은 이념, 낡은 사상에서 벗어나 더 유연하고 구체적으로 생각하고 발언하자는 것이죠. 기본적으로 우리가 그만큼 준비된 대통령후보를 김대중 이후로는 만나본 적이 없다는 생각입니다. 그리고 김대중 대통령에 비하면 얼마나 여건이 좋습니까? 김대중 대통령은 DJP연합(1997년 대선에서 이루어진 김대중의 새정치국민회의와 김종필의 자유민주연합의 연합)을 하고도 겨우겨우 기적적으로 대통령이 됐어요. 이재명 후보가 그 나름으로 고생도 많았고 생명의 위협도 겪었지만, 대통령으로 당선되면 우선 표차부터도 더 클 것이고 국회에서도 거의 3분의 2에 육박하는 의석을 가지고 있죠. 나는 국회의원 모수(정족수를 계산할 때 분모에 해당하는 수치인 300석을 의미)도 전체적으로 변화가 좀 생길 거라고 보는데 그러면 더 강력한 위치에 서게 될 거예요.

이남주 앞서 선생님도 언급해주셨지만 제가 지난 봄호에 김대중사상을 변혁적 중도로 설명하는 글을 실었는데, 사실은 김대중 대통령도 '변혁적 중도'라는 표현을 직접 쓴 적은 없습니다.

백낙청 그래서 저는 그분을 '샤이 변혁적 중도주의자'라고 부른 적이 있어요.(웃음)

이남주 김대중 대통령은 자신의 이념을 굉장히 다양하게 설명했는데, 어떨 땐 보수라고 하고 어떨 땐 진보라고 하고 나중에는 중도라는 표현을 좀더 많이 썼습니다. 그런데 시산이 흐르고 보니 어떤 표현을 썼든지 견지했던 방향이 있었음이 확실히 읽힙니다. 계속되는 변화 속에서도 살아남고, 사회에 대한 자신의 실천을 이끌어갈 수 있었던 힘이 거기서 나왔구나 하는 생각이 들었어요. 그래서 이재명 후보 역시 그때그때 자기의 과제들을 잘 수행해가되 지나고 보면 '아, 이분이 이런 방향으로 우리를 이끌어가는구나' 하는 것들은 만들 수 있기를 바랍니다. 그래야 정치적 에너지가 축적이 되면서, 그때마다 마주하는 어려움에 굽히지 않고 큰 뜻을 향해 계속 걸어갈 수 있을 거라는 생각이 들어요.

백낙청 이주간이 이재명 후보에 대해 애정을 갖고 여러 걱정의 말씀을 하시는데, 김대중 대통령 때를 보면 그이에게 국민으로서 이런저런 요구는 했어도 정치를 가지고 코칭을 하려는 경우는 없었어요. 그래서 이재명 후보에 대해서도 이래라저래라 코치할 생각은 없어요. 나도 맹목적인 지지를 할 사람은 아니지만, 기본적으로 일정한 신뢰를 가지고 '변혁적 중도의 때가 왔다'고 믿고 있습니다.

이남주 이렇게 새 정부가 들어설 기회가 생긴 것은 좋은 변화이지만, 정부를 이끌어가야 할 입장에서 보면 인수위 없이 출범하는 것이 핸디캡으로 작용할 것 같습니다. 혼란을 최소화하기 위해서는 정부의 체계를 갖추는 게 실무적으로 중요해 보입니다. 출범 초기 집중해야 할 의제를 잘 실현시키려면 정부 부처 개편도 필요할 텐데, 어떻게 해야 새 정부의 출발이 원만하게 이루어질 수 있다고 보시는지요?

백낙청 인수위 없이 출발하는 게 큰 핸디캡이죠. 앞으로 이런 보궐선거 상황에 대한 법률상의 대비도 있어야 될 것 같아요. 새 정부가 시급히 할 일은 아까 얘기했듯이 민생구제인데, 거기에 대해서 이재명만큼 절실하게 느끼는 사람도 없을 겁니다. 추경을 통해 재정을 마련하고 여치하면 긴급재정명령권이라도 발동해야 된다고 보고요. 선거과정에서는, 앞서 얘기했던 거지만 내란 완전종식을 중요한 이슈로 삼아서 압승하면 이것은 민심의 명령이 되니까 당연히 사람들이 따라야겠지요. 좋은 사람을 특검으로 임명해야 하고요. 문재인정부가 출범한 뒤 조직개편을 완료하는 데 두달 정도 걸렸지요? 이번 정부는 인수위 없이 집권하는 선례를 봤고 학습효과가 있었을 테니 미리부터 훨씬 잘 준비할 거고 의회 여건도 유리하기 때문에 전처럼 두달은 안 걸릴 거라고 봅니다. 그리고 좋은 사람을 써야죠. 내각도 그렇지만, 청와대의 비서실장·정책실장·안보실장 등 의회절차 없이 당장에 임명할 수 있는 인사를 충성심 있고 지혜도 있는 사람들로 꾸려야 해요.

이남주 실제로 일을 잘할 수 있는 사람을 뽑아야 한다는 점이 중요한데, 그 점은 이재명 후보도 명확하게 인식하고 있는 것 같습니다. 정부 부처의 경우에 관료들을 잘 장악할 수 있어야 하고요.

백낙청 나도 이주간도 교수지만, 교수 출신을 무조건 배제하지는 않더라도 너무 많이 기용하지 않는 게 좋을 거예요.(웃음)

이남주 내란청산 과정에서 상당히 포괄적인 동력이 만들어지고 있는데, 이 동력을 정치적으로 작동시키려면 일종의 연합정치의 필요성도 있는 것 같습니다. 서구에서 제도적으로 연합정치가 작동하는 경우는 의원내각제인데, 정당별로 선거를 치른 후에 연합을 통해 다수당을 만들어서 총리를 선출하다보니 자연스럽게 연합정부가 구성되는 방식이죠. 우리 정치에서 연합정치 논의는 대개 선거 전에, 선거를 이기기 위한 방식으로 이루어져왔습니다. 선거연합을 통해 대통령으로 선출된 뒤 그 연장선에서 연립정부가 구성된 대표적인 사례가 DJP연합이지요. 지금 선거승리 가능성이 높고 의회도 다수당인 민주당으로서는 굳이 연합정치의 필요성을 못 느낄지 모릅니다. 그러나 포괄적 동력들을 활용해 실제 변화를 만들고, 변화를 통해 더 많은 힘을 만들어가야 할 필요성이 있지 않을까 합니다.

백낙청 연합정치도 87년체제를 기준으로 생각하면 안 될 것 같아요. 87년체제 아래서 이루어진 연합정치의 두가지 성공적인 사례가 하나는 DJP연합이고, 또 하나는 2010년 지방선거 때의 '희망과대안' 활동입니다. 이명박정부가 천안함사건을 발표하고 여론을 몰아서 지방선거를 크게 이겨보려고 했는데, 시민단체가 주도해 민주당·민주노동당 등의 연합을 이끌어내고 지방선거도 승리했습니다. 지금도 대선승리를 위한 연합정치가 어느정도 가동되고 있다고 봅니다. 가령 지난번에 야5당의 공동선언(더불어

민주당·조국혁신당·진보당·기본소득당·사회민주당의 '내란종식 민주헌정수호 새로운 대한민국 원탁회의' 1차 선언문 2025. 2. 19 및 2차 선언문 2025. 4. 15)도 있었고요. 2차 선언문을 보면 다수연합 실현을 위해 교섭단체 요건 완화를 한다는 등의 내용이 있어요. 그게 꼭 연립내각으로 이어지지는 않더라도 중요한 연합정치의 선언이라고 볼 수 있습니다. 이번 민주당 선대위의 구성도 연합정치와 부합되는 면이 있고요. 물론 실제 집권 후에 적재적소에 사람을 어떻게 쓰느냐 하는 문제는 그때 가봐야 알 겁니다. 선대위 들어와서 선거승리에 기여했다며 너도나도 한자리씩 달라고 하면 다 줄 자리가 없고, 반대로 기존의 민주당 세력이 이재명을 지켜오고 싸워온 건 자신들이라며 권력을 독식하려 해도 다툼이 굉장할 거예요. 현실정치에서 어쩔 수 없는 부분이기도 한데, 차기 대통령이 적절히 처리하리라고 믿습니다.

다음 정부가 들어서는 순간 한국의 정치지형은 엄청 바뀌게 돼 있어요. 이미 바뀌기 시작했고요. 헌법은 바꾸는 데 시간이 좀 걸린다 하더라도 선거법이나 정당법, 국회법은 비교적 빨리 개정할 수 있습니다. 연합정치를 강조하는 사람들도 87년체제의 틀 속에서만 사고하지 않아야 하고, 달라진 지형 속에서 다당제를 어느 수준까지 할지 논의해야 합니다. 가령 민주당을 중심으로 반내란 선거가 치러지는 것에 대해 민주당은 진보가 아니지 않냐 하며 진보연합을 따로 만드는 구상도 가능하지만, 그게 지나쳐서는 안 되겠죠. 아까 민주노총에 대해 시민들의 시선이 변화한 점이나 대중집회 현장에서 그들이 사랑을 받기도 한 점을 얘기했는데, 아직까지 그게 범국민적 인식으로 확산되지는 않았거든요. 그러면 노동운동은 노동운동대로, 국민들은 국민들대로 더 노력하면서 이 연대를 키워나가야죠. 우리가 이번 빛의 혁명에 큰 기여를 했으니 권력을 얼마만큼 나눠달라는 식으로 노동운동이 나오면 시민들의 눈길이 다시 싸늘해질 것 같아요. 그래서 순서로 보면, 역시 내란세력 청산이 우선이에요. 그걸 진행하면서 동시에 정당법과 선거법 등을 개정해, 현재 다당제가 거의 불가능한 이 체제를 바꿔놓아야 하죠. 대법관 수만 아니라 국회의원 수도 늘려서 다양성과 민심비례성이 훨씬 높아진 입법부를 만들어야 합니다. 그때부터는 각자가 자기 세력을 더 순탄하게 키우게 될 겁니다. 바라건대는 그 세력들이 변혁적 중도론에 공감을 해주면 좋겠습니다. 어느 쪽에서는 '우리는 노동과 진보를 더 적극적으로 내세우는 변혁적 중도다' 말하고, 또 어떤 데서는 '민주당은 너무 진보적이다, 우리는 진정한 보수세력이 공감할 수 있는 변혁적 중도 아젠다에 치중하겠다' 말하면서 여러 당이 분립하면 좋겠죠. 변혁적 중도의 관점을 가진 세력이 전체적으로 커져서 국민통합에 도움이 되고, 변혁적 중도가 사회의 주류 담론이 되는 때가 오지 않을까 생각합니다.

이남주 오늘 이야기가 그저 희망만은 아닌 것 같습니다. 이미 차기 정부를 위한 좋은 조건들이 다양한 수준에서 마련되고 있다고 봅니다. 후보에 대한 지지와 국민적 열망의 차원이 모이고 있으니까요. 우리가 조금만 더 정신 차리고 힘을 모은다면 좋은 변화를 만들어낼 수 있겠다 하는 실감을 다시 한번 하게 됩니다. 중요한 말씀 나눠주신 선생님께 감사합니다.

수록문 출처

1장 「변혁적 중도의 때가 왔다」
백낙청TV와 창비주간논평에 발표한 신년칼럼(2024. 12. 30)을 손질하고 덧글을 달아 『창작과비평』 2025년 봄호에 게재.

2장 「'국민주권정부'와 중도정치」
본서에 처음 게재함.

3장 「변혁적 중도주의와 한국 민주주의」
열린정책연구원 정치아카데미 최고지도자과정 강의(2005. 3. 16)를 개고한 글 「분단체제와 참여정부」를 『한반도식 통일, 현재진행형』(창비 2006)에 실으며 추가한 덧글.

4장 「변혁적 중도주의와 소태산의 개벽사상」
소태산아카데미에서의 강의(2008. 9. 30)의 녹취를 손질해 『어디가 중도며 어째서 변혁인가』(창비 2008)에 수록.

5장 「'2013년체제'를 준비하자」

시민평화포럼이 주최한 '2011 평화와 통일을 위한 시민활동가대회'(2011. 3. 10)의 기조발표문을 개고해 『실천문학』 2011년 여름호에 발표하였으며 이후 『2013년체제 만들기』(창비 2012)에 실음. 본서에 수록하며 『2013년체제 만들기』 중국어판의 서문을 덧붙임.

6장 「큰 적공, 큰 전환을 위하여: 2013년체제론 이후」

제96차 세교포럼(2014. 9. 19) 발표문을 수정 보완해 『창작과비평』 2014년 겨울호에 게재. 대담집 『백낙청이 대전환의 길을 묻다』(창비 2015)에 수록하면서 개고하고 『근대의 이중과제와 한반도식 나라만들기』(창비 2021)에도 수록.

7장 「촛불혁명과 개벽세상의 주인노릇을 위해」

『근대의 이중과제와 한반도식 나라만들기』(창비 2021).

8장 「성공하는 2기 촛불정부를 만들려면」

한겨레와 창비주간논평에 발표한 신년칼럼(2021. 12. 31).

9장 「2023년에 할 일들: 살던 대로 살지 맙시다」

백낙청TV와 창비주간논평에 발표한 신년칼럼(2022. 12. 30)을 손보고 덧글을 추가해 『창작과비평』 2023년 봄호에 게재.

10장 「2024년 새해를 맞으며」

백낙청TV와 창비주간논평에 발표한 신년칼럼(2023. 12. 29)을 손보고 한반도평화포럼 신년토론회(2024. 1. 15) 인사말을 덧글로 추가해 『창작과비평』 2024년 봄호에 게재.

11장 「한반도정세의 새 국면과 분단체제」

한평아카데미 강연(2024. 5. 9) 녹취록을 축약해 수록하며 논평을 추가해 『창작과비평』 2024년 가을호에 수록.

12장 「시민의회 전국포럼 출범을 축하하며」

시민의회 전국포럼 창립대회(2025. 3. 29) 격려사를 다듬어 게재함.

13장 「2013년체제 구상에서 촛불혁명으로: 백낙청·정현곤 대담」

백낙청TV의 「백낙청 공부길」 정현곤 편(175~182)의 내용을 녹취해 정리함.

14장 「2025년체제, 어떻게 만들 것인가: 백낙청·이남주 대담」

백낙청TV의 「백낙청 인터뷰」 이남주 편(23~28)의 내용을 정리한 녹취록을 『창작과비평』 2025년 여름호에 게재.

찾아보기

ㄱ

가치동맹 28
가치외교 28
강성대국 진입론 83
강정마을 주민운동 130
강준만(康俊晩) 123
강증산(姜甑山) 5, 66
개헌하기 쉬운 나라 236, 296, 297
검찰개혁 89
검찰개혁을 위한 서초동 집회 159
검찰 기소독점권 폐지 163
결손국가 120~22, 125, 141
계(戒) 67
고려민주연방공화국 220
고려연방제 64, 65, 220
광우병 소 수입반대 159→미국산 쇠고기 수입재개 반대 시위
교조신원(敎祖伸冤)운동 21
9·19공동성명 80, 82, 86, 119

9·19군사합의, 9·19 남북군사합의 216, 292, 294
97년체제, 97년체제론 78, 79
국가간체제(interstate system) 120
국가사회주의 39, 266
국가연합 20, 82, 85, 105, 137, 219~21, 224, 228, 251, 253
국민통합 32~35, 62~64, 124, 125, 127, 306
권태선 136
궐위(闕位)시대(interregnum), 궐위의 시대 41, 42, 278, 280, 282, 283, 298
근대 세계체제 22, 29, 90, 148, 155, 168
근대의 이중과제 22, 155, 170, 232
『근대의 이중과제와 한반도식 나라만들기』 188, 213, 225
「근대, 적응과 극복의 이중과제」 233
근대적응과 근대극복의 이중과제 5
기후위기 27, 28, 36, 164, 170, 188, 202,

299

「기후위기와 근대의 이중과제」 29, 188, 233

김대중(金大中) 18, 65, 78, 117~19, 122, 130, 134, 163, 166, 167, 203, 204, 222, 246, 248~50, 295, 302, 303

김대중사상 249, 295, 302

김대호 88, 89

김여정 252

김연철 136

김영삼(金泳三) 79, 117, 118, 122, 165, 167, 204

김일성 65

김정은 27, 28, 208, 216, 217, 219, 221~23, 225, 228, 230, 252, 253

김정일 64, 93

김종엽 89, 203

김종필 302

김지하(金芝河) 72

ㄴ

남기정(南基正) 27

남녀갈등 299→젠더갈등

남북공동연락사무소 251

남북기본합의서 204, 220, 221, 229

남북연합 20, 64, 82, 83, 85~87, 100, 138, 191, 200, 207, 219, 222, 250~54, 292

남북정상회담 79, 118, 216

남태령 대첩 15, 25

낮은 단계의 국가연합, 낮은 단계의 남북연합, 낮은 단계의 연합 137, 207, 211, 229, 253

낮은 단계의 연방제 64, 65, 227, 293

내란, 내란사태 13, 14, 16, 18, 23, 24, 30~32, 34, 35, 41, 236, 242~44, 248, 250, 251, 256, 260, 269, 270, 277, 279~81, 285, 288, 292, 295, 296, 299, 301, 305

네오콘(neoconservatives) 286

노동운동 263, 267, 300, 305

노무현(盧武鉉) 48, 54, 55, 78, 88, 117, 119, 134, 203, 204, 225, 246, 280

노무현 대통령 탄핵 저지 159

노태우(盧泰愚) 117, 122, 134, 167, 204, 220, 292

「농민가」 15

농민운동 25

뉴라이트 122

닉슨 182

ㄷ ㄹ

다당제 258, 260, 305, 306

다시개벽 5, 168, 170, 191

「대종경(大宗經)」 16, 67

동포은(同胞恩) 69

동학(東學) 5, 21, 28, 29, 40, 42, 66, 165, 168, 171, 202

동학농민전쟁, 동학농민혁명, 동학혁명 21, 28, 168, 185, 202, 248, 250, 273, 295

DJP연합 54, 119, 302, 304

로런스, D.H.(D.H. Lawrence) 39, 41

루쉰(魯迅) 181

리콴유(李光耀) 295

찾아보기 311

ㅁ

맑스, 맑스주의 29, 189, 190
문익환 53
문장렬 212, 232
문재인(文在寅) 16, 18, 35, 38, 111, 160~63, 172, 178, 198, 200, 216, 217, 224, 241, 257, 263, 264, 267, 268, 284, 285, 287, 290, 293, 294, 303
문정인 208
물질개벽 5, 74, 170, 171, 188, 191, 192
미국산 쇠고기 수입재개 반대 시위 246
미투(MeToo)운동, 미투 165
민(民)의 자치 129, 130→민중자치
민족해방 17, 49, 128, 152→NL
민주당정권, 민주당정부 105, 117, 162, 166, 167, 174, 196
민주정권, 민주정부 117, 161, 166, 167, 172
『민주화 이후의 민주주의』 52
민중민주주의 17, 49→PD
민중자치 41, 236, 265, 267~69
밀양송전탑 반대운동 130

ㅂ

바이든 28
박근혜(朴槿惠) 6, 24, 96, 102, 103, 111, 113, 115, 120, 122~24, 130, 131, 133~35, 138, 161, 163, 166, 167, 179, 181~83, 190, 201, 204, 247, 248, 252, 257, 279, 280, 285
박민규(朴玟奎) 116, 117
박순성(朴淳成) 51
박원순(朴元淳) 113, 241, 258

박정희(朴正熙) 5, 118, 121, 122, 135, 204, 235, 279
박중빈(朴重彬) 5, 16, 170, 191, 202→소태산
박헌영 250
『백낙청이 대전환의 길을 묻다』 256
백민정 270, 271
법률은(法律恩) 68~70
변혁적 중도 4~6, 14, 17, 18, 20, 23, 26, 27, 29, 32, 33, 36, 40, 43, 242, 243, 248~50, 254, 258, 266~68, 272, 273, 283~86, 301~303, 306
변혁적 중도론 18, 28, 32, 284, 285, 289, 306
『변혁적 중도론』 241, 242
변혁적 중도주의 5, 6, 17, 22, 23, 34, 47~50, 56, 58~60, 63~65, 68, 72, 74, 104, 105, 113, 114, 149~55, 247~49, 264, 273
「변혁적 중도주의와 소태산의 개벽사상」 28, 59~74, 249
복지국가론 83~85
부르주아민주주의 17, 49→BD
부모은(父母恩) 69
부시 74, 119, 286
북미수교 82
북미정상회담 190, 200
분단국가주의 222, 229
분단극복 47, 51, 76, 220
분단체제 15, 19, 22~24, 26~28, 31~36, 47, 48, 51~54, 56, 57, 60~63, 74~76, 81, 83, 92~95, 104, 105, 112, 114, 118, 120, 126, 128, 135, 141, 149~53, 168,

312

171, 175, 185, 190, 195, 200, 201, 203, 207, 213~15, 217, 218, 227~29, 232, 235, 236, 243~45, 249, 252~56, 270, 271, 279~83, 290, 291
분단체제극복 20, 22, 26, 33, 57, 60, 63, 82, 84, 86, 92, 136, 137, 141, 155, 206, 213, 270, 280, 284, 290
분단체제극복운동 48, 56, 81, 150, 153, 211
분단체제체론 48, 53, 76, 104, 120, 134, 149, 215, 217, 218, 222, 228, 229, 232, 243, 253
『분단체제 변혁의 공부길』 47
「분단체제와 '참여정부' 2년」 47
불량국가 121, 122
브릭스(BRICS) 281, 282
BD(부르주아민주주의) 17, 49, 56, 57
비상계엄, 계엄, 계엄사태 4, 13, 14, 25, 27, 30, 251, 270, 272, 288→12·3내란, 12·3 비상계엄 선포
비영리기구(NPO, Non-profit organization) 266
비정부기구(NGO, Non-governmental organization) 266
비핵화 38, 82, 102, 219, 226, 292→한반도 비핵화
빛의 혁명 24, 27, 29, 41, 42, 248, 263, 267, 272, 282, 305
빠리기후협정 28

ㅅ
사리연구 271
사은(四恩) 68, 69

4·27판문점선언 216
4·19, 4·19혁명 5, 79, 94, 117, 121, 162, 167, 202, 225, 248
4차 산업혁명 164, 170
사회민주주의, 사민주의 18, 50, 51, 57, 83, 86, 266
사회적 협동조합 265, 266, 268
사회주의 20, 39, 54, 228
사회통합 33, 34, 36, 125, 129
3당합당 117
삼대력(三大力) 271
삼독심(三毒心) 38
3·1운동, 3·1 5, 21, 168, 171, 185, 202, 213, 248
3·1혁명 21, 185→3·1운동
삼학(三學) 67, 71
상해임시정부 159, 213
생태계위기 187, 188, 192
서동만(徐東晩) 52, 82
선진화론 83
선후천교역기(先後天交易期) 73
성별권한척도 146
성차별 39, 40, 89, 145~49, 165, 188~90, 192, 299
성차별주의 146
성평등 38, 85, 146~49, 163, 165, 188~90, 255
성평등운동 147, 165
세계남녀격차지수(Global Gender Gap Index) 145
세월호참사, 세월호사건, 세월호 6, 107~10, 115, 116, 122, 139, 142, 143, 179~81, 257

찾아보기 313

『소년이 온다』 15
소득주도 성장, 소득주도 성장론 260, 261
소태산(少太山) 16, 29, 59, 65, 66, 68, 73, 170, 191, 192, 202
『소학(小學)』 141
손병희 29, 249
송규(宋奎) 42→정산
수구·보수동맹 113, 119, 126~28, 256, 258, 263
수구·보수 카르텔 153, 155→수구·보수동맹
수운(水雲) 5, 21, 66, 168, 170, 191, 202, 249→최제우
시민운동, 시민사회운동 57, 75, 76, 99, 139, 254, 255, 266
시민참여형 통일, 시민참여형 통일과정, 시민참여형 통일운동, 시민참여형 통일작업 100, 211, 216, 219, 230~32
10월유신 79
신자유주의 39, 52, 53, 57, 58, 74, 78, 79, 103, 115, 117, 118, 132, 143, 145
신종 쿠데타 24, 161, 279
심상정 198
10·4성상선언, 10·4선언 80, 95
10·29 이태원참사, 10·29참사 179→이태원참사
12·3내란, 12·3 비상계엄 선포, 12·3 계엄 선포, 12·3 13, 15, 20, 23, 30, 276
싱가포르선언 216

ㅇ

IMF 구제금융, IMF 관리, IMF 74, 78, 79, 117, 261

안보국가(national security state) 254
안창호 5, 29, 202, 249
안철수(安哲秀) 114, 115
『안철수의 생각』 114, 115
양무진 205, 208
『어디가 중도며 어째서 변혁인가』 17, 105, 149, 225
「어떤 남북연합을 만들 것인가」 225
NL(민족해방) 17, 49, 50, 56, 57, 259
NLPD 49, 50
엘리트 카르텔형 부패 175
여성운동, 여성해방운동 37~40, 254, 255, 264, 299
여성혐오 37, 188, 299
여순항쟁 관련 특별법 제정 163
여운형 5, 29, 249, 250
여중생 미군 장갑차 압사 사건 246
연성 쿠데타 24, 25
53년체제 112
5·16, 5·16쿠데타 79, 117, 121, 162, 279, 283
5·18, 5·18항쟁, 5·18민주항쟁, 5·18 광주민주화항쟁 79, 117, 94, 167, 202, 248
우끄라이나전쟁, 러시아·우끄라이나 전쟁 27, 251, 252
월러스틴, 이매뉴얼(Immanuel Wallerstein) 29, 148, 169
「위기의 남북관계, 지속가능한 평화를 찾아서」 212, 215
6월항쟁 17, 18, 31, 41, 56, 79~81, 94, 111, 112, 117, 122, 153, 167, 202, 203, 235, 247, 248
유재건(柳在建) 52, 54, 55

61년체제 247, 279
6·25, 6·25전쟁 135, 167, 168, 208→한국 전쟁
6·15공동선언실천 남측위원회 241, 255
6·15 남북공동선언, 6·15공동선언, 6·15 선언, 6·15 64, 80, 81, 86, 95, 118, 119, 136, 203, 204, 227, 229, 249, 293
「6·15시대의 대한민국」 49
윤보선(尹潽善) 121
윤석열 4~6, 13~16, 18, 20, 21, 23~27, 30, 31, 34~36, 40, 41, 178, 181, 182, 184, 185, 190, 198, 201, 203, 204, 215, 236, 241~44, 248, 251~53, 256, 260, 261, 267, 270, 272, 277~79, 281, 284~88, 290~94, 299
「2기 촛불정부와 22대 총선」 194
이낙연 198, 201
이남주(李南周) 24, 204, 215, 249, 250, 276~306
이면헌법 236
이명박(李明博) 24, 76~79, 83, 86~89, 91, 95, 96, 98, 102, 103, 117~20, 122~24, 130, 133~35, 161, 163, 167, 179, 190, 204, 246, 252, 257, 269, 279
이승만(李承晚) 5, 121, 122, 135, 182, 204, 236
이승환 212, 215, 222, 231
이야기 들려주는 동물(story-telling animal) 5
이재명 4, 14, 19, 25, 26, 31~34, 40, 41, 166, 174, 197~99, 201, 259, 262, 276, 277, 283, 285, 287, 289~91, 301~305
이준석 198

이중과제, 이중과제론 22, 132, 145, 146, 155, 170, 192, 233
2013년체제, 2013년체제론 6, 33, 76~80, 82, 83, 85~90, 97, 98, 102~104, 106~108, 111~13, 125, 138, 139, 155, 242, 245, 257, 258, 263, 264, 267, 278, 279
「'2013년체제'를 준비하자」 75~106, 137, 242, 260
『2013년체제 만들기』 101~104, 106, 107, 110, 113, 125, 137, 149, 218, 242, 245, 256, 257, 262, 267, 278
「2013년체제와 변혁적 중도주의」 22, 114, 150
「2012년과 2013년」 102, 111
「2023년에 할 일들」 177~93, 278
2025년체제 7, 262, 272, 278, 282, 283, 288~90, 295, 298, 299
「2007 남북정상회담 이후의 시민참여형 통일」 82, 225
이태원참사 179, 181
인간개발지수 146
「인간이 꿈꾸는 새로운 세상 이루어가는 실용주의 사상: 백낙청 교수의 '적당한 성장론'」 188
인심개벽 191, 192→정신개벽
일본 동북지방 대지진 90
임동원 64, 205, 215
「임을 위한 행진곡」 15, 263

ㅈ
자본주의 세계체제 36, 38, 39, 57, 58, 132, 145, 283

자유민주주의 18, 50, 266
자유주의 29, 49, 50, 116, 118, 146
자주파 49→NL
작업취사(作業取捨) 67, 71, 271
적당한 성장 132, 187, 188, 260
적폐청산 16, 35, 287
전두환 204, 235
전시작전권 190
전시작전권 환수 134, 135
전태일 97
점진 쿠데타 24, 161, 167, 204, 279, 280
정(定) 67
정교동심(政敎同心) 68~71
정산(鼎山) 42, 68
정신개벽 170, 192
정신수양 271
정약용(丁若鏞) 168
정욱식 212, 222, 232
「정전(正典)」 62, 69
정전협정 31, 168
정전협정체제, 정전체제 79, 104, 112, 215, 222
정착식민주의(settler colonialism) 28
정현곤 241~75
제네바합의 251
젠더갈등 37, 232
조소앙 249
조은 189
존스턴, 마이클(Michael Johnston) 175
주민자치 129→민중자치
중대재해기업처벌법 165
중도(中道) 16, 17, 22, 23, 38, 48, 60, 65, 104, 114, 149, 152, 155, 186, 187, 189, 284
중도정치 32, 36
중도주의 34, 47, 48, 60, 63, 65, 113, 150
『중론(中論)』 150, 153
중생은(衆生恩) 69
중용(中庸) 22, 60, 155, 186
진(瞋) 38
진은영(陳恩英) 110, 139

ㅊ

천광싱(陳光興) 106
1953년 정전체제 79→53년체제
1953년체제 247→53년체제
천안함사건, 천안함 침몰 사고 93, 95, 131, 247, 252, 257, 304
촛불대항쟁, 대항쟁 6, 15, 18, 21, 25, 159~62, 165~67, 172, 179~81, 190, 191, 201~204, 246, 262, 264, 267, 280, 281, 284, 286, 294
촛불시민, 촛불대중, 촛불군중 14, 18, 24, 25, 73, 161, 162, 164, 165, 167, 173, 179, 181~83, 191, 193, 198, 201, 244, 284
촛불시위, 촛불집회 21, 71~73, 97, 103, 140, 159, 181, 196, 201
촛불정부 18, 161, 162, 164, 166, 167, 172~74, 176, 178, 179, 184, 194~97, 199, 200, 202~204, 260
촛불혁명 6, 14~16, 19, 21, 22, 24, 29, 41, 159, 160, 162~69, 171~76, 178, 180, 183~86, 193, 196, 197, 199, 202, 203, 244, 248, 276, 284, 294, 300
최상목 24, 244

최시형(崔時亨) 191, 249 →해월
최장집(崔章集) 49, 52, 55
최제우(崔濟愚) 5, 21, 168, 191, 202, 249
치(癡) 38
친북 반국가세력 35, 236, 251
친북좌파 83, 255, 291
7·4공동성명 136
7·8월 노동자대투쟁 79, 131

ㅋ ㅌ

칼린, 로버트(Robert Carlin) 211
커먼즈(commons) 40
K문학 15
K문화 169
K민주주의 15, 40, 41, 236, 248, 255, 273, 294, 295
K방역 169
K사상 249
K팝 15, 21, 25, 169, 263, 274
「큰 적공, 큰 전환을 위하여: 2013년체제 론 이후」 6, 22, 107~56, 189, 257
탈진실(post-truth) 시대 36, 269, 272
탐(貪) 38
통일운동 49, 76, 220, 242, 255
「통일운동과 문학」 17, 49
트랙터 상경투쟁 15 →남태령 대첩
트럼프 27~29, 41, 151, 216, 291~94

ㅍ

8·15 152, 213
87년체제, 87년체제론 6, 14, 18, 24, 41, 78, 79, 82, 104, 112, 117~20, 122, 123, 125, 126, 128, 129, 131, 137, 153, 154, 161, 166, 167, 203, 204, 247, 257, 278~81, 298, 304, 305
87년체제극복 78, 119, 128
87년 헌법 128, 203, 204, 235, 278, 279, 297, 298
평등파 49 →PD
평화운동 76, 153, 254
평화체제 81, 83, 89, 100, 218, 251, 253 → 한반도 평화체제
평화협정 81, 82, 224
포드, 제럴드 182
포용정책 104, 137, 218, 219
「'포용정책 2.0'을 향하여」 218
「폭싹 속았수다」 274
PD(민중민주주의) 17, 49, 50, 56, 57, 259

ㅎ

하노이회담 27, 190, 200
하라리, 유발(Yuval Harari) 262
「한국 민주주의와 한반도의 분단체제」 267
한국전쟁 81, 135, 167, 168, 208, 218, 222
한덕수 24, 244, 270
한민족공동체통일방안 220
한반도 비핵화 81, 191, 226, 251, 291
한반도식 나라만들기 171, 213
한반도식 통일 76, 105, 136
「한반도에 '일류사회'를 만들기 위해」 52
한반도 평화체제 80, 81, 83, 89, 91, 100, 218, 234, 247, 250, 251, 253
한반도 평화프로세스 285, 290, 293
「'해방 60년'에 대한 한 해석」 51
해월(海月) 191, 192, 249

핵보유국(nuclear power) 28, 226, 291, 292
『핵의 변곡점』 208
헤커, 시그프리드(Siegfried S. Hecker) 208, 291
혜(慧) 67
홍익표 205, 208
화이트헤드(Alfred North Whitehead) 26
황정은(黃貞殷) 111
효순·미선이 사건 159→여중생 미군 장갑차 압사 사건
후꾸시마다이이찌(福島第一)원자력발전소 사고, 후꾸시마원전 사고, 후꾸시마 참사, 후꾸시마 90, 99, 242

후천개벽(後天開闢) 29, 66, 71, 72, 170, 202, 273
후천개벽사상, 후천개벽운동 28, 168, 170, 171, 185, 192, 202, 232, 233, 273
후천성 분단인식결핍증후군(Acquired Division-Awareness Deficiency Syndrome, ADADS) 84, 86, 141, 149, 151, 152
휘트먼(W. Whitman) 41
휴전협정 224→정전협정
『흔들리는 분단체제』 47, 49
흡수통일 79, 210, 223, 224, 230
흡수통일론 224

변혁적 중도의 때가 왔다
나라다운 나라를 어떻게 만들까

초판 1쇄 발행 | 2025년 7월 25일
초판 2쇄 발행 | 2025년 8월 1일

지은이 | 백낙청
펴낸이 | 염종선
책임편집 | 이선엽 신채용
조판 | 신혜원
펴낸곳 | (주)창비
등록 | 1986년 8월 5일 제85호
주소 | 10881 경기도 파주시 회동길 184
전화 | 031-955-3333
팩시밀리 | 영업 031-955-3399 · 편집 031-955-3400
홈페이지 | www.changbi.com
전자우편 | human@changbi.com

ⓒ 백낙청 2025
ISBN 978-89-364-8089-9 93300

* 이 책 내용의 전부 또는 일부를 재사용하려면
  반드시 저작권자와 창비 양측의 동의를 받아야 합니다.
* 책값은 뒤표지에 표시되어 있습니다.